本书由"南京邮电大学信息文科高峰建设项目"资助

"十三五"江苏省高等学校重点教材（编号：2018-2-145）

人口与信息社会丛书

社会救助信息化

The Informationization of
Social Assistance

沙 勇　张振亮　刘璐婵　著

社会科学文献出版社
SOCIAL SCIENCES ACADEMIC PRESS (CHINA)

前　言

　　社会救助是世界上最古老的社会保障，从最初起源于原始社会的发于恻隐之心或宗教信仰而对处于困境者施以援手，到 16 世纪欧洲出现的国家济贫制度，再到 20 世纪合乎人道主义精神的公共援助，"社会救助"一词也由"公共援助"衍生而来。进入 21 世纪，社会救助对象不断增量扩面、救助需求繁复多样、救助过程规范且复杂，困难人员信息、社会救助资源如何在部门之间、各救助团体之间、区域之间高效共享，以实现精准救助、高效救助，社会救助信息化显然已是迫切之需。

　　当前，我们已步入信息化快速发展的时代，信息化浪潮席卷全球，各行各业都受到了信息化的冲击。我国也正处于加速信息化进程，为高质量发展打造新引擎、注入新动力的时代，党的十八届五中全会、国家"十三五"规划纲要都对"互联网＋"行动计划、大数据战略等做了部署。另外，党的十九大报告将"坚持以人民为中心"确立为新时代坚持和发展中国特色社会主义的基本方略之一。由此，我国新型社会救助体系建设迎来新契机，社会救助信息化更将步入高质量发展的新阶段。

　　我国社会救助信息化有着极大的发展需求和很好的发展前景：社会救助自身发展需要推动了社会救助信息化的不断发展、党委和政府的重视为社会救助信息化提供了政策机遇、信息技术的发展为社会救助信息化提供了技术支撑。当然，我国的社会救助信息化也面临着很大的挑战：信息化强大需求与基础薄弱之矛盾、集中建设管理的要求与现有体制之矛盾、建设特点与业务特点之矛盾，以及观念的落后与技能落后等问题。在大数据情境下，我国应构建以人民为中心的社会救助信息化新体系：以扎密扎牢救助保障网为目标，培养工作人员的信息化意识与能力，建立社会救助信息化配套体系，以谋求信息化社会救助更完善、更可持续的发展。

本教材是"南京邮电大学信息文科高峰建设项目"的重要成果之一。鉴于社会救助信息化的重要性，"信息化"在社会救助中的应用、影响与趋势是本教材之特色和重点。教材内容具体分为十章：第一章至三章讲述社会救助信息化的概况、测度及类型等，介绍了社会救助信息化的发展过程、趋势与总的发展目标等；第四章至第六章为社会救助信息化管理方面的内容，对社会救助信息管理的系统结构、基本模块、功能进行了分析；第七章至第十章为社会救助信息化管理的实践篇，主要介绍了国内和国外社会救助信息化管理的实践，并阐述了大数据时代社会救助信息化的发展趋势。

本教材撰写过程中王静文博士、高明博士对有关章节做了大量贡献，南京邮电大学社会与人口学院、人口研究院的多位专家学者都提出了有益的建议。社会科学文献出版社的胡庆英编辑提供了大力的帮助与支持。在此一并致以衷心的感谢！

由于受编写时间、专业知识所限，本书难免存在不妥或谬误，敬请业界同人和广大读者批评指正。

目 录
CONTENTS

第一章
社会救助信息化概况

信息化伴随着工业化、城镇化、市场化、国际化成为当今世界，特别是中国经济和社会发展的时代特征。各类信息平台的应用进一步深化，网络互联、信息互通、业务协同稳步推进。统一完整的国家电子政务网络基本形成，基础信息资源共享体系初步建立，电子政务服务不断向基层政府延伸，政务公开、网上办事和政民互动水平显著提高，有效促进政府管理创新。信息化水平是一个国家综合实力的体现。

社会救助信息化是衡量社会救助工作社会作用、社会救助事业发展水平、社会救助工作现代化程度、社会救助干部素质高低的重要标志。以信息化促进社会救助事业发展，推动社会救助服务与信息化融合是深入贯彻落实科学发展观的战略选择。随着社会救助工作在履行政府社会管理和公共服务职能、保障民生、构建社会主义和谐社会中作用的凸显，加快民政信息化进程势在必行。

《《《《《 学习目标

1. 熟悉社会救助信息化的意义、现状及特征。

2. 了解社会救助信息化的机遇与挑战。

3. 对我国社会救助信息化的发展有基本的了解，并能够结合其他国家社会救助信息化的发展，提出我国社会救助信息化现存的问题。

第一节 社会救助制度与信息化

一 社会救助制度需要信息化

社会救助是世界上最古老的社会保障。一般认为，它起源于原始社会末期出现的出于人类恻隐之心或宗教信仰而对贫困者施以援手的慈善事业。这个阶段的求助具有道义性和施恩性。

16世纪欧洲出现了国家济贫制度，即由国家通过立法，直接出面接管或兴办慈善事业，救济贫民。当时，工业革命引发的激烈的社会变迁，使原来由教会或私人兴办的慈善事业无法解决层出不穷的社会问题，因而国家不得不将救济贫民视为己任。国家济贫是现代社会救助制度的直接前驱，此阶段缺乏公民权利的社会救助理念。

20世纪初，以"自助助人"为旗帜的社会工作在欧美各工业化国家已成气候，它作为一门专业和学科以及社会工作者作为一项职业为社会普遍认可。社会工作者提出了"公共援助"这一新概念，后来逐渐为官方所认可。"公共援助"一词以后又衍生出"社会救助"一词，两者基本上是在同一意义上使用的。这个阶段的救助废除了惩戒穷人的主要目的，代之以合乎人道主义精神的公共援助。

到了21世纪，全球信息化迅猛发展，互联网成本急速下降，各行各业都运用信息化达到更高效、更创新的目的。医院开始探索医疗信息化建设及其应用：应用信息技术，优化医疗模式；部署并实施服务器虚拟化平台、以医疗数据仓库分析临床数据、提升网络远程医疗水平等。教育界中小学教育对信息化的运用策略主要有：加强信息化资源建设、适度营造活跃的教学氛围、营造具备趣味性的课堂环境、补充性设计教学课件等。人事管理方面，借助信息技术管理理念和方法，能有效地提升档案管理效率，推进人事档案工作的科学化、规范化和信息化。在信息化背景下，各领域有了新的发展机会，当然也面临着新的挑战。不断创新、不断改进才能够实现领域本身的可持续发展。

随着信息化的不断发展，社会救助领域也引进信息化，融合信息化，社会救助信息化的步伐不断加快。21世纪初，社会救助工作繁杂，专业性、政策性很强，救助对象不断扩面增量，救助申办要求规范，调查、审核、审批过程繁杂，社会救助需要投入的人力不断增多，所承担的工作任务不断增加。长期以来，救助战线工作人员年龄偏大、文化素质不高、工资待遇低等问题也比较突出，社会救助信息化系统建设滞后，没有一套完整科学的困难人员救助应用软件可供使用，所有困难人员的信息资源、救助资源也不能做到在部门之间、各慈善团体之间共享。这在一定程度上严重制约着社会救助工作的效率。因此，强化社会救助队伍建设力量，提高社会救助工作的信息化程度是十分有必要的。

社会救助信息化为社会救助带来巨大变化：改革管理机制、拓宽供给侧、提升精度、节省成本……社会救助信息化正处于蓬勃发展的阶段，机遇与挑战并存，仍需不断探索、不断改进。

二　社会救助信息化的意义

1. 社会救助信息化有利于提高行政效率

一直以来，社会救助相关部门总感到公众参政议政的积极性不高，而另一方面公众则抱怨对一些政府部门的建议、批评以及各种合理要求反映不上去。社会救助信息化有利于提高政府的行政效率，推动政府机构的改革，使政府依据精简、统一、效能的原则，进行机构改革，建立办事高效、运转协调、行为规范的行政管理体系。同时，社会救助信息化能为公众提供更有效的社会救助服务。政府通过建立社会救助电子政务为公众设立办事窗口，可以更好地改进服务，方便公众。因此，社会救助信息化开启了一扇公众参政议政的窗口。

2. 社会救助信息化有利于减少信息不对称

信息不对称是多年来困扰中国社会救助事业发展的瓶颈问题之一。一方面，对于许多遭遇困难的社会公众而言，他们不知道除了政府救助之外，还有哪些慈善资源、慈善项目可以帮助自己；另一方面，对于很多慈善组织而言，它们拥有资金、人力和项目，由于信息不对称，却难以发现和锁定需要帮助的对象。政府社会救助的信息不对称情况比社会组织好，但是也仍存在精准度不够的问题。社会救助信息化通过互联网可以快速地完成供方和需方的信息交换和匹配工作，是社会救助信息不对称的有效解决办法。

3. 社会救助信息化有利于实现社会救助现代化

社会救助信息化的程度，决定了一个国家、地区的社会救助现代化的水平，社会救助信息化有利于相关部门提升综合竞争力。大量采用信息技术，不但改进和强化了信息流的集成管理，而且对政府部门固有的思想和管理模式产生强烈冲击，带来根本性的变革。因此，信息技术与救助管理的发展与融合，使社会救助管理不断创新，极大地提高了政府实施社会救助的能力。

4. 社会救助信息化有利于社会救助精准化发展

此外，社会救助信息化还推进了社会救助的精准化，在贫困识别、贫困分析、社会救助监管等方面都促进了社会救助的精准化、精细化发展，进一步促进了社会资源的公平分配，基本保障了经济社会的稳定发展。

第二节 我国社会救助信息化的现状与特征

社会救助信息化是民政信息化的重要组成部分，是伴随着民政信息化的发展而逐步推进的。从 20 世纪 80 年代中期开始，民政系统开展了以基础网络和业务系统为主要建设内容的信息化工作。2001 年至 2005 年，以《全国民政系统信息化 2001～2005 年发展规划纲要》为指导，实施了以"一网一台"多软件为主要内容的"数字民政"工程和以智能呼叫中心为核心内容的便民工程。2006 年以来，以国家信息化发展战略为指导，进一步加强了民政信息化基础设施整合和应用系统建设应用的力度，促进了民政信息化与民政事业的融合发展。

一 我国社会救助信息化的现状

1. 以系统建设为抓手，推动救助工作规范发展

随着社会救助体系不断发展完善，各项救助制度的全面实施，传统工作中依靠手工计算保障金额、逐份累加支出资金的工作方式已无法满足各

项救助业务的发展。由于监管措施不到位，在区和街道（乡镇）开展工作的过程中，出现了"错保""漏保"和挤占、冒领救助资金现象，社会影响恶劣。为提升救助监管难能力，推动救助工作规范发展，近几年，各地研发使用并逐步升级了最低生活保障系统、医疗救助系统、特困人员救助供养系统等一系列综合信息管理平台，实现了最低生活保障、特困人员救助供养、临时救助、医疗救助、因病致贫救助等业务系统市级贯通使用、数据及时更新、定期汇总统计和资金核算管理等功能。各业务系统均以街道（乡镇）社保所、民政科和区民政局为管理核心，实现了救助业务受理、审核、审批三级联通。在此基础上，还紧扣政策规定，及时根据政策调整情况，升级系统使用功能，确保准确完成身份认定、待遇计算、救助公示和资金社会化发放等相关工作。同时开发了最低生活保障系统与民政资金统发管理平台数据交换接口，通过系统数据交换、信息比对，优化数据校验和查询统计功能，实现了低保系统、民政统计系统和资金统发系统数据一致，有效杜绝了挤占、冒领救助资金现象，提升了救助监管能力，推动了各项救助工作规范开展。

2. 以核对平台为契机，全面提升精准识别能力

伴随城镇化步伐的加快和就业渠道、收入来源的不断拓展，家庭收入和财产的构成也日趋复杂，传统的调查方式已难以满足救助工作开展的需求，管理手段的缺乏，导致"骗保""人情保"等违规现象时有发生。为适应新时期救助工作发展，创新拓展救助管理手段，建立居民经济状况核对信息系统，探索通过建立跨部门、跨领域的联动核查机制，为准确认定社会救助家庭经济状况，实现精准识别、精准救助提供技术保障。以北京市居民经济状况核对信息系统为例，该核对系统由市、区、街道（乡镇）三级用户登录使用，集信息集合、数据发送、核对管理、报告生成等综合管理功能于一体，与市工商局、地税局、住建委、公安局、人保局等7个部门和机构实现了数据交换，能够完成车辆、住房、企业投资、税务、社会保障、殡葬、婚姻登记等11大类数据信息的查询比对，为救助待遇的审核审批提供了重要依据。同时，下发《关于做好本市申请社会保障居民存款等金融资产信息核对工作的通知》，实现了与工商银行、农业银行、交通银行、北京银行等12家银行数据信息的物理联通，并以朝阳区为试点，与中国银行、农商银行、浦发银行、民生银行进行数据交换比对，进一步提升了精准识别水平，实现了救助管理从粗放型向精细型的转变，全面提升了精准管理能力。

3. 以数据直报平台为依托，为宏观决策提供数据支撑

为建立规范准确的社会救助数据统计管理体系，科学有效地开展数据统计分析，为政策制定提供数据支撑，部分省份依托救助业务系统，研发了社会救助数据直报平台。直报平台包含城乡低保和低收入救助，以及特困人员救助供养、医疗救助、临时救助等相关数据统计，实现了业务数据按月、按季定期采集、定向查询和统计分析等功能。各项数据均从各业务系统中直接导入，确保了数据的真实性和准确性。此外，还利用直报平台，针对特定人群在低保标准调整、医改全面启动和"两节"慰问期间开展专项数据研究分析，解决了以往数据来源单一、数据间相互验证性薄弱、数据规范和准确性不够等问题，为业务主管部门更准确、更全面地把握政策实施情况提供了帮助，也为政策制定和宏观决策提供了数据支撑。

4. 以无纸化办公为目标，探索救助审核审批方式变革

当前，全球信息化浪潮席卷而来，信息产业蓬勃兴起，信息技术日新月异，信息化在深化电子政务、推进国家治理现代化等方面发挥着越来越重要的作用。利用信息技术方便、快捷的特点，探索通过无纸化办公简化审批流程，实现救助审核审批方式的变革，是加快推进社会救助信息化当前及今后一个时期非常重要而紧迫的任务。

"十三五"时期，网络安全和信息化已经成为国家战略之一。创新应用"互联网＋"和"大数据"等信息技术，推进社会救助信息系统由分散向集中，由静止向动态，由独立向关联的转变，是今后社会救助信息化发展的必然趋势，也是新时期社会救助工作发展的必然要求。

二 我国社会救助信息化的主要特征

随着世界信息技术的迅速发展，信息化浪潮已席卷全球，对社会发展产生巨大而深刻的影响，信息化正在改变着一国的经济、社会结构、文化传统和军事外交实力，也改变了人们的工作、学习和生活方式。在制定面向 21 世纪的国家发展战略中，推进信息化成为世界各国的首选战

略。从 1993 年美国政府提出建设"国家信息基础结构行动计划"以来，世界各国纷纷采取措施制定并实施本国的国家信息化发展战略。中国作为发展中大国，既要实现既定的工业化发展目标，又要迎接世界信息化浪潮的挑战。

中国作为一个尚未完成工业化任务的发展中大国，正被逼迫到工业化和信息化的双重挑战面前。为应对这一挑战，经过十余年的发展，我国逐步形成了以信息化带动工业化，以工业化促进信息化，推进工业化和信息化融合，发挥后发优势，实现社会生产力的跨越式发展的方针。目前我国处于工业化中期，同时面临信息化的发展机遇。只有以信息化带动工业化，以工业化促进信息化，推进工业化和信息化融合，才能走出一条科技含量高、经济效益好、资源消耗低、环境污染少、人力资源优势得到充分发挥的新型工业化道路。

在各国推进信息化的过程中，既有其共性规律，又有其个性特点。信息化的共性，是指信息化过程中必须遵循的内在规律，不论国别地区差异皆然。而信息化的个性则取决于国情、地情的具体条件，主要包括经济发展水平、制度环境、文化传统以及教育基础等。中国在推进社会救助信息化的实践中，认真分析了影响信息化发展的重要因素，初步确立了具有中国特色的信息化道路。

20 世纪 90 年代末，我国开始建立以低保为核心的新型社会救助体系时，适逢我国信息化进入快速发展时期，随着新型社会救助体系建设的不断推进，社会救助信息化也步入了快速发展时期。

（一）政府重视

党的十八大以来，习近平总书记就全国网络安全和信息化工作提出一系列重要论述，党的十八届五中全会、"十三五"规划纲要都对"互联网＋"行动计划、大数据战略等作了部署。民政部高度重视信息化工作，制定了《民政信息化中长期规划纲要》，成立了网络安全和信息化领导小组，时任部长黄树贤任组长。在社会救助方面，低保信息系统列入国家电子政务总体框架的重点工程，2007 年开始启动工程建设；2012 年国务院要求在全国建立居民家庭经济状况核对机制，2017 年开始实施的"金民工程"又把低保信息系统和核对信息系统作为重点项目。地方政府和民政部门也高度重视社会救助信息化，在机构、资金以及人员方面给予了优先保障。

（二）需求强烈

多年来，民政部门一直有两大困扰：一是基层社会救助工作人员少。从乡镇、街道到区县民政工作人员普遍很少，随着社会救助保障对象的增加，人员编制愈加不能满足需要，工作人员少的矛盾日益突出。二是社会救助家计调查难。传统的家计核查方式难以解决人情保、关系保、调查不准等问题，导致我国社会救助特别是农村低保错保问题突出，亟待采用信息化手段对申请者的家庭财产和收入进行核查。

（三）任重道远

我国作为一个快速发展的大国，社会救助信息化目前已没有财力的困扰，资金保障比较充足。低保信息系统，目前全国各级民政部门已总体实现互联互通并普遍用于救助经办，同时在统计监测、资金测算、绩效评价中也发挥了一定作用。核对信息体系，目前部分省、市、县已建成并投入使用，全国也在局部实现了上下联通。尽管如此，我国社会救助信息化建设仍然任重道远，如我国社会救助信息系统功能还不完善，信息化的管理应用有待创新，核对信息体系未形成"全国一张网"，许多地方存在着"信息孤岛"问题，部门间信息共享存在障碍，不同地区之间、城乡之间存在"数字鸿沟"。这些问题在信息化中产生，也必须在信息化中解决。

第三节　我国社会救助信息化面临的机遇与挑战

一　我国社会救助信息化面临的发展机遇

我国社会救助信息化面临前所未有的机遇，主要体现在以下几个方面。

1. 社会救助工作自身发展及其社会作用的提升为社会救助信息化提供了强大的内驱力

针对当前影响社会和谐的突出矛盾，加快推进以改善民生为重点的社会建设，解决人民群众最关心、最直接、最现实的利益问题是科学发展观的基本要求，是落实"以民为本、为民解困、为民服务"社会救助宗旨的具体体现，社会救助工作相应的职能越来越重要，正从局部性的工作走向全局性的工作，正从边缘性的工作走向中心性的工作，社会救助事业发展的空间越来越广阔。做好社会救助信息化工作，可以极大地提高社会救助工作的效率和质量，有力地促进社会救助部门转变工作职能、工作方式和工作作风，进而更加全面有效地帮助解决民生问题，推动社会救助工作在构建社会主义和谐社会中发挥更大的作用。

2. 社会信息化发展战略和政府信息公开要求为社会救助信息化提供了有利的政策机遇

《2006-2020年国家信息化发展战略》提出了推进社会信息化的战略思路。民政部门作为主管有关社会行政事务的政府组成部门，在社会管理和建设中有着重要的作用。加快推进民政信息化建设，是国家社会信息化建设的重要组成部分。新增民政部作为国家信息化建设领导小组的成员单位，凸显出国家对社会管理和公共服务领域信息化的重视。

3. 信息技术的发展和应用为民政信息化提供了可靠的技术基础

信息化是当前国民经济发展的一项重要目标，是覆盖现代化建设全局的战略举措。信息技术发展日新月异，信息产品和应用层出不穷，抓住机遇推进信息技术在各项民政事业中的应用，具有广泛、成熟的技术基础。目前全省民政系统网络设施、数据库建设、软件应用、多媒体布局、信息处理都具备一定的基础，将推进民政信息化建设进一步发展。

同时，我国社会救助信息化工作存在着不足与缺陷：比如制度分割，管理部门仍然碎片化。《社会救助暂行办法》第一章"总则"中的第三条："国务院民政部门统筹全国社会救助体系建设。国务院民政、卫生计生、教育、住房城乡建设、人力资源社会保障等部门，按照各自职责负责相应的社会救助管理工作。县级以上地方人民政府民政、卫生计生、教育、住房城乡建设、人力资源社会保障等部门，按照各自职责负责本行政区域内相应的社会救助管理工作。前两款所列行政部门统称社会救助管理部门。"以上规定中的诸多行政部门组成的社会救助管理部门，缺乏统筹与协调，与各专项救助的建立完善难以协作，各项救助政策不能有效衔接。例如，虽然民政部总管低保、医疗救助、受灾人员救助，但在其内部又分管于不同机构，其他的教育救助、住房救助、法律援助也是不同部门分割。《社会救助暂行办法》实施主要目的之一在于整合资源，明确受理部门，提高救助效率，而这种分割局面不仅造成救助政策交叉重叠，存在救助漏洞，而且造成救助资源浪费。

此外，城乡救助差距逐年增大。据统计，2012～2014 年近三年，全国城市低保户平均标准分别为 330.1 元／（人·月）、373.3 元／（人·月）、411 元／（人·月）；全国农村低保平均标准分别为 172.9 元／（人·月）、202.75 元／（人·月）、231 元／（人·月）。虽然从总体来看，全国低保水平平均标准逐年增大，但是也可以看出近三年城乡低保标准差距从 2012 年的 57.2 元／（人·月）增加到 2014 年的 180 元／（人·月），进一步拉大的城乡差距不利于维护社会的和谐稳定，也与社会救助促进社会公平的理念相违背。专项救助中救助范围界定模糊。在《社会救助暂行办法》规定中，医疗救助的对象为低保成员、特困供养人员、县级以上人民政府规定的其他特殊困难人员。救助内容为对救助对象所规定范围内医疗费用的补助。在临时救助中，有一项为对家庭成员突发重大疾病等原因导致基本生活暂时出现严重困难的家庭给予临时救助，这时临时救助的内容转向医疗救助，而办法中对这两项救助中有可能重叠部分并没有明确规定。在《社会救助暂行办法》第六十条中虽规定了难以确定救助管理部门的，可先向社会救助经办机构或者县级人民政府求助，然后及时办理或转交其他社会救助管理部门办理。但是对于"其他管理部门"并没有做出详细说明，这导致救助者在求助过程中的盲目性，以及增大各救助部门之间管理的随意性，引起互相扯皮，降低救助效率，影响救助效果。社会救助制度是一项比较复杂的社会系统工程，尤其随着各项救助制度的不断整合，其实施工作具有业务信息量大、范围广等特点。《社会救助暂行办法》第六条规定："县级以上人民政府应当按照国家统一规划建立社会救助管理信息系统，实现社会救助信息互联互通、资源共享。"这也是"金保工程"的要求，而目前我国社会救助信息化建设现状与实际工作需求有一定距离，同时部分县级以上政府门户网站技术管理落后，信息更新滞后，不能及时为社会提供社会救助信息服务。

贝弗里奇强调："无论如何，社会救助工作都需要由经特殊培训的专门人员来做。"从当前来看，我国从事社会救助工作的人员大多数为非专业人员，在选拔救助工作人才时也没有专业限制，造成在救助过程中很难有效核查申请人和受益人的收入水平、合理认定申请人的受益资格、加强对受益人的动态管理，从而不利于提高社会救助的社会效益和运行效益。

二　我国社会救助信息化面临的挑战

与此同时，我国社会救助信息化工作也面临着严峻的挑战。这些挑战包括如下几方面。

1. 对信息化的强大需求与薄弱的信息化基础之间的矛盾

随着社会救助事业的发展，各个部门、各级领导对信息化意义的认识不断提高，对获得信息技术、信息系统支撑的需求不断增加。但是，由于社会救助信息化起步晚，投入少，造成基础设施少，业务应用覆盖率低，性能差，有效供给不足，地区之间信息化建设存在着较大的差距。社会救助信息化建设亟待解决加大基础投入的问题。

2. 信息化集中建设和管理的要求与信息化管理体制之间的矛盾

因为管理体制、机制的问题，信息化建设从立项、实施到管理职能分散，造成投资多头、管理困难、建设重复、系统断裂、数据孤立等现象，没有实现互联互通，资源共享困难。社会救助信息化建设亟待解决管理体制、机制问题。

3. 信息化建设特点与社会救助业务特点之间的矛盾

社会救助业务类项多、独立性强、关联度差，工作对象、类型、层次、方法差异性大，难以通过一个或几个大型的信息化系统支撑全部业务，且多数社会救助工作面向社会公众，系统部署层次多，数据采集难度大。社会救助工作业务经费主要依托公共财政，信息化投入量少周期长。社会救助信息化建设亟待解决统一规划、系统整合和成效叠加的问题。

4. 信息化快速发展与人的观念和技能相对落后之间的矛盾

社会救助系统中，有的干部职工对信息化的认识仍有偏差，有的看不到信息化对业务的变革和促进作用，有的不愿改变传统的工作方式和手段，有的不愿掌握基本的计算机操作技能，这些都阻碍着信息化的发展和已有系统的效用。社会救助信息化亟待解决人的信息化综合素质问题。

第四节　我国社会救助信息化建设的总体目标与基本原则

我国社会救助信息化建设的总体目标是进一步实施和完善"数字社会救助"工程，通过建立通畅的政务电子通道、统一的数据分析中心、综合的管理服务平台、先进的技术支撑基础，有效改善民政工作管理与服务的环境，逐步建立上为中央分忧的社会安全运行基本保障预警体系，下为百姓解愁的民政公共服务平台和社区综合信息平台，为新时期社会救助工作在社会管理和公共服务中履行职责，在维护社会稳定、构建和谐社会中发挥职能作用提供强有力的信息技术支撑和保障。

我国社会救助信息化建设要坚持以下原则。

1. 以民为本，服务发展

紧紧围绕民政事业发展和民政管理服务对象最直接、最关心、最现实的需求，以履行民政为民职责，实现民政事业持续健康发展为主线部署科技任务，依靠科技进步改善民生、提高效率，服务广大人民群众，促进社会主义和谐社会建设。

2. 立足全局，加强协作

社会救助信息化建设要和国家及各级政府的信息化规划、电子政务建设进程、重大信息化建设项目相衔接，最大限度地避免重复。要和信息化发展趋势相适应，努力实现跨越式发展。要和原有的规划思路、已有的信息资源相叠加，减少浪费，实现多快好省。

社会救助信息化工作要实行统一领导、分工协作。民政部信息化建设领导小组是民政系统信息化建设的最高领导机构，各级民政部门要加强对本地区信息化工作的统一领导和管理。要理顺综合部门、业务部门和信息化主管部门的关系，充分发挥中央和地方各级民政部门的积极性，明确分工，加强合作，实现共赢。

3. 统筹兼顾，突出重点

社会救助信息化要按照"一盘棋"的思路整体设计，紧密围绕社会救助业务的服务对象，深入分析社会救助业务之间的内在关联，制定信息化规划，设计可操作的技术架构。

社会救助信息化项目要从重要性、紧急程度、实施条件成熟度三个方面综合评估，合理安排建设计划和资金投入，分步有序实施，形成积累，逐步完成建设目标。

4. 突出应用，强化服务

社会救助信息化要以需求为导向，面向应用，面向公众，围绕在线协同办公和各项业务工作设计信息化应用项目。要把数据作为应用的核心，加强数据集中和分析，发挥数据的社会价值和经济价值。

5. 立足当前，着眼长远

科学判断国家经济社会发展形势和科技发展趋势，切实把国家关注、社会需要、民政有优势、技术上有基础的项目作为民政科技工作的切入点和重点，着力解决当前制约民政事业发展的重大科技问题。同时，着眼民政事业长远发展，超前部署一批基础研究、前沿技术研究、重大共性关键技术与集成技术研究项目，引领民政事业创新发展。

6. 因地制宜，分类指导

结合各级、各地实际推进民政科技工作。部属科研机构要在本行业、本领域科技发展中充分发挥支撑引领作用，加大行业重大共性技术和产品研发力度。东部地区要发挥资金、技术、人才优势，在科技创新和应用方面先行探索。中西部和少数民族地区要加强适合当地需要的特色产品开发和科技成果推广应用。部里要在政策指导、科技立项、人才培养、工作交流等方面加大对地方科技工作的支持力度。

第五节　我国社会救助信息化建设的重点难点

长期以来我国一直具有较为显著的城乡二元经济社会结构特征，社会救助体系的城乡二元分割特征还比较明显,不仅在具体的社会救助项目方面存在多寡的差别,而且即便是同一种社会救助项目,在救助的标准、覆盖范围和管理制度方面也存在较大的城乡差距,存在很明显的"重城镇轻农村"倾向。也就是说,在我国的社会主要矛盾已经发生转化的大背景下,目前我国还比较突出地存在着社会救助制度在城乡间发展不平衡的问题,以及社会救助项目在农村地区发展不充分的问题,这无疑严重损害了农民的合法权益,导致了部分农民不公平感的明显上升,明显有悖于社会公平正义的原则。我国社会救助体系的城乡二元分割特征首先表现为立足于传统户籍管理的城乡二元行政管理制度,涉及社会救助对象的认定、社会救助资金的计发和最低生活保障标准的测算等内容的行政管理制度均存在明显的城乡差别。比如,当前我国城乡低保补助水平的差距较大,但这种差距主要不是来自城乡物价水平的差距,而是来自人为的制度安排,它显示了城乡居民身份的差异性。城乡居民的社会救助权不能获得平等的保护,势必造成城乡居民收入差距的进一步扩大,从而不利于社会的和谐稳定。城乡一体化的国际经验告诉我们,城乡一体化有两个主要目标:一是有平等的社会地位和政治权利;二是享有大致相当的基本公共服务。因此,只有大力促进社会救助体系的城乡一体化,才能使它更好地发挥其作为我国社会保障制度最后一道安全网的"兜底"功能。

党的十九大报告指出:"增进民生福祉是发展的根本目的。必须多谋民生之利、多解民生之忧,在发展中补齐民生短板、促进社会公平正义。"而且,根据党中央和国务院的统一部署,社会救助制度在我国当前的精准扶贫战略中处于"兜底"的位置。但是,目前我国农村社会救助在保障水平和资源配置等方面明显落后于城镇社会救助,社会救助的这种城乡二元分割局面是有悖于党和国家的政策导向的,不利于社会的和谐稳定,也加大了解决"三农"问题的难度,不利于党中央精准扶贫战略的顺利实施。

必须深刻学习领会习近平总书记关于我国社会主要矛盾已经发生转化的重要论断的精神,严格贯彻党的路线、方针和政策,在遵循社会公平正义基本原则的前提下,对我国现有的社会救助制度进行深入改革,妥善解决社会救助制度所面临的发展的不平衡不充分问题,彻底改变社会救助制度的城乡二元分割局面,建立起惠及所有城乡弱势群体的城乡一体化社会救助体系，以满足人民日益增长的美好生活需要，为解决好"三农"问题发挥其应有的作用。

（一）完善社会救助立法

迄今为止，我国尚没有一部由国家立法机关制定的"社会救助法"，社会救助政策主要不是依靠法律，而是依靠行政手段的强有力干预来实施的，这使得城乡社会救助工作呈现了较大的主观随意性。而且，现有的社会救助行政法规或政策有很多是采取城乡二元分治的理念来制定的，导致了我国社会救助制度呈现城乡二元分割的局面：农村最低生活保障制度无论是救助标准还是补助水平，均明显低于城镇最低生活保障制度，而且在日常管理工作的规范性方面，农村低保也明显赶不上城镇低保，此外专项社会救助项目在城镇地区发展的广度和深度均远远超过农村地区。

鉴于事实上我国城乡居民享受的是差别化的社会救助待遇，因此首先必须将公民的社会救助权制度化和法律化，逐步改革和完善现有的社会救助法律法规，以实现对城乡居民尤其是农民社会救助权的有效保护。2014年5月颁布的《社会救助暂行办法》是我国目前为止最为全面的社会救助法规，但它并未明确提及城乡居民的平等救助权问题，而是以授权条款的形式下放到地方政府。从法律的位阶来看，《社会救助暂行办法》处在我国法律位阶体系（宪法、基本法、普通法、行政法规、地方性法规以及行政规章）的第四位阶，即行政法规，其本身就位于相对靠后的位置。按照"上位法优于下位法"的原则，这就决定了它的法律效力层次不高，导致执行机构或人员在实施过程中有一些主观随意性。《社会救助暂行办法》虽然在形式上消除了社会救助城乡二元分割的格局，但实际上并没有在城乡社会救助机制和救助资源的整合等方面提出具有可行性的具体实施方案或细则。鉴于此，目前应尽快出台一部法律位阶较高的《中华人民共和国社会救助法》，以较高的法律权威和较强的可操作性来打破我国社会救助制度的城乡二元分割局面。

（二）建立城乡一体化的社会救助网络信息平台

第一，建立城乡一体化的社会救助信息数据库。目前，城乡一体化的社会救助信息数据库尚未在我国全面建立起来，林闽钢教授建议逐步建立城乡各类困难群众基本信息数据库,形成省、市、县、乡镇、村五级纵向贯通,部门横向互联的社会救助信息共享机制。在所有的城乡社会救助信息数据库里,城乡低保信息数据库也无疑是其中最重要的一个组成部分,它承担着城乡社会救助各个业务系统的基础数据库的作用,是整个民政信息系统中用户量最大、涉及资金最多、服务对象最多、与困难群众基本生活息息相关的数据库。因此,城乡低保信息数据库应该被放在我国城乡一体化社会救助信息数据库建设的首要位置。基于我国当前的基本国情,要建成城乡一体化的低保信息数据库,最大的难点在于农村,因此要把农村低保信息数据库作为工作的重点,通过对农村低保信息数据库精确、完善和有效的管理,为农村各类弱势群体及时而有效地提供各种社会救助。

第二,建立社会救助信息化网络管理平台。在建立城乡一体化社会救助信息数据库的基础上,还要积极推动跨部门、多层次和信息共享的社会救助信息化网络管理平台,具体包含社会救助对象基本信息网络数据库、社会救助信息反馈系统和全国互联的城乡社会救助信息交换平台。唯有如此,方能有效应对我国人口跨城乡、跨县域和跨省域流动日益加剧的情况,给全国各地的社会救助管理工作带来巨大挑战。当然,基于最低生活保障制度在当前我国城乡社会救助体系中的基础性地位,城乡一体化社会救助信息化网络管理平台建设最重要的部分是在城乡最低生活保障领域。地方政府有关部门之间要积极实现城乡低保信息的共享,及时把握低保对象的信息动态,从而真正地把城乡低保对象的动态管理落到实处。

第三,加快建立省级及以下城乡居民家庭经济状况核对信息平台。经济状况核对是审核城乡居民是否符合申请城乡低保资格的一个关键环节,所以建立居民经济状况核对信息平台是建立社会救助信息化网络管理平台的重要前提。基于我国的国情,先着手建立省级及以下城乡居民家庭经济状况核对信息平台,然后再建立全国统一的城乡居民家庭经济状况核对信息平台。例如,2014 年 6 月,全国首家率先投入使用的省级核对信息平台——"广西低收入家庭经济状况核对信息平台"建成并正式启动。在2014 年的下半年,整个广西共接受城乡低保救助受托核对 91 万户总计 256万人,核查出一批有车辆、农用机械、渔船、房地产、上缴个税、上缴住房公积金以及享受财政涉农补贴等疑似不合规的城乡低保对象,其中已经有 2.55 万人被停保或退出，这充分说明了建立省级及以下城乡居民家庭经济状况核对信息平台的重要现实意义。

（三）以信息化手段促进和实现最低生活保障制度的城乡统筹

我国现有社会救助制度中城乡和区域之间的不平衡性较为明显，因此推动社会救助的城乡社会一体化可以探索先实现一定区域内社会救助体系的城乡统筹：一是要实现社会救助行政资源的城乡整合，通过区域内政府部门间的协商、互补来弥补社会救助在城乡之间历史的、人为的差距，达成区域内各方都能接受的统一的行政管理模式；二是实行区域内的城乡社会救助的均衡发展。在一定区域内，建立统一的社会救助行政管理制度，实现区域内城乡救助待遇的均衡。鉴于最低生活保障制度在我国社会救助制度中的核心地位，实现最低生活保障制度的城乡统筹无疑是实现社会救助的城乡社会一体化的一个关键环节。

城乡最低生活保障制度一体化并不是简单地要求统一城乡低保标准，其发展目标是由城乡二元分立走向低保制度的城乡统筹，最终再走向低保制度的城乡一体化。因此，要摒弃"城乡分治"的二元结构政策思想和做法，树立"城乡一体化"的理念。城乡低保一体化的实质是要彻底消除"二元结构"在城乡低保制度建设中的阻碍作用，给城乡居民以平等的社会救助权。实现最低生活保障制度的城乡统筹是建设城乡一体化社会救助体系的核心任务之一，"城乡统筹"是途径，"城乡一体化"是最终目标。

第一，最低生活保障制度的城乡统筹应该是一个循序渐进的过程，不宜操之过急，尤其不能忽略东部省份与中西部省份之间，乃至同一省份的不同地区之间在经济社会发展水平上的巨大差距，即不能脱离地方经济社会发展的实际水平而盲目地设立一些过高的目标。基于此，课题组赞同胡宏伟等人的观点，可以将低保城乡统筹的路径设置为三个主要阶段，它们分别是市内类型区统筹、省内类型区统筹和全国类型区统筹。

第二，需要建立城乡统一的最低生活保障行政管理制度。一是城乡最低生活保障资金筹集的统一。这主要是财政拨款的渠道要统一。二是最低生活保障标准测算和调整机制的城乡统一。三是建立全国统一和城乡有别的家庭经济状况调查制度。要特别重视低保工作的日常监管，使城镇和农村形成统一的申请、核查、审批和公示程序，并且做到严格执行，完善群众监督机制，对于违规操作的居委会或村委会干部要严肃处理，以切实维护城乡最低生活保障制度的公信力。

第三，应当规范城乡低保的标准并逐步缩小城乡差距。在理想状态下，城乡一体化的低保制度应当是通过补差发放的手段，使城乡困难居民的基本生活水平达到一致。鉴于农村与城镇的经济发展水平存在客观差距，生产资料也有所不同，因此不应机械地将城乡标准统一和补差统一作为城乡低保统筹发展的目标。在国家层面出台推进城乡低保统筹的法律法规，明确城乡低保统筹发展的目标任务、工作方法和操作程序，制定统一的城乡低保标准量化调整办法，将城乡低保标准与上年度城乡居民人均消费支出水平挂钩，以求达到使城乡贫困居民的生活水平基本一致的目标。

（四）以信息化手段促进和实现专项社会救助在城乡间的均衡发展

在我国，贫困人口主要分布在农村，但社会救助资源在城乡间的分配长期重城镇轻农村，农村各项社会救助待遇都远不及城镇，城镇高水平的社会救助与农村低水平甚至是缺失的社会救助并存。而且，我国许多地方政府为了降低行政管理成本，简单地把城乡低保资格作为享受医疗救助、教育救助、住房救助和就业救助等专项社会救助的前提条件，从而使专项社会救助政策失去了应有的公平性。因此，在构建城乡一体化的社会救助体系过程中，只有实现专项社会救助在城乡间的均衡发展，让处于弱势地位的农民和城镇居民都能平等地享受到应有的专项社会救助，才有可能真正发挥社会救助的"兜底"功能，帮助救助对象摆脱"贫困陷阱"。

第一，要建立城乡一体化的医疗救助体系。要将城镇和农村融为一体，实行城乡一体化的医疗救助，消除城乡差别，取消起付线，扩大救助范围，增加救助病种，提高救助标准，为城乡困难群众提供更好的医疗保障。把有限的资金向"三无"人员、"五保"户、重病和重残等人员倾斜，切实解决困难群众的看病难问题。总之，医疗救助的最终目的就是要让城乡困难群众能较为公平地享受到医疗救助待遇，而不应因为常住地、职业或户籍的不同而进行区别对待，同时对于城乡特殊困难群体还要实施适当的倾斜政策，以充分发挥医疗救助在我国城乡医疗保障制度中的"兜底"

作用。自 2014 年开始，我国已经实现了城乡医疗救助资金的统筹和管理一体化，这是我国医疗救助城乡一体化的一个标志性事件，它能有效提高医疗救助资金的抗风险能力，切实改变原有的医疗救助资金重城镇轻农村的局面，缓解农村地区的"因病致贫"现象。

第二，实现城乡基本医疗保险制度的统筹。实现城镇和农村医疗救助的均衡发展，必须要具备一定的制度环境，而实现基本医疗保险制度的城乡统筹是实现城乡医疗救助的公平性的重要前提。我国城镇职工医疗保险主要面向在城镇有工作单位或灵活就业的人员，城镇居民医疗保险主要覆盖城镇非就业人群，新型农村合作医疗主要覆盖农村居民，而且我国城镇职工医疗保险的保障水平要明显高于城镇居民医疗保险和新型农村合作医疗。而且人力资源和社会保障部门、卫计委这两个城乡基本医疗保险主管部门分别建立起了各自的管理体系和运行机制，这样就导致加大了管理和运作的行政成本，同时患者的医疗信息也没有在两大医疗保险主管部门之间做到很好的共享和对接，实际上这也就成为建设城乡一体化医疗救助体系所面临的一大障碍。一般来说，整合城乡居民基本医疗保险需要做到以下两点：一是整合后的城乡居民基本医疗保险制度统一划归人社部门管理；二是建立城乡居民医保信息系统，将居民医保的有关资料统一纳入医保信息系统。2016 年 1 月发布的《国务院关于整合城乡居民基本医疗保险制度的意见》中明确提出：推进城镇居民医保和新农合制度整合，逐步在全国范围内建立起统一的城乡居民医保制度。要做到"统一覆盖范围、统一筹资政策、统一保障待遇、统一医保目录、统一定点管理、统一基金管理"。这个文件的发布，实际上就为实现真正意义上的医疗救助城乡一体化铺平了道路。

第三，实现城乡医疗卫生资源的均衡配置。医疗救助实现城乡一体化的一个重要前提就是城乡医疗卫生资源配置的均等化，但是我国目前医疗卫生资源的分布不够合理，存在着较为严重的城乡医疗卫生资源配置不均等现象。从千人医疗机构床位数、千人卫生技术人员数和千人执业医师数等基本衡量指标来看，我国农村医疗卫生资源远远落后于城镇，并且这种差距还呈现逐年扩大的趋势，这成为医疗救助实现城乡一体化的现实障碍。通过对城乡医疗卫生资源相关指标的分析，能清晰地看出我国医疗卫生资源分布的巨大城乡差距。

本章小结

　　社会救助信息化是衡量社会救助工作社会作用、社会救助事业发展水平、社会救助工作现代化程度、社会救助干部素质高低的重要标志。

　　本章讲授了社会救助信息化的意义、发展阶段、发展趋势。在此基础上，本章还介绍了我国社会救助信息化的现状与特征、目前所面临的挑战与机遇。此外，确立了社会救助信息化建设的总体目标与基本原则以及当前面临的重点与难点。

🔍 思考题

　　1. 我国的社会救助信息化具有哪些特征？

　　2. 当前我国社会救助建设的难点有哪些？你认为应当从哪些方面进行突破？

扩展阅读 ○--

社会救助信息化让群众少跑腿

　　2017年10月16日，广东省民政厅党组成员、巡视员王长胜上线省政府门户网站直播访谈栏目，对9月1日起施行的《广东省社会救助条例》（以下简称《条例》）进行解读，并回答网友关注的热点问题。

　　王长胜表示，《条例》是我省第一部社会救助地方性法规，紧紧围绕"让困难群众最大限度地获得及时、精准的救助"这一主旨，着眼广东实际，在遵循上位法的前提下取得的创新性突破，是践行习近平总书记"四个坚持、三个支撑、两个走在前列"重要批示精神的主要体现，充分凝聚了近年来我省建立健全社会救助制度的成果，对进一步织牢织密社会救助"兜底"安全网具有重要意义，有助于我省在打赢脱贫攻坚战、全面建成小康社会的新征程上继续走在前列。《条例》相较于国务院颁布的《社会救助暂行办法》特别增加了生活无着的流浪乞讨及其走失人员救助内容。此外,《条例》规定,县级以上人民政府可以将社会救助中的具体服务事项通过委托、承包、采购等方式,向社会力量购买服务,社会救助管理部门应建立求助人员信息清单,为慈善组织和其他社会力量开展救助提供便利。

85岁的冯伯是农村特困供养对象,今年3月入住云浮市云安区福利服务中心,但中心原来的房间陈旧、设施设备简陋,很难满足像冯伯这样的生活无法完全自理的特困供养人员的日常生活照护需求。

广东省民政厅全面推进特困人员供养服务机构供给侧改革后,云安区福利服务中心成为省第一批改革试点之一,通过引入社会资本进行公建民营供给侧改革,中心的环境和服务都得到了焕然一新的变革和提升。冯伯借助专业的助行器可以安全地行走,专业的照护团队从身体、精神、社交等多方面为冯伯提供全方位的照护。

困难群众申请社会救助的公正性和便民性受到网友关注。王长胜表示,从今年的9月1日起,在全省民政部门使用广东省救助申请家庭经济状况核对信息系统,逐步实现与政府有关部门、28家金融保险机构等公民财产信息的对接,扩大财产信息核对覆盖面,提高救助对象认定的科学性、准确性。

此外,《条例》规定,困难群众如遇人户分离、人户不一致等情况,可向任一社会救助窗口提交申请,还可通过网上预约系统提前预约、了解业务、知悉政策、准备材料和填报信息,且只需授权民政部门代为查询信息,实现"信息多跑路,群众少跑腿"。

访谈现场,王长胜还详细解答了《南方日报》、《羊城晚报》、广东广播电视台等媒体观察员和网友普遍关心的问题,并感谢广大网友对广东民政工作的关心和支持。省政府门户网站、南方新闻网对本次访谈活动进行图文直播,省民政厅网站、微信对访谈活动进行链接报道。

(资料来源:王晓易《社会救助信息化让群众少跑腿》,《南方日报(广州)》2017年10月17日)

第二章
社会救助信息化及其测度

随着信息通信技术的迅速发展，信息化浪潮席卷全球。一个国家或地区信息化发展水平的高低成为衡量其现代化水平、综合国力与国际竞争力的重要标志。在制定面向 21 世纪的国家发展战略中，推进信息化成为世界各国的首选战略。本章重点阐明社会救助信息化的内涵、层次及影响，分析社会救助信息化水平的测度方法及评价指标。

《《《《《 学习目标

1. 熟悉从发展"社会救助"到发展"社会救助信息化"的原因及过程。

2. 了解我国社会救助信息化的总体思路和工作任务。

3. 学习社会救助信息化的测度方法。

第一节　社会救助、信息化与社会救助
信息化的内涵

世界正迅速向信息社会推进，信息化是现代社会发展的一种趋势。随着全球信息化进程的不断推进，信息技术和信息经济正逐渐成为经济增长和社会进步的主要力量。信息化是一项复杂庞大的系统工程，既涉及信息技术和信息资源本身，也涉及政治体制、经济模式、生活方式、文化传

统、人的思维方式和行为等内容。在这个过程中，人类社会生活的方方面面都发生了深刻的变化。社会救助信息化也正是在这样的信息化历史与现实图景中不断被向前推进的。

一　社会救助

社会救助（Social Assistance），是指国家和社会对由于各种原因而陷入生存困境的公民，给予财物接济和生活扶助，以保障其最低生活需要的制度。社会救助是最古老最基本的社会保障方式，在矫正"市场失灵"，调整资源配置，实现社会公平，维护社会稳定，构建社会主义和谐社会等方面发挥着重要的和不可替代的作用。

社会救助包括城乡居民最低生活保障、灾害救助、医疗救助、农村特困户救助、"五保"供养、失业救助、教育救助、法律援助等内容。社会救助对象主要是城乡困难群体，包括城乡低保对象、农村"五保"户、特困户、因遭受自然灾害需要给予救济的灾民等。现代社会救助制度作为社会保障制度的一个分支，是建立在社会整体安全和发展的基础上的，基本人权的维护是社会的基本责任，社会救助制度正是实现和保障人权的一项基本制度。

与现行其他社会保障方案相比，社会救助具有鲜明的社会特征：

第一，救助目的的保障性。社会救助不是为了提高社会成员的生活质量，也不是为了防范因社会危险事件的发生导致社会成员失去生活保障，而是对已经遭受社会危险并处于生活困境的社会成员给予帮助和支持，使他们摆脱已经陷入的困境。社会救助提供的是最低生活保障，即维持最低生活标准所需的实际费用，给付标准一般低于社会保险。

第二，救助对象的特定性。社会救助的实施对象是已经处于生活困境中的生活成员，不像社会保险和社会福利那样具有广泛性。社会保险几乎覆盖了劳动者的全部，社会福利更是泽及全体社会成员，而社会救助一般只对那些生活贫困者和惨遭不幸的人实施。而且，随着国家与社会经济水平的日益提高，其对象也日益减少。与此相联系，社会救助的规模与经济发展的水平成反比例。一般说来，越是在工业化初级阶段，或是在战时战后的恢复时期，以及现代的发展中国家和地区，社会救助的规模就越大；

相反，在发达国家或地区，其社会救助的规模就越小。这点与社会保险、社会福利不同。一般说来，经济越发达，其社会保险、社会福利的项目就越多、覆盖范围越广、标准越高，规模也越大。

第三，救助方式的单向性。在实施方式上，社会救助通过单向单纯的利益付与形式，对处于生活困境的社会成员提供物质帮助。在社会保险机制中，通过部分社会成员的共同捐献形成保险基金，保障受保人的生活安全，其所体现的是一种互联关系；而在社会救助领域，利益直接从社会或代表社会的国家转向受救助的对象，体现的是一种直接的单向的利益付与关系。

第四，救助的无条件性。社会救助是公民的一项基本权利，它不要求权利义务的对等。国家和社会通过社会救助的方式赋予特定的社会成员一定利益，帮助其克服生活困难，摆脱生活困境，这是没有代价条件的。凡是属于救助范围内的社会成员，国家和社会都应该对其实施帮助，并不以接受救助的对象支付一定的金钱或履行一定的义务为前提。这是由于社会救助在整个社会保障体系中的最低保障地位决定的。

第五，社会保障制度的联动性。社会保障制度并不是单一结构，而是复合结构。从理论上说，整个社会保障制度是由三个层次组成的，社会福利、社会保险和社会救助就像在最低生活保障线的三张安全网，社会救助是最低下的一层。如果不重视这一"保底"的层次，就会有许多因各种原因在社会保险层次漏出的人陷入贫困。

第六，救助法定性。只有进行社会救助立法才能从根本上保证最低生活保障制度的权威性和连续性，才能确保人民的基本生存权利。当前我国社会救助事务日渐紧迫和突出，社会救助制度亟待进一步地规范和完善。事实上，世界任何一个发达国家都与其发达的社会救助制度密切联系，任何一个社会特别是实行市场经济的国家都有着一定的社会贫困现象，中国当然也不例外；全面建成小康社会，必须城乡一体，全面建设具有中国特色的社会救助体系。

二 信息化

"信息化"一词，一般认为源于 60 年代的日本，最初是由日本学者梅焯忠夫从社会产业结构演进的角度提出来的，实际上反映了一种社会发展阶段的新学说。1963 年，日本学者梅焯忠夫（Tadao Umesao）在其所著的《信息产业论》中，提出"信息化是指通信现代化、计算机化和行为合理化的总称。"其中"行为合理化"是指人类按公认的合理准则与规范进行的行为；"通信现代化"是指社会活动中的信息交流基于现代通信技术基础上进行的过程；"计算机化"是社会组织和组织间信息的产生、存储、处理（或控制）、传递等广泛采用先进计算机技术和设备管理的过程，而现代通信技术是在计算机控制与管理下实现的。因此，社会计算机化的程度是衡量社会是否进入信息化的一个重要标志。梅焯忠夫向世人描述了"信息革命"和"信息化社会"的前景。但他本人的信息社会观点在当时并未受到世界范围的重视。

20 世纪 90 年代初，为了在世界经济发展中始终占领先机，美国克林顿政府提出"美国国家信息基础设施"行动计划。之后，"信息化"迅即成为一个为人们普遍接受和广泛应用的词汇。世界各国纷纷从各自的认识出发，从不同的角度，对"信息化"的概念进行了各种各样的定义和描述。美国著名学者丹尼尔·贝尔在《后工业社会的来临》中将社会发展分为不同的阶段：前工业社会（以天然生产业为主，其经济是基于农业、矿业、渔业、林业和其他自然资源，如天然气和石油）、工业社会（以加工业为主，利用能源和机械技术大量制造物品）和后工业社会（以程序处理为主，电信和电脑对于信息和知识的交换起着全局性的战略作用）。美国著名学者约翰·奈斯比特在《大趋势——改变我们生活的十个新方向》中指出："虽然我们仍然认为我们是生活在工业社会里，但是事实上我们已经进入了一个以创造和分配信息为基础的经济社会。"

国内学者对"信息化"概念也有不同看法。林毅夫等学者指出：所谓信息化，是指建立在 IT 产业发展与 IT 在社会经济各部门扩散的基础之上，运用 IT 改造传统的经济、社会结构的过程。赵苹等学者给"信息化"所下的定义则是：信息化是指人们对现代信息技术的应用达到较高的程度，在全社会范围内实现信息资源的高度共享，推动人的智能潜力和社会物质资源潜力充分发挥，使社会经济向高效、优质方向发展的历史进程。

1997 年首届全国信息化工作会议对"信息化"和"国家信息化"做

了界定，即"信息化是指培育、发展以智能化工具为代表的新的生产力并使之造福于社会的历史过程。""国家信息化就是在国家统一规划和组织下，在农业、工业、科学技术、国防及社会生活各个方面应用现代信息技术，深入开发广泛利用信息资源，加速实现国家现代化进程。"

可见，20世纪末期以来，作为中文中使用频率非常高的概念之一，国内外对"信息化"的认识与理解众说纷纭。

其实，在不同的语境下，"信息化"一词有着不同的词义属性，具体含义也有不同。如作为名词的"信息化"，通常指现代信息技术应用，特别是促成应用对象或领域（比如企业或社会）发生转变的过程。"企业信息化"不仅指在企业中应用信息技术，更重要的是深入应用信息技术所促成或能够达成的业务模式、组织架构乃至经营战略转变。再如，用作形容词的"信息化"，常指对象或领域因信息技术的深入应用所达成的新形态或状态。"信息化社会"指信息技术应用到一定程度后达成的社会形态，它包含许多只有在充分应用现代信息技术才能达成的新特征。

综合各种不同的信息化概念的理解与界定，我们认为，就信息化的实质而言，是以现代信息技术的深入广泛应用为标志，以培育和发展智能化生产工具为代表的生产力为核心，体现社会生产力不断发展的必然要求，信息资源被高度共享，从而使得人的智能潜力以及社会物质资源潜力被充分发挥，个人行为、组织决策和社会运行趋于合理化的理想状态。同时，信息化也是信息产业发展与信息技术在社会经济各部门扩散的基础之上，不断运用信息技术改造传统的经济、社会结构从而通往如前所述的理想状态的一个持续的过程。

三　社会救助信息化

"社会救助信息化"这一词汇在国内外文献中较少见到。其含义并非"社会救助 + 信息化"，而主要是指包括互联网、大数据及云计算等在内的信息技术在社会救助领域的深入广泛应用，紧紧围绕政府救助信息化、社会（企业）救助信息化等重点工作，以转变政府职能、着力提升社会救助精准性、高效率为主要目标的建设社会救助领域治理体系与治理能力现代化的持续过程。

面对信息化潮流，只有积极抢占制高点，才能赢得发展先机。随着民政的民生职能拓展，要以信息化手段不断提升民政治理体系和治理能力，不断满足民政服务对象对美好生活的个性化、多元化、便捷化需求。现在人类已经进入互联网时代，这是个世界潮流。进入新时代以来，大数据技术和移动互联网、物联网、智能可穿戴设备、高端装备制造等新兴业态发展迅速，出现了以智能制造为主导的"智能社会"，人类朝向的正是一种新生物文明。信息化是不可阻挡的发展潮流，民政部门绝不能视而不见，而应更加主动顺势而为。信息化是国家的核心战略。习近平总书记在2018年4月20日至21日召开的全国网络安全和信息化工作会议上强调，"信息化为中华民族带来了千载难逢的机遇。必须牢牢抓住这一历史机遇，是我们这一代人的历史责任。"党的十八大以来，党中央空前重视网络安全和信息化工作，走出了一条中国特色治网之道。从顶层设计来看，从十八大成立中央网络安全和信息化领导小组，到十九大改为中央网络安全和信息化领导委员会，习近平总书记亲自担任主任，揭开了网信事业的新篇章。从部署推进来看，从2014年2月27日召开中央网络安全和信息化领导小组第一次会议，到2016年4月19日召开全国网络安全和信息化工作座谈会，到2017年12月8日十九届中央政治局第二次集体学习会议，再到2018年4月20～21日的全国网络安全和信息化工作会议，都由习近平总书记亲自主持并作重要讲话，会议规格不断升级，参会人员规模越来越大，足见网信工作在中央工作大局中的位置越来越凸显。尤其是全国网络安全和信息化工作会议，鲜明提出了习近平关于网络强国的重要思想，开启网信事业的新时代。从制度架构来看，颁布《中华人民共和国网络安全法》，出台指引未来10年信息化发展的纲领性文件——《国家信息化发展战略纲要》和《国家促进大数据发展行动纲要》、《国家"十三五"信息化规划》、《国家"互联网＋"三年行动计划》等，明确信息化发展的指导思想、战略目标、基本方针和重点任务，即到2020年，网信事业发展达到中等发达国家水平；到2025年，实现技术先进、产业发达、应用领先、网络安全坚不可摧的战略目标。

2018年3月，中共中央印发《深化党和国家机构改革方案》，民政部门的职能作了重大的结构性调整。新的民政治理体系、民政业务体系的划分和定位，新的工作领域、新的工作模式、新的工作要求，给社会救助信息化工作带来了新契机、新挑战。通过"十三五"以来的努力，民政信息化取得了结构性进展，但还存在三大"短板"。一是"碎片化"问题，顶层设计少，互联互通难，大多业务系统是全国部署，信息系统互不联通，应用条块化、"信息孤岛"的现象仍然存在。二是"不解渴"问题，行业的信息化覆盖率较低，低于政府部门的平均水平，信息化先进装备的应用水平落后于其他行业，不能满足业务的需求、基层群众办事的需求、基层网上政务的需求，基层普遍反映"不解渴"。三是"一条河"问题，信息化的意识不强，思想观念没有"过河"；信息化供需不平衡，有效供给不充分，信息系统供给质量不高、效率不高，有的建了系统但没有应用，成为"僵尸系统"。这些困难和问题，倒逼民政部门积极引入信息新技术、新手段、新装备，为民政事业发展注入新能量。

社会救助信息化至少包括以下层面的信息化：

第一，政府救助信息化。政府救助信息化是指政府部门为更加经济、有效地履行自己的社会救助职责，向全社会提供更好的社会救助服务而广泛应用信息技术、开发利用信息资源的活动和过程。政府救助信息化是社会救助管理部门的法定职责。我国《社会救助暂行办法》第六条规定：县级以上人民政府应当按照国家统一规划建立社会救助管理信息系统，实现社会救助信息互联互通、资源共享。

政府救助信息化有利于提高政府的行政效率，推动政府机构的改革，建立办事高效、运转协调、行为规范的行政管理体系。同时，政府救助信息化能为公众提供更有效的社会救助服务。政府通过建立社会救助电子政务为公众设立办事窗口，可以更好地改进服务，方便公众。此外，政府救助信息化开启了一扇公众参政议政的窗口。公众参政议政是宪法赋予的权力，也是每个公民的职责。有些时候，对有些事项，一方面，政府部门总感到公众参政议政的积极性不高，另一方面，公众则抱怨对一些政府部门的建议、批评以及各种合理要求反映不上去。政府救助信息化有利于公众参政议政，公众对政府出台的各项社会救助政策、法规有什么想法和建议，对某些部门或某个公务人员有什么批评和意见，通过电子邮件即可直接送达，简便快捷。此外，政府是社会救助信息的最大拥有者，有义务向社会提供非保密的社会救助信息服务，在政府与公众之间进行有效的沟通。政府救助信息网络可以快速、广泛地传播公共信息，减少"信息不对称"。政府救助信息化的程度，决定了一个国家、地区的社会救助现代化的水平。

第二，社会力量（企业）救助信息化。社会力量救助主要来自企业界的救助，社会救助信息化很大程度上就是强调企业信息化。企业信息化是实现国民经济信息化与社会救助信息化的基础。作为市场经济微观基础与社会救助重要补充力量的企业，其信息化在国民经济信息化与社会救助信息化中的基础作用更为突出。企业信息化不仅是信息技术的延伸，更重要的应该是企业与组织管理及社会服务的延伸，是提升企业履行社会责任能力的重要手段，同时也是现代企业的重要特征和衡量企业综合实力的重要标志。

社会力量救助信息化就是信息技术不仅应用于企业生产、技术、经营、管理等领域，不断提高信息资源开发效率，获取信息经济效益的过程，而且也是节约社会救助成本、不断提高社会救助效益的过程。由于信息技术的大量采用，不但改进和强化了企业物资流、资金流、人员流及信息流的集成管理，而且对企业固有的经营思想和管理模式产生强烈冲击，带来根本性的变革，成为企业创造大利润的关键按钮，为社会力量救助提供了强大的物质支撑。因此，信息技术与社会力量救助管理的发展与融合，使企业发展战略和社会救助管理不断创新，在企业竞争力不断提高的同时，也极大地提高了社会力量救助的能力。

第三，社会救助中的个体信息化。信息技术已经渗透到社会生活的各个领域和各个层面，也渗透到部分或全部个体和群体的日常社会活动中。信息技术在改变社会政治、经济、文化、教育的形态和活动方式的同时，也对社会救助中的个体本身产生深刻的影响，改变着人们的心理、人格和思维方式。

信息化消除了人们交往的时空障碍，使社会救助中"面对面"的异地交流成为现实。通过信息网络人们接触的社会范围成倍地增大，思想和感情随着信息网络跨越时空延伸到世界每个角落，从而形成了一种全新的网络社会环境。这种全新的网络交往环境，缓解了传统面对面交往方式带给人的心理压力,使人们在一种可以任意选择并同时共享,又彼此分离的宽松的交往环境中进行思想、感情交流,有助于人们敞开心扉、畅所欲言,获得平等和尊严,有助于提升社会救助的质量与效率。

第二节　信息化正给全球社会救助带来巨大改变

进入 21 世纪以来,计算机和互联网应用成本迅速下降,社会救助信息化步伐加快,为全球社会救助带来很大变化。

以发展中国家为例。许多发展中国家在建立社会保障制度过程中,首先重视养老金体系和劳动力政策的管理现代化,而把社会救助管理现代化放到最后。近年来,随着社会救助的快速发展,发展中国家社会救助管理现代化已经开始行动。

一　进行社会救助的日常管理

社会救助的日常工作非常烦琐,近年来,由于计算机的快速发展和价格下降,发展中国家逐步将计算机用于日常管理,提高了效率并在一定程度上替代了人力。如在网络上经办社会救助的申请、审核、批准、发放、预算管理、统计等日常业务,许多国家还在网络上对项目的执行进行监测和评估。目前有 68% 的国家用监测工具跟踪项目的执行,如预算、保障对象数量及其他关键的运行指标,发现执行中的问题并针对问题提出政策建议。同时,还定期进行绩效评价,评价项目是否达到预期目的。

二　进行申请救助家庭的跨部门比对

发展中国家通过建立信息系统,从相关部门获取申请人的收入和财产资料,对申请人进行过滤,以增强家计调查的客观性和透明度,减少政策执行中的人情和腐败,大大提高了社会救助的瞄准精确度。目前,已经有 29 个国家建成制度化机制,还有 16 个国家正在建立这一机制。

三　建立潜在社会救助对象数据库

主要目的是为各个社会救助项目发现潜在救助对象,以做到应保尽保，减少漏保。一般是先开展实地调查并结合网络数据，建立数据库，然后向相关部门推送可能符合各个社会救助项目条件的人员名单。格鲁吉亚通过普查与网络数据结合进行社会登记，建立数据库，将贫困人口的覆盖率由 21％ 提高到 61％。菲律宾建立了 Listahanan 系统，向政府各个社会救助部门推送潜在救助对象情况，为其认定救助对象提供参考。目前，发展中国家潜在社会救助对象数据库建设进展很快，已有 21 个国家完全实现制度化机制，还有 26 个国家正在建设。

第三节　社会救助信息化的总体思路与工作任务

一　社会救助信息化的总体思路

我国社会救助信息化建设进展迅速，面临良好的发展机遇。我们要抓住机遇，有序有力有效地推进社会救助的信息化。

社会救助工作者要学习习近平总书记关于网络安全和信息化的重要论述，学习党中央国务院关于信息化的战略，树立信息化思维，从信息化角度对社会救助的申请、审核、发放、统计、预算、监测、分析评估等整个过程进行重新审视。必须树立几个重要理念：一是互联互通理念。建立社会救助信息系统"全国一张网"，摒弃各自为政的"信息孤岛"思维，以开放的姿态面对信息共享和资源统筹。二是大数据理念。大数据能革命性地提高救助对象的认定准确性和认定效率，因而对社会救助具有特殊意义。三是安全理念。社会救助信息涉及 1 亿多人，信息安全既是保护个人隐私安全，也是保护国家信息安全。网络安全的威胁不断变化，要树立动态、综合的防护理念，绝不能仅靠装几个安全设备和安全软件就想永保安全；网络安全是开放的而不是封闭的，要立足开放环境，不断吸收先进技术，不断提高安全水平；网络安全是共同的而不是孤立的，是每个社会救助工作者的共同责任。

突出核对信息系统建设重点。由于起步较晚，核对信息体系已经成为当前社会救助信息化的短板，应作为建设重点，尽快补齐。要特别推动中西部地区加快建设，东部地区条件具备的应考虑逐步探索替代一些传统家计调查方式。以信息化推进社会救助管理创新。当前少数地方在社会救助信息化建设中，初步实现了预算执行、保障人数等重要数据的监测以及绩效评价等功能，应进一步完善推广这些模块；要探索建立潜在社会救助对象数据库，为各个社会救助项目服务，大幅度减少漏保问题，提高瞄准率；条件成熟时探索增加投诉和建议模块，与群众特别是困难群众形成良性互动，不断改进救助管理和服务。全面推广信息系统在业务经办中的应用。要下大力气提升日常经办的信息化水平，提高经办人员的信息系统应用能力，同时简化信息系统的操作，以信息化实现自动化和智能化，最大限度地实现信息系统对人力的替代。

要加强标准的推广利用。民政部已经制定相关标准，由于这些标准为推荐性标准，各地信息系统承建公司较多，标准采用并不严格。今后要大力推动标准的应用，条件成熟时将推荐性标准提升为强制性标准。同时，努力推动各地使用民政部统一的基础平台软件，推进全国互联互通。目前低保信息系统的"全国一张网"基本形成，今后要主推核对信息系统的互联互通，特别是要推动落后地区尽快实现"全省一张网"，在此基础上开展部、省连接，实现"全国一张网"。推进与部门信息共享。社会救助工作者特别是核对工作者要主动出击，多争取政府领导支持，多做部门协调工作，同时多利用社会救助联席会议和新型智慧城市的平台，打破部门信息壁垒，实现信息共享。尽快实现低保和核对两个系统的对接。这是民政内部的系统，协调相对容易，应克服技术障碍，尽快实现对接。

加强网络安全。一是当前要按照网络安全法要求，从制度、人员、系统等各方面全方位地落实安全管理要求。要特别加强制度建设，健全信息安全工作制度，实行信息安全责任制，多在内部安全管理上下功夫。二是提高信息技能。要加强信息化人才引进，加大信息化培训力度，培养既懂救助业务又熟悉信息技术的"双跨人才"。三是完善配套规则。特别是完善部省市间互联互通的规则，完善民政系统内部收入财产核对的流程，完善民政部门和申请人之间信息查询核对的授权规则，完善部门间信息共享的规则。四是解决困难群众的上网困难。困难群众特别是农村困难群体上网困难。可以考虑结合网络扶贫工程，努力推动对困难群众实行网络覆盖、信息覆盖、服务覆盖，提高社会救助对象的上网率，解决好"最后一公里"问题。

社会救助信息化坚持以信息化带动社会救助现代化，紧紧围绕社会救助中心工作，形成由基础设施、应用系统和网络安全保障组成的社会救助信息化综合体系，健全完善的社会救助信息网络，实施"互联网＋"思维模式，推动社会救助信息化建设，通过门户网站、各处室业务操作系统及时发布社会救助资讯、政策法规、工作动态等，创建社会救助QQ工作群、微信平台等，实现即时信息发送、文件传递、远程桌面控制等功能，确保各项社会救助综合业务全部落实到位。在采集基础数据、优化业务流程、畅通上传下达、开展便民服务等方面发挥重要作用，提高日常工作效率，促进社会救助信息化与社会救助事业的协调发展。

在推进社会救助信息化过程中，信息技术运用是现代社会救助的重要支撑，加强社会救助信息化建设对有效履行社会救助职能，对提升社会救助管理与服务现代化水平、实现资源共享、促进政务公开、转变工作方式、提高工作效率具有重要意义。在社会救助信息化建设中，以优化社会救助业务流程、改进社会救助管理方式、转变社会救助工作方法、提高社会救助工作效率为主要目标，围绕社会救助业务工作需要，全面推进信息技术在各个领域的应用，加强信息资源整合，建设完备的社会救助信息化技术支撑体系。

要加强社会救助基础数据库建设，重点开发统一管理、统一服务的社会救助基础数据库，采用"一数一源、一源多用"的机制和技术，优化社会救助基础数据库、生产库和决策库的数据内容和组织结构、人员机构等基本主题数据库和国家基础信息库共享与交换技术。

要加强基层社会救助软件研发与使用，重点研究基层社会救助软件的基础信息标准和基本业务框架，信息化条件下整合社会救助业务、优化管理流程、实现业务协同、完成部门共享的逻辑模型，以及基层社会救助软件的开发和推广。

要加强公益性社会服务信息产品研发，如开发社区一体化公共服务信息亭及便携终端、老龄生命监测与呼叫系统、残障人辅助信息设备、流浪走失人员追踪识别系统、突发事件监测与直报便携终端等公益性信息产品以及社区综合信息平台。

二 社会救助信息化的工作任务

1. 标准规范体系建设

成立全国社会救助信息化标准化技术委员会，统筹管理社会救助信息化标准化工作。建立社会救助信息化标准化工作机制和管理平台，实现标准的提出、研究、编写、审定、发布、维护、废止等流程的规范化管理。全面研究、制定社会救助信息化标准规范体系，包括社会救助电子政务和社会信息化领域的总体标准、信息资源标准、网络建设标准、安全标准、应用标准和管理标准等。优先制定社会救助信息资源、基础支撑环境建设、基层社会救助软件等标准。

2. 基础支撑环境建设

遵照"统一规划、统一建设、统一管理、统一服务"的原则，建设和完善社会救助的信息化基础支撑环境。在社会救助信息网络方面，按照国家电子政务的总体规划，结合社会救助业务和办公系统建设要求，以国家电子政务网络为依托，尽快完善由政务网络、公共服务网络和卫星通信网络组成的社会救助信息化网络体系。各级社会救助管理部门应抓紧建设和完善机关局域网；尽快实现与国家电子政务内、外网互联互通，构建起覆盖各级社会救助业务人员、架构合理、对象明确、边界清晰、便于拓展、安全可靠的政务内、外网，满足多数社会救助业务管理和日常办公的需要。利用因特网资源建设社会救助公共服务网络，覆盖基层社会救助业务人员和工作对象，满足基层业务管理和公共服务的需要。积极扩展卫星通信网络的覆盖范围和应用水平，满足视频会议、数据传送、信道备份、应急通信等需要。在服务器集群方面，各级社会救助管理部门要在各网络环境中根据国家信息系统等级保护和涉密信息系统分级保护的要求，分级别建设相应的数据库服务器集群、应用服务器集群和统一的数据存储系统，实施集群管理，统一支撑各应用系统。在备份系统方面，部、省两级应在各网络环境中根据信息系统的安全等级分别建设备份系统，建立部、省两级互为备份的机制。部级应适时构建异地容灾备份中心。在基础软件方面，结合应用系统的通用要求，搭建尽可能统一的基础软件平台，包括操作系统、数据库管理系统和应用支撑平台。

3. 基础数据库建设

整合社会救助信息资源，构建统一管理、统一服务的社会救助基础数据库，实现"一数一源、一源多用"。根据社会救助信息资源标准，结合业务管理和决策支持的需求，分别规划和建设社会救助基础数据库、生产库和决策库。生产库部署在基层社会救助，服务于基层社会救助业务操作流程。决策库部署在部、省两级社会救助管理部门，服务于宏观决策。基础数据库以人员、机构、地名三个基本主题数据库为核心，围绕社会救助对象基础信息，结合业务管理需求建设。其中人员基本数据库是国家人口基础信息库的子库，机构基本数据库是国家法人单位基础信息库的子库，地名基本信息库是国家自然资源和空间地理基础信息库的子库。

4. 应用系统建设

在基础支撑环境的基础上，依据相关标准，以基础数据库的建设和管理为中心，建设各类应用系统。

在基础应用方面，完善现有视频会议系统，拓展卫星视频会议系统覆盖范围，建设省级双向卫星站，提升地面线路视频质量，形成天地复合、全面覆盖、功能完善的视频会议系统，满足部、省两级社会救助管理部门召开会议、应急指挥、远程教育等工作的需要；根据民政部的统一标准和建设要求，采取多种建设和管理模式，逐步建设覆盖全国的"12349"民政公益服务热线，提供社会救助业务咨询服务；拓展社会救助 IP 电话和电子邮件系统的用户范围，逐步实现全系统覆盖。

在基层社会救助软件方面，根据民政部制定的基础信息标准和基本业务架构，省、市、县级民政部门可以自行研发、部署和应用适合当地业务管理需求的基层社会救助软件。基层社会救助软件以建设、管理和维护社会救助基础数据库生产库为驱动，覆盖当地主要民政业务，实现各业务之间的关联，满足业务操作流程和基础数据采集的需要，并逐步开展与同级相关部门之间的数据共享与交换。

在业务应用系统方面，在社会救助、社会福利、社会建设和管理服务军队四大领域建设业务应用系统。业务应用系统由民政部或省级民政部门设计和建设，与基层全业务民政软件相衔接，实现业务信息从基层操作部门向宏观管理部门汇聚，满足单项业务数据分析和业务监管的需要。个别业务流程统一、业务量大、操作机构和人员相对独立和固定的业务，可建立全国统一、集中部署的应用系统。

在决策支持系统方面，根据社会管理和民政事业发展的需要，在部、省两级建立决策支持系统。决策支持系统以建设、管理和维护社会救助基础数据库决策库为驱动，与基层全业务民政软件和业务应用系统相衔接，实现社会救助信息资源的采集、加工和展现。决策支持系统完成数据从生产库向决策库的汇聚和转换过程，提供较为完备的数据分析功能，并实现与相关部门的数据交换。

在办公和综合事务管理系统方面，开发、完善和整合公文、会议、通信等各类办公系统，以及人事、财务、后勤、外事等综合事务管理系统，形成统一入口、信息共享的办公和综合事务管理系统，满足日常办公、便捷通信、公文处理、知识共享、在线服务等需要。

在公益性社会服务信息产品研发方面，重点研究开发社区一体化公共服务信息亭及便携终端、老龄生命监测与呼叫系统、残障人辅助信息设备、流浪走失人员追踪识别系统、突发事件监测与直报便携终端、公益积分捐赠等公益性信息产品。通过制定相应行业标准，进行规范化技术监管。

5. 网站群建设

遵循统一部署、循序渐进、分类实施的原则，统一规划、统一管理，建设域名命名、标识风格、栏目设置等具有统一规范和标准的全国社会救助系统网站群体系。

民政部网站是民政网站群的中心节点，横向整合部机关及其所属机构信息资源，纵向整合地方民政部门及其机构信息资源和业务应用，形成信息资源充分、服务内容丰富、交流互动及时，访问快速、使用便捷的全国民政统一门户。

各省级民政部门网站建设既要符合民政网站群的规划标准和要求，又要兼顾各省级政府对部门网站的建设要求。各地民政网站在体现政府网站信息公开、交流互动、在线服务三个基本功能定位的同时，要突出服务功能的建设和应用，实现建成社会救助公共服务平台窗口的目标。

6. 安全保障体系建设

遵照国家信息系统等级保护和涉密信息系统分级保护的有关要求，从安全管理机构、安全管理制度、人员安全管理、系统建设安全管理和系统运维安全管理等几个方面落实安全管理要求，重点是抓紧制定和落实关于等级保护与项目管理的相关制度。从物理安全、网络安全、主机安全、应用安全和数据安全等几个方面落实安全技术要求。重点建设统一身份认证基础设施和安全管理中心。

第四节　社会救助信息化的测度

由于社会救助信息化这一新兴概念的内涵与外延还处于探索过程中，尚未形成独特的测度体系。不过，我们可以大体参照国内外信息化测度方法来对社会救助信息化进行初步的考量。关于信息化水平的测度方法，国内外有多种方法（模型）测量，具有代表性的信息化测度方法如下：

1. 马克卢普－波拉特法

该方法是借助国民生产总值账户体系统计指标，将信息部门增加值从社会总增加值中划分出来，形成对信息经济的测度。这种统计方法的优点是可以根据具体部门和环境考虑信息要素的分配及结构，目前世界各国普遍采用此法测度信息经济。马克卢普将知识产业划分为五个层次——教育、研究开发、通信媒介、信息机械、信息服务。主要考察了信息产业在经济发展中的作用，其提出的一套测算信息经济规模的计算公式为：

$$GNP = C + I + G + (X - M)$$

其中，"GNP"表示独立的商品化信息部门的 GNP 值；"C"表示消费者对最终产品和服务的消费量；"I"表示企业对最终产品和服务的消耗量；"G"表示政府对最终产品和服务的消费量；"X"表示产品和服务的国外销售量；"M"表示产品和服务从国外的购买量。

1977 年，波拉特以马克卢普、丹尼尔·贝尔等人的研究为基础，发展了克拉克的三次产业理论，将信息活动从三次产业中分离出来，构成独立的第四产业——信息产业。波拉特首次比较系统地提出了信息化的测算方法。波拉特测算理论的核心是将信息部门从国民经济各部门中逐个识别出来，然后将信息部门分为一级信息部门和二级信息部门，进而建立一套可以量化的测算体系。一级信息部门又称第一信息部门，包括所有向市场提供信息产品和信息服务的企业（或产业），这个部门提供信息处理与信息传递所需要的技术性的基础设施，销售作为商品的信息。波拉特在此基础上采用测算国民生产总值的最终需求法和增值法对第一信息部门进行了测算，得出其在国民生产总值中的比重。最终需求法的计算公式及方法与马克卢普计算方法大体相同。二级信息部门又称第二信息部门，包括民间和政府的管理部门，此类部门涵盖了经济领域中行使计划、决策、管理活动的有关机构。波拉特用第二信息部门内信息劳动者的收入和该部门购入的信息资本的折旧来测算其产值。这两项之和就构成第二信息部门的总产值。

马克卢普的知识产业思想及信息化测度方法，20世纪60年代，被美国学者广泛地应用。对波拉特的《信息经济》、彼得·德鲁克的《间断的时代》、丹尼尔·贝尔的《后工业化社会的来临》、约翰·奈斯比特的《大趋势》等著作中的某些重要思想都有直接的影响。

马克卢普—波拉特统计方法中存在明显缺陷，如信息产业外延太广，将第二产业中部分部门也包括在内，又因将非信息部门的信息活动排除在外，不能全面反映社会信息化水平，且计算过于复杂，难以经常进行。

2. 信息化指数法

日本学者梅棹忠夫指出：产生于19世纪中叶的恩格尔系数（食物消费占家庭支出的比例）在当时有一定的意义。但现在，"我们需要一个新的指标来表示外层因素（如信息、通信、文化和教育因素）在家庭预算中的比例。"日本电讯与经济研究所（RITE）和佐贯（Sunaki）的研究，实现了梅棹忠夫所谓的"新的指标"，即"信息系数"——与信息有关的消费占全部家庭开支中的比例。

1965年，日本经济学家小松崎清介提出了信息化指数法。信息化指数法主要是从邮电、广播、电视新闻等行业中选取信息量、信息装备率、通信主体水平、信息系数四个要素来体现社会的信息化程度，四个要素具体又细分为 11 个变量，将这些指标与某一基准年相比得到的就是信息化指数。其中，信息量指数中包括 5 个指标：人均年使用函件数、人均年通电话次数、每百人每天报纸发行数、每万人书籍销售点数、每平方公里人口密度。信息装备率包括三个指标：每百人电话机数、每百人电视机数、每万人计算机数。通信主体水平包括：每百人中在校大学生数、第三产业人数的百分比。信息系数包括：个人消费中除衣、食、住、行外杂费的比例。

这种方法的优点是便于操作，但缺点也很明显，第一，指标体系不完善，不能全面地反映一个国家或地区的信息化水平。第二，各个指标的重要性没有区别。第三，时代特征明显，随着技术、经济的发展进步，需要经常更换指标。

3. 国际电联指标体系法

1995 年，国际电联在西方七国集团召开的"信息社会"大会上提出了一套评价七国信息化发展程度的指标体系，共包括 6 大类、12 小类指标，如表 2 - 1 所示。

表 2 - 1　国际电联信息化指标

指标类别	细化指标
电话线	每百居民拥有的电话线数 数字交换的电话线数
蜂窝式电话	每百人中蜂窝式电话数 蜂窝式电话在七国中分布的情况
综合业务数字网	每千人中 ISDN 数 ISDN 在七国中分布的情况
有线电视	有线电视用户数 有线电视用户数比例
计算机	每百人中拥有的计算机数 每万人中拥有的因特网主机数
光纤	光缆公里长度 光缆公里年增长率

与信息化指数法类似，尽管这样的指标体系操作简单，但是难以反映全貌，特别是电联的这套指标主要集中在信息基础设施方面，带有明显的

时代特色。

4. 国际数据公司的信息社会指数法

1996 年国际数据公司（IDC）提出了信息建设指数法（亦称信息社会指数法），以评价各国收集信息、吸收信息及有效使用信息的能力。2000年 IDC 又对原有指标体系做了重大调整，形成了一套具有四大类 23 小类的完整的指标体系（见表 2-2）。

表 2-2　IDC 信息社会指数体系

指标类别	细化指标
信息基础结构	有线/卫星覆盖率 移动电话拥有量 传真机拥有量 本地电话话费数 电视机拥有量 录音机拥有量 电话出错率 电话线数
计算机基础结构	软硬件费用比 PC 联网比例 教育用 PC 数 政府/社区用 PC 数 家庭用 PC 数
社会基础结构	公民自由 新闻出版自由 报纸发行量 高等教育人数比重 中等教育人数比重
因特网基础	电子商务 因特网主机数 因特网供应商 因特网家庭用户 因特网商务用户

5. 综合信息产业力测度法

1993 年靖继鹏在吸收波拉特方法的基础上设计了一套新的信息产业综合测算方法，取名"综合信息产业力测度法"。这种方法包括 6 大类，各大类又细分为若干小类，共计 252 项指标（见表 2－3）。在综合信息产业力测度法中，信息产业发展潜在力、信息产品开发力、信息产业生产力与信息资源流通力被定义为软变量，信息资源利用力被定义为硬变量，信息产业平衡力被定义为协同变量，而综合信息产业力被定义为一种非简单相加的合力，由此建立了综合信息产业力的函数关系模型。

表 2－3　综合信息产业力测度指标体系

指标类别	细化指标
信息产业发展潜在力	社会结构 人员素质 每百人在校大学生数 人口文化教育水平综合均值
信息产品开发力	科技人员比重 科研成果项目数 专利批准量 技术情报和文献机构经费收入所占比重
信息产业生产力	人均信息产业增加值 信息产业人员数
信息资源流通力	广播人口覆盖率 电视人口覆盖率 电视机普及率 电话机普及率 计算机普及率 邮电业务总量 邮电通信网 信息技术水平
信息资源利用力	科研成果转让率 信息商品消费量 信息服务量 文献数据库利用率
信息产业平衡力	信息产业增加值占 GDP 比重 信息劳动力占劳动力比重 第一、二、三、四产业劳动力比例协调率

本章小结

本章重点阐明了社会救助信息化的内涵、层次及影响，分析社会救助信息化水平的测度方法及评价指标。在区别"社会救助"、"信息化"与"社会救助信息化"等概念的基础上，提出信息化正给全球社会救助带来巨大改变，因此我国社会救助信息化建设进展迅速，面临良好的发展机遇，需要抓住机遇，有序有力有效地推进社会救助的信息化。

本章介绍了社会救助信息化的测度方法，包括马克卢普—波拉特法、信息化指数法、国际电联指标体系法、国际数据公司的信息社会指数法以及综合信息产业力度法。

思考题

1. 简述社会救助信息化的工作任务。
2. 社会救助信息化有哪几种测度方法？

扩展阅读

长春市社会救助局大力推进社会救助信息化
建设全面提升社会救助整体水平

为了适应新时期的社会救助工作发展，大力推进社会救助信息化建设，全面提升社会救助整体水平，市救助局在救助处的指导下，通过精心筹备和谋划，经过政府招投标，拟研发和打造了一套全新的社会救助平台——长春市民政救助平台。近日，为了保证新开发的救助平台顺利投入测试，救助局邀请了负责项目开发的软件工程师和全市部分城区救助中心负责人、系统操作人员以及街道相关操作人员，开展了项目研发进度座谈会，针对现阶段系统平台开发情况进行研讨，并针对系统功能等情况征求各方建议和意见，市民政局孙晓东副局长、救助处马小强副处长等领导参加了座谈会。

长春市民政救助平台是民政信息化建设的重要组成部分，因此在设计该方案时从整个数字化平台建设的角度出发。为城乡一体化社会救助信息管理系统与整体民政信息化建设规划的统一融合打好基础。以数字化平台为整个架构的基础和核心，采用数据仓库技术，在此之上搭建各专项业务系统，从而实现各专项业务系统统筹管理。

新的长春市民政救助平台包括城市低保管理系统、特困人员供养系统、医疗救助系统、临时救助系统、民政救助比对系统、综合救助系统、经济状况核查系统等内容，模块设计更人性化，操作更便捷、涉及救助内容更全面，数据库信息更丰富，安全保密性更高，系统可满足至少500名用户同时在线操作，业务页面响应时间不超过3秒，大大节约了用户查询时间。救助平台实行分级管理，权限清晰，功能界限明确，支持乡（镇、街道）、县（区）、市三级民政用户使用。社会救助信息管理系统中低保救助对象所有成员的详细信息，均可以从系统中进行查询。利用数据检查功能，可以避免重复享受低保救助待遇现象的发生。各项救助数据，通过网络连接，可与相关部门互联互通、资源共享，全面实现低保救助工作的"七化"，即基础数据信息化、业务处理网络化、救助服务便民化、分析决策科学化、业务监管智能化、救助资金发放社会化、资金管理规范化。

新型社会救助体系建设承载了保障和改善民生的重大任务，担负着维护社会和谐稳定的重大责任。我们把建立居民家庭经济状况核对制度作为救助管理体制机制创新的重点加以推动，全面提升社会救助规范化、精细化、科学化水平，促进社会救助工作的公开、公平、公正，保证党的惠民政策能够真正惠及需要帮助的困难群众。

（资料来源：宋雪丹、张欢《长春市社会救助局大力推进社会救助信息化建设全面提升社会救助整体水平》，http://www.ccmz.gov.cn/ccmz/2/268/2018/03/i13737.shtml，最后访问日期：2018年12月28日）

第三章
社会救助信息化的体系、类型与反思

　　我国宪法规定，人民群众在年老、疾病或者丧失劳动能力的情况下，有从国家和社会获得物质帮助的权利。社会救助承担着依法保障困难群众基本生活权益，把党和政府的温暖送到困难群众手中，使改革发展成果公平惠及全体人民的神圣职责和光荣使命。我国将社会救助上升为根本性、稳定性的法律制度，以行政法规的形式编织兜住困难群众基本生活的安全网，落实了党为人民服务的执政理念，落实了公民获得物质帮助权的宪法权利，是党和政府对促进社会公平、增进人民福祉的庄严承诺。

　　随着我国社会主义法治化进程的深入，社会救助在取得巨大成就的同时，还存在着保障不完善、体系不完整、制度"碎片化"等问题，与建设法治政府、严格依法行政的要求不相适应，需要用法治思维和法治方式予以解决。《社会救助暂行办法》总结新经验、确认新成果，把成熟的改革经验上升为法规制度，用法规形式巩固改革成果，使各项社会救助有法可依，实现了社会救助权利法定、责任法定、程序法定，为履行救助职责、规范救助行为提供了法制遵循。《社会救助暂行办法》是社会救助领域统领性、支架性法规，具有基础性和全局性作用，为提升社会救助工作法治化水平、释放社会救助制度改革红利奠定了坚实基础。

《《《《《 **学习目标**

1. 熟悉我国的社会救助体系。

2. 了解我国社会救助信息化建设类型，了解"互联网＋"在社会救助信息化发展中的重要地位。

3. 培养现代信息化思维。

第一节　我国的社会救助体系

为保障困难群众基本生活权益，我国社会救助立法在现行规定基础上，按照与经济社会发展水平相适应、与其他社会保障制度相衔接的原则，进一步规范了各项社会救助的内容。

一　最低生活保障

我国明确了最低生活保障的具体条件，即共同生活的家庭成员人均收入低于当地最低生活保障标准，且符合当地最低生活保障家庭财产状况规定的家庭。与以前相比，增加了符合当地家庭财产状况规定的要求。对批准获得最低生活保障的家庭，按照共同生活的家庭成员人均收入低于当地最低生活保障标准的差额，按月发给最低生活保障金。与以前相比，为确保特殊人群的基本生活，《社会救助暂行办法》规定对获得最低生活保障后生活仍有困难的老年人、未成年人、重度残疾人和重病患者，采取必要措施给予生活保障。

二　特困人员供养

我国将农村"五保"供养和城市"三无"人员救助整合为特困人员供养制度，规定对无劳动能力、无生活来源且无法定赡养、抚养、扶养义务人，或者其法定赡养、抚养、扶养义务人无赡养、抚养、扶养能力的老年人、残疾人以及未满 16 周岁的未成年人，给予特困人员供养。《社会救助暂行办法》确定了四方面供养内容：提供基本生活条件、对生活不能自理的给予照料、提供疾病治疗、办理丧葬事宜。同时，还要求其与城乡居民基本养老保险、基本医疗保障、最低生活保障、孤儿基本生活保障等制度相衔接。此外，为尊重供养对象自主选择意愿，还规定了特困人员可以自行选择供养形式，既可以选择在当地的供养服务机构集中供养，也可以选择在家分散供养。

三 受灾人员救助

我国在总结自然灾害救助实施经验的基础上，规定自然灾害发生后，要为受灾人员提供生活救助；对住房损毁严重的受灾人员，进行过渡性安置；对属于住房恢复重建补助对象的受灾人员，给予资金、物资等救助；为当年冬寒或者次年春荒遇到生活困难的受灾人员，提供基本生活救助。此外，自然灾害救助实行属地管理、分级负责，进一步明确了各级政府的管理责任。

四 医疗救助

《社会救助暂行办法》规定，对最低生活保障家庭成员、特困供养人员和县级以上人民政府规定的其他特殊困难人员，可以申请医疗救助。规定了两种医疗救助形式：一是对救助对象参加城镇居民基本医疗保险或者新型农村合作医疗的个人缴费部分，给予补贴；二是对救助对象经基本医疗保险、大病保险和其他补充医疗保险支付后，个人及其家庭难以承担的符合规定的基本医疗自负费用，给予补助。此外，还规定要建立疾病应急救助制度，对需要急救但身份不明或者无力支付急救费用的急重危伤病患者给予救助。

五 教育救助

《社会救助暂行办法》规定，对在义务教育阶段就学的最低生活保障家庭成员、特困供养人员，给予教育救助，并规定国家对在高中教育（含中等职业教育）、普通高等教育阶段就学的最低生活保障家庭成员、特困供养人员，以及不能入学接受义务教育的残疾儿童，根据实际情况给予适当教育救助。明确教育救助采取减免相关费用、发放助学金、给予生活补助、安排勤工助学等方式实施。

六 住房救助

《社会救助暂行办法》规定，对住房困难的最低生活保障家庭、分散供养的特困人员，给予住房救助。明确住房救助通过配租公共租赁住房、发放住房租赁补贴、农村危房改造等方式实施。

七　就业救助

《社会救助暂行办法》规定，对最低生活保障家庭中有劳动能力并处于失业状态的成员，通过贷款贴息、社会保险补贴、岗位补贴、公益性岗位安置等方式，给予就业救助。同时规定县级以上地方人民政府应当采取措施，对于最低生活保障家庭中有劳动能力的成员均处于失业状态的，确保该家庭至少有一人就业。此外，还加强了最低生活保障和就业救助的衔接，规定最低生活保障家庭中有劳动能力但未就业的成员，应当接受有关部门介绍的工作；无正当理由，连续3次拒绝接受介绍工作的，减发或者停发其本人的最低生活保障金。

八　临时救助

《社会救助暂行办法》规定，对因火灾、交通事故等意外事件，对家庭成员突发重大疾病等原因，导致基本生活暂时出现严重困难的家庭，或者因生活必需支出突然增加超出家庭承受能力，导致基本生活暂时出现严重困难的最低生活保障家庭，以及遭遇其他特殊困难的家庭，给予临时救助。此外，还规定对生活无着的流浪、乞讨人员提供临时食宿、急病救治、协助返回等救助，界定了公安等行政机关工作人员的告知、引导、护送职责，强化了部门联动协作机制。

九　社会力量参与

《社会救助暂行办法》鼓励社会力量通过捐赠、设立帮扶项目、创办服务机构、提供志愿服务等方式参与社会救助，并明确社会力量参与社会救助，按照国家有关规定享受财政补贴、税收优惠、费用减免等政策；要求县级以上人民政府发挥专业社会工作服务机构和社会工作者的作用，为社会救助对象提供心理疏导、社会融入、能力提升等专业服务。同时，规定政府可以将社会救助中的具体服务事项，向社会力量购买服务。此外，为给社会力量参与社会救助创造必要条件，还要求社会救助管理部门建立社会力量参与社会救助的机制和渠道。

第二节　我国社会救助信息化建设类型

一　国家自然灾害综合业务系统工程建设

总体目标是逐步建立和完善从灾害信息获取、处理、分析到应用服务一体化的综合业务系统，为减灾救灾提供更为全面的决策支持与技术支撑。主要内容包括围绕灾害应急救助工作需求，建立具有智能化、网络化、规范化、可视化的信息支撑平台，形成横向覆盖、纵向贯通的应用网络，提高各级灾害管理部门的灾害应急救助决策水平、指挥调度水平、资源管理水平、装备现代化水平和信息化应用水平。建立国家综合减灾和风险管理信息共享平台，实现灾害信息立体、快速、准确获取和集成应用，推动全国民政灾害管理系统建设，加强民政系统与其他专业灾害管理部门之间的灾害信息无缝集成与共享，全面提升国家综合减灾与风险管理能力。以减灾电子政务系统、区域灾害管理理论为基础，以自然灾害、区域减灾、灾害模拟仿真与数字灾害技术为支撑，构建国家四级灾害应急救助指挥系统和国家自然灾害综合风险防范技术服务平台体系。面向国家减灾与应急救助需求，建立全天候、全覆盖、多分辨率、多要素相结合的"天－空－地－现场"一体化灾害立体监测网络体系，提高灾害信息获取、处理、减灾应用与决策服务能力。

二　集中供养机构室内无障碍技术改造

总体目标是针对优抚安置、社会福利、收养、社会救助等领域民政集中供养机构无障碍设施需求，在科学研究与合理规划基础上，优化配置各类室内无障碍辅具和设施，满足服务对象需求，提高其生活质量。主要内容包括在机构中配置上下楼梯智能助行系统、地面（空间）移动辅具装置、系列支撑吊具以及室内移动辅具；为机构中长期卧床的老年人和残疾人配置因人而异的、高智能的专用生活起居床；对集中供养机构卫浴设施、过道、坡道、走廊、门厅等场所进行个性化无障碍升级改造，并根据实际需求进行相关康复辅具配置。

三　老龄信息实时监测工程建设

总体目标是通过建立老龄信息实时监测系统，实现多源老龄信息融合、互补和快速提取，形成全面、准确、及时的老龄信息，为政府决策和老龄科研提供基础信息。主要内容包括开展老年人口和为老服务资源信息快速获取技术研究，实现资源信息数据全数字化采集和传输；研究资源数据、历史与现状数据一体化管理、分析和制图技术，资源调查、监测数据应用标准关键技术；开展资源调查、监测数据质量控制技术研究，构建资源调查监测数据质量规范体系；示范推广资源调查、监测技术。

四　社会安全运行基本保障预警体系建设

社会安全运行基本保障预警体系是社会预警体系的基础组成部分。总体目标是整合相关民政业务系统和决策支持系统，建立社会运行基本保障预警体系，动态监测民政工作对象的生存、活动、诉求状况，采集相关数据，运用指标和模型分析方法，形成对国家和地区社会稳定状况的定量描述，实现动态监测预警，为中央和地方政府社会管理提供决策服务。该体系以特殊困难群众、基层组织和突发事件为核心数据对象。特殊困难群众主要包括：低保对象、"五保"户、灾民、特困救助对象、"三无"老人、残疾人、孤儿、流浪乞讨人员、特殊优抚对象。基层组织主要包括：群众性自治组织、民间社会团体（基金会）、民办非企业单位。突发事件主要包括：自然灾害、边界纠纷、规模上访。主要内容包括建立民政基础信息决策库及决策支持系统；社会安全运行指标设计、维护和运算的分析模型系统；警级警限的划分、人工辅助分析、信息上报和发布的预警生成发布系统；综合知识库、案例库的应对预案系统。

五　社会救助综合管理服务平台建设

总体目标是建立健全以社区综合信息平台和社会救助公共服务平台为主要内容的社会救助综合管理服务平台，提高社会救助管理与服务现代化水平。主要内容包括综合运用多种网络通信技术、大众化终端设备和完善统一的社区居民网络，进一步拓展社区求助与服务渠道，保障社区居民不受地域和时间限制享受普遍服务；统筹各部门向街道、社区延伸的业务和服务网点，在区（县）社区公共服务中心部署标准统一的社区基础数据库及其管理和供销交换系统，提高社区公共事务的协同处理能力；在区（县）民政部门整合衔接社区综合信息平台，对接基层全业务民政软件，实现民政业务处理的网络化。建立居民家庭经济状况核对平台，准确掌握困难群众经济状况。建立全国公民婚姻信息库，实现全国婚姻登记数据汇总和互通互查。开通全国统一的公益服务热线电话，提供民政业务咨询服务；完善民政门户网站建设，基于互联网构建覆盖中央、省、市、县级民政部门的门户网站群；推进在线办事，为社会公众提供足不出户的公共服务，全面提升社会救助公共服务水平。

第三节　"互联网+"社会救助的实践与反思

近年来，政府工作报告中多次提及"互联网+"计划行动。国务院总理李克强在做政府工作报告时进一步提到了互联网大数据发展行动，并积极倡导在医疗、养老、教育、文化、体育等多领域推进"互联网+"。由此可见，"互联网+"的创新发展已经成为我国重要的国家战略之一。"互联网+"作为一种新的经济形态，对未来社会生产和生活方式产生了重要的影响。国内出现有关"互联网+"概念，最早是在2012年由易观国际创始人于扬先生首次提出。他认为"在未来'互联网+'公式应该是社会所有行业的产品和服务"。我国社会在经历从"互联网技术"到"互联网思维"的不断发展过程中，人们逐渐认识了互联网是什么，然而对于"互联网+"的真正认识还尚浅。关于"互联网+"的认识，最重要的是体现在"+"上，"+"实现了互联网与社会各行各业之间的相互融合，相互促进，"互联网+"就是互联网行业发展基础上的一种延伸，是一种新的形态的产生和发展。正如"互联网+银行"创造了支付宝平台、"互联网+交通"出现了滴滴打车、"互联网+商店"有了网上购物，"互联网+"改变了生活方式，让生活变得更加便捷，更加美好。2016年4月26日，国务院办公厅发布了《关于转发国家发展改革委等部门推进"互联网+政务服务"开展信息惠民试点实施方案的通知》，加快实施了"互联网＋"深入信息惠民工程，给政府民生服务工作模式的创新带来了新的发展机遇。尤其在社会救助服务工作领域内，将"互联网＋"与社会救助深入融合，重构了政府实施社会救助的管理和服务的新流程，加强救助服务，实现了网络化救助管理模式。目前多地政府部门已经搭建起"互联网＋"救助信息开放共享平台，成功为政府开展救助工作提供科学性、公平性的实施方案。解决了传统社会救助工作模式中遇到的弊端和问题，对改善社会救助工作公开、公平、公正有重要意义。

我国"互联网＋"与政务服务的结合不断推进，社会救助建设与信息化的结合也越来越紧密。"互联网＋社会救助"是我国社会救助现阶段以及未来都需要坚持的发展方向。

一　"互联网＋"助力社会救助新的工作机制

随着社会救助体系的不断完善发展，各类社会救助工作的任务越来越重。一方面，救助范围不断扩大。我国社会救助范围已经涵盖到了最低生活保障、特困人员供养、受灾救助、医疗救助、教育救助、住房救助、就业救助、临时救助共8大类社会救助项目。另一方面，救助体系不断完善。国务院颁布了《社会救助暂行办法》（中华人民共和国国务院令第649号）文件，其明确规定了，要精准核对各类救助人群和多项救助项目申请人的家庭经济状况。但由于救助种类多、救助家庭经济状况复杂多变，给精准救助带来了不小的挑战。针对这一现象，铜陵市民政局为了适应申请救助家庭经济状况核对工作需要，完成好新时期对社会救助各类申请对象的精准认定任务，利用互联网技术和大数据建立起了居民经济状况核对信息化平台，创新了社会救助工作机制，实现了"互联网＋"与社会救助工作的深度融合。

二　"互联网＋"助力社会救助工作取得的成效

（一）社会救助的主体——跨部门信息共享互通

社会救助的主体即为救助对象提供救助服务的机构部门和社会救助工

作者,主要承担了社会救助服务的责任和义务。传统社会救助服务工作的开展主要取决于提供救助的一方,救助者在救助服务过程中占主导地位,对救助对象的标准的制定、救助制度的制定带有随意性和不确定性,但随着我国社会救助制度体系的不断完善,救助理念权利意识的不断强化,公民开始意识到社会救助制度是公民应该享有的一项制度福利,只要发生困难,国家和政府等相关的社会救助服务提供者就得承担救助的职责。这一观念的转变,使社会救助服务的主体的主导地位开始动摇,给社会救助服务工作的开展带来了不小的挑战。现如今,我国社会救助工作中常常会发现一些人群不通过自己劳作反而申请救助,出现了一定程度的"福利依赖"的现象。面对这一现状,作为社会救助主体,创新开展"互联网 + 社会救助"工作机制,积极适应公民救助权利意识的转变,利用整合了公安、住建、人社、工商、公积金中心、地税、民政、国土共 8 个部门涉及有关社会救助申请人以及在册享受救助对象家庭的车辆、房产(不动产)、养老金、公积金、企业工商、个体经营、税务等相关的 13 大类的救助信息数据,成立社会救助核对信息化平台,实现了信息化、科学化、规范化的救助管理机制,满足了公民公平享有社会救助的权利,也有效抑制了公民的"福利依赖"现象。

(二)社会救助的客体——救助对象精准识别

社会救助的客体即救助对象,往往定义为接受社会救助的一方。我国社会救助的对象是面向全体社会成员,但由于其是以社会成员的生活条件和状况为出发点,因此并非所有人都符合享受社会救助的标准,所以救助对象的精准识别是社会救助工作开展的前提和基础。铜陵市依托互联网信息化系统平台将救助家庭经济信息与救助标准进行了精准核对,让救助服务真正落实到需要帮助的人身上,为救助精准识别提供了强有力的决策支持。通过救助信息化平台的精准核对实现了救助对象的精准识别,大大提高了救助对象认定的准确率。

(三)社会救助的途径——规范化救助信息核对

"互联网 + 社会救助"工作机制促进了社会救助的途径朝着科学化、精细化、规范化方向发展,使得社会救助工作开展实施更显得公平、公正和公开。救助家庭核对信息化平台启动实施，形成一套完善的、科学的救助服务工作机制，提高了救助工作管理效率，规范了救助对象的申请途径。整套社会救助工作流程严格执行核对系统"二级审批、三级操作、缺一不可、互相制约"的工作模式，使每个环节都向着规范化操作运行。

"互联网＋"助力社会救助也存在一些问题亟待解决。

1. 救助信息化平台数据共享不畅通

社会救助信息化平台运用互联网、大数据等信息技术把分散在各部门的居民家庭经济状况信息进行归集，打破了信息的壁垒，实现了信息跨部门间的互通共享，但多地在构建社会救助信息化平台过程中普遍存在数据共享不畅通的现象，信息化平台受到了地域范围的限制。

从纵向角度看，救助信息平台只适用于某一层级间的信息共享共通。只是在市一级的救助信息数据平台进行信息的比对，系统的使用并没有应用到下一级的政府救助工作中去，也没有和省一级的信息平台进行数据的对接，各级核对信息平台数据交换和工作效率比较低下，救助数据信息共享没有实现全省乃至全国统一。

从横向角度看，数据信息汇集共享存在跨部门间的障碍限制。救助信息平台对救助数据信息的汇集离不开其他相关部门的数据提供。虽然 2014 年国家出台《社会救助暂行办法》中明确规定县级以上的人民政府部门可以根据申请或已获救助家庭的请求、委托，授权核算中心代为查询，准确核对社会救助对象家庭的救助状况、财产状况时，相关部门就应当配合提供数据，但多地在构建救助信息数据库时，经常存在一些金融机构以政策性理由拒绝提供个人财产数据信息。相对比行政的法规条例《社会救助暂行办法》而言，金融机构的《商业银行法》有明确规定商业银行等金融性机构不得向任何机构和个人提供他人的存款信息，仅对安全、公安、检察、法院等机构办案人员提供相关信息，《商业银行法》作为一部成文的法律文件会比《社会救助暂行办法》更具有权威性和强制性。平台的不统一，政策的不平等，造成了救助信息化平台数据共享不畅通，这无疑给救助信息平台数据的汇集工作带来了不小的困难。

2. 专业救助工作人员缺口较大

随着社会救助信息化核对数据平台的建立，实现动态化的管理工作模式，提高了救助工作人员的工作效率，同时也对社会救助人员的专业性提出了更高的要求。一般而言，从事社会救助信息化管理工作人员，不仅仅要具备专业的社会救助知识，同时还得具备计算机网络知识。目前，我国社会救助信息化平台的构建工作是由救助信息系统的开发网络程序员和专业化社会救助工作者共同完成，在具体工作中这两类工作者通常是单独进行工作，一开始他们在各自工作领域内单独开展工作，最后彼此双方依据实际需求对构建救助核对信息平台进行整体性的工作整合和调整，从而形成较为完善的社会救助网络化工作模式。这种模式的形成面临的主要问题是，这两个领域专业工作者彼此间进行工作的整合会花费大量的人力和物力。目前，我国在社会救助工作领域内既具备救助知识又具备网络知识的专业化救助工作人员的缺口十分严重。不同领域的整合给救助信息平台工作的开展带来了巨大的挑战，同时也进一步肯定了对既要具备社会救助专业知识又要掌握数据信息技术操作的专业化救助工作人员培养的必要性。

3. 通过"互联网＋政务"进行政府治理创新的认识不够

在政府治理实践中，有部分领导缺乏"互联网＋政务"的创新思维和意识，保守思想严重，把"互联网＋"看成一种挑战和威胁，担心"互联网＋"会给工作带来一些麻烦和威胁，避之唯恐不及。有的认为"互联网＋"是流行一阵的热词，虽然每言必称"互联网＋"，但是未必真正了解互联网，也没有重视和应用，在工作和决策过程中，习惯于传统的经验做法，不会运用互联网和大数据来精准分析和决策。还有一种态度是仅仅把"互联网＋"当成一种工具和手段，认为"互联网＋政务"就是简单的政府工作上网，把工作搬到网络上进行就是"互联网＋"。没有意识到政府部门要通过"互联网＋"改进组织机构设置和职能安排，进行政府治理理念和模式的创新。因此，政府治理还是习惯"管制"，把社会事务和公众当成"被管理"的对象，习惯于实行单向行政管理模式，"互联网＋"所倡导的"服务至上"和"顾客导向"的价值观念并没有真正体现在政府治理过程中。在认识不够的情况下，有些政府工作人员不善于运用互联网，不善于同网络媒体打交道，政府部门非常缺乏互联网技术人才、信息化专业人才和掌握电子政务技术的人才，这些人才很多都流向了企业。

4. 政府部门信息开放共享存在挑战

政府部门之间信息开放共享可以减少重复工作和资源浪费，提高行政效率。尽管政府部门都意识到信息开放共享的价值，也做出了一定的努力，取得了一些成绩，但是在信息开放共享方面仍然面临着现实的压力和挑战。

第一，政府各个部门和机构都根据自身的业务需要建立了相应的网络信息系统，但是由于不同企业开发的信息系统技术和标准不同，各部门之间的信息无法实现无缝对接，难以交换共享。一个部门的工作人员在处理业务时无法登录另一部门的内网了解相关信息，存在着信息壁垒和"数据孤岛"现象。

第二，在信息社会，信息是一种重要的战略资源，是一种竞争力，信息和数据本身有很大的价值，有了信息就有了权威。比如，一个地区的行政审批情况可以反映该地区的经济发展状况，数据资源非常丰富，但是行政审批数据的开放共享就比较困难。由于传统的官僚体制实行严格的等级制度和部门之间条块分割，不同部门实际掌握着本部门的信息控制权和管理权，由于受部门主义和信息安全等因素影响，数据资源富足的部门会想办法独占数据资源。

第三，部分管理者存在权力思维和人治思维，保守思想严重等都会阻碍信息流动，导致信息公开和开放不够。另外，要打通不同层级和部门之间的信息通道，实现部门之间信息共享，需要政府层面建立一个权威部门牵头推进。但是由于种种原因，很多地方没有建立这样的权威部门或者建立的牵头部门缺乏权威，使工作很难有力开展。

第四，社会救助信息化配套制度缺失也是一个重要的问题。党和政府都高度重视政府信息化工作的开展，对"互联网＋"行动计划多次进行战略部署。民政部门也加大了信息化建设，如在社会救助方面，2007 年开始启动工程建设，将低保信息系统列入国家电子政务总体框架的重点工程；2012 年国务院正式要求在全国范围内建立居民家庭经济状况核对机制。但由于我国社会救助信息化建设起步较晚，救助信息系统体系尚未形成"全国一张网"，许多地方存在着"信息孤岛"问题。同时政府相关部门没有制定相关硬性的制度条例，对救助信息化建设工作进行严格规范。尽管有些发达省市的社会救助信息化建设在全国处于较为领先的地位，在"互联网＋社会救助"建设方面取得了一些成效，但毕竟存在地方区域的限制，多数地区社会救助信息化建设发展还是较为落后。单一的地方政府力量是相对薄弱的，只有建立统一的救助信息化建设制度，才能全面推动"互联网＋社会救助"事业长期持久地发展。

三 "互联网＋"社会救助的反思

"互联网＋"在我国社会救助领域内的应用还处于刚刚起步阶段，各地在实践工作中必定会遇到问题和挑战，为此，不断完善"互联网＋"助力社会救助工作路径，对促进"互联网＋"助力社会救助工作具有重要意义。

（一）要培养"互联网＋社会救助"工作思维方式

"互联网＋"的出现是互联网思维的进一步实践成果。"互联网＋"助力社会救助工作发展的本质在于社会救助工作者救助观念的转变，思维方式的改变是一切事物创新发展的源泉和动力。社会救助工作者承担了救助对象的精准识别和认定的义务，根据传统社会救助工作模式，救助工作者在救助对象识别、认定方面带有较强的主观臆断性，如我国低保救助工作中时常出现了骗保、人情保等不公平现象。但在"互联网＋社会救助"工作模式运行下，社会救助工作人员改变了固有主观认定的工作思维方式，以"互联网＋"的思维方式处理救助对象认定工作，减少了主观臆断性，实现救助对象的精准识别和认定。互联网透明化管理，使不公平现象得到了有效抑制。逐步培养以"互联网＋"助力社会救助的思维方式，减少在救助认定过程中主观臆断的现象，才能促进社会救助工作公平、公正、公开地展开。

（二）加强统一的救助信息化平台建设

统一的救助信息化平台的建设打破了数据信息跨区域间的障碍，对提高数据信息的整合和资源的有效分配具有重要的作用。目前，我国大部分省市地区社会救助信息化平台的建设只统筹到地级市一级，同一省份不同地级市之间的救助系统平台的数据信息都是不可兼容的。要想实现统一化救助信息系统平台建设，具体来说要做到，一是基础数据库信息的整合。部、省、市、县四级相关部门进行信息整合共通，搭建统一适用的多层次、多领域、跨部门的互联互通的基础数据库。二是提升信息化工作机制。利用大数据、云计算等平台，提供强大的后台数据保障，推动救助信息化基础设施建设。三是信息共享工作网络连接。统一化救助核对平台的建设，逐步形成纵向贯通、部门横向互联的救助工作网络连接机制，统一数据标准、规范数据互通连接等方法，畅通信息交换通道，搭建起纵横交错的社会救助信息化网络。

（三）建立完善的信息化救助工作制度

第一，整个庞大复杂的社会救助信息化系统构建的过程是复杂的，不能简单地用救助管理相关制度代替信息化救助工作的制度，建议民政部门制定完善的信息化救助工作基本制度，对信息化救助工作流程做出统一的规定，明确信息化救助特有的工作机制和职责。为合法开展工作提供制度依据，为信息平台的设计开发提供制度保障。

第二，加强救助信息化制度设立的法律效应，与其他部门的规章制度进行适当协调，减少制度制定上的冲突，促使各项制度间相互协调和平衡。

第三，设立信息化救助专职岗位，制订救助工作者的专业知识培养计划，进一步提高信息化救助工作人员工作能力和工作效率。

（四）要有数据观和平台观，促进信息开放共享

在互联网时代，数据信息已经成为一种非常重要的生产要素，各行各业的发展都离不开信息支持。政府部门要善于收集、分析和处理信息，为决策提供依据。此外，要建立政务信息交换平台，各个部门除了涉及国家安全和秘密的信息之外都可以通过这个平台实现信息共享，消除政府部门内部的信息壁垒，并打通与外界的信息沟通渠道。

第一，要建立政府服务一体化网络平台。将政府各有关部门分散、独立的信息系统整合成一个互联互通、信息共享、业务协同的统一平台，杜绝以单个部门、处室名义存在的独立信息系统。建立跨部门、跨层级的公共服务一体化网络平台，这个网络平台要具有强大的包容性，按照国家政

务信息资源相关标准进行信息采集，涵盖公安、社保、民政等各方面信息资源，企业和公众可以通过网络平台进行"一站式"办理，公众可以通过网络及时掌握事件处理进程，监督考评处理结果。

第二，要采用最新的互联网大数据方面的先进技术，比如，在公安、交通等领域采用人工智能等技术手段，在证照管理系统采用区块链等架构建立新的存储体系，以先进技术推进政务信息化改革。

第三，在数据交换过程中，对于一些敏感数据采用匿名化的方式，对于可能泄露个人隐私的情况采用数据变形或去隐私化等技术，有效保障个人隐私和信息安全。

（五）建立健全"互联网＋"方面的法律法规，改进政府治理的体制机制

从国家层面来讲，要结合《中华人民共和国政府信息公开条例》和《国务院办公厅关于印发政务信息系统整合共享实施方案的通知》等条例，尽快填补立法空白，以更加积极的姿态介入"互联网＋"发展的大潮。各级地方政府也要因地制宜，积极建立公共信息开放共享的地方性法规和规章，如《"互联网＋"条例》《互联网信息采集、使用许可条例》《互联网数据信息安全办法》等地方性规章制度，明确数据开放的原则和边界，弥补立法空白。

所谓"三分技术、七分政务"，互联网是手段，要实现"互联网＋"政府治理创新必须进行体制机制变革。

一是要正确处理政府、市场和社会的关系，合理界定政府职能，向市场和社会放权，从全能政府走向有限政府，从管制政府走向服务政府。在此基础上，重新组织和安排政府机构，比如，有的地方政府从审批、监管、服务、执法4个方面入手建立的审批简而集中、监管和服务强而到位、执法综合而顺畅的两头小、中间大的橄榄形组织结构。为政府结构和职能转变为"互联网＋政务"的创新发展提供了保障。

二是要深入挖掘"互联网＋"的资源价值和工具价值，在教育、医疗、就业、社保、公共安全、市场监管等领域开发"互联网＋"的创新应用，提高政府提供各项公共服务的效能。此外，"互联网＋"政务建设的

重心要下移，重点发展县、乡镇、社区等基层服务型电子政务。

三是要构建政府权力清单、责任清单、负面清单、专项公共资金使用清单以及统一的社会管理公共服务网，以此来推动"互联网＋政务"公开的发展步伐。

（六）强化开放共享和服务等"互联网＋"思维，提高政府人员应用互联网的技术和能力

随着互联网技术的发展，信息可以快速传播，世界变成了一个地球村，变得更加开放共享和包容。封闭，不了解群众的需求就会使政府工作脱离群众，不符合实际需要，还会使政府权力得不到有效的监督约束。这就要求政府强化开放共享"互联网＋"思维，改变过去一元主体的单向管理模式，变为多元主体协商共治模式。要稳步推进不涉及保密问题的政务信息公开，确保相关权利人可以通过网络了解政府的治理内容，并对治理过程进行审视和监督。互联网的发展在提升效率的同时强调方便快捷的用户体验，强调更好更优质的服务。因此，政府部门要改变官本位意识，强化顾客导向和服务意识。以为公众提供更便捷的服务为标准改进政府部门的工作，业务内容能简化的简化，能合并的合并，能通过网上办理的就通过网上办理，提高服务质量和效率。此外，要大力引进互联网专业技术人才并加强对现有工作人员的技能培训，培养"互联网＋"思维，掌握"互联网＋"方面的知识，结合相关的人事管理制度改革，提高政府工作人员应用互联网进行创新治理的能力和水平。

第四节　培养现代信息化思维，推动 社会救助信息化

一　培养"网"涵养互联网思维

互联网是50年来最伟大的发明。习近平总书记指出，"过不了互联网这一关，就过不了长期执政这一关。"2017年，我国网民规模7.72亿，4G用户9.97亿，电子信息制造业规模、网络零售交易额、互联网用户规模、

宽带接入用户规模均居全球第一，数字经济规模居全球第二，成为名副其实的网络大国。移动支付逐步实现全场景消费，人们足不出户就可以享受便捷的网上服务，网络空间成为人类活动的第二空间。互联网作为一种全新的生产力，是这个时代最大的变量，也是最大的增量，谁掌握了互联网，谁就把握住了时代主动权；谁轻视互联网，谁就会被时代远远甩在后头。社会救助管理部门树立互联网思维，不只是连 Wi－Fi、开 4G 层面的"触网"，更指向一种进阶的能力：把思维"支点"靠前，以互联网的精神、价值、技术、方法来推进社会救助，以互联网思维和变革者心态改进民政工作方式，真正融互联网力量于社会救助工作之中。

二 培养"云"涵养大数据思维

大数据是堪比石油、黄金、钻石的战略资源，被称为未来发展的"新石油"和"数字黑金"。习近平总书记讲，"大数据是信息化发展的新阶段"，"善于获取数据、分析数据、运用数据，是领导干部做好工作的基本功。"可见，运用大数据实现科学决策、提升领导能力，成为民政党员干部面临的新课题，要敏锐抓住信息化发展的历史机遇，进一步强化信息科技的前瞻意识，掌握"用数据说话"这一有效工具，推进信息技术在民政领域的融合创新应用，让民政对象享受到更多更好的"数字民政"红利。

三 培养"链"涵养分布式思维

分布式是互联网的重要理念之一，也是一种思维方式和模型结构。基于分布式"思考"方式，发明了区块链技术。区块链有着广泛的应用前景，就像移动支付一样，慢慢在改变我们的工作和生活。传统的网络信息技术基本上都体现着"精英本位"：数据都存放在一个（或多个）中心，规则都由这些中心的控制者制定，最终大多会形成垄断。相反，区块链技术贯彻的是"人民主体"。"人民藏着宝"：所有的数据都存放在各个分散、独立的节点，而不保存在任何"中心"，消除了对数据资源的垄断；"人民说了算"：区块链的共识机制，需要全部节点按照表决、少数服从多数，避免了"少数人的越权"和"多数人的暴政"；"不欠人民账"：所有的数据一经记录就不能篡改，从技术上确保了每个参与者的权利和义务。因此，区块链不仅仅是技术，更是理念，它的种种特性，可以看作理想社会的基本要素。马克思、恩格斯始终主张：科学社会主义、共产主义是"自由人的联合体"，习近平总书记强调，"坚持以人民为中心的网信事业发展理念"，而以分布式架构的区块链，就是"自由人的联合体"理想的信息实现形式，和"以人民为中心"的核心价值理念是高度一致的，也是民政的职能和职责所在。

四　加强顶层设计，深化便民服务

在顶层规划和设计层面，突出"五个一体化"：即一体化标准，实现业务系统建设标准化、业务工作流程再优化、网络建设规范化，这是"大楼"的"四梁八柱"；一体化网络，搭建四级的网络架构，这是"大楼"的"内部通道"；一体化平台，整合所有信息系统，涵盖民政主要业务领域，业务协同，打破"信息孤岛"，这是"大楼"的"砖瓦基石"；一体化数据，建设民政大数据中心，全部业务数据从基层采集、省厅汇聚，这是"大楼"的"资源财富"；一体化服务，实施"互联网＋社会救助"，深化网上便民服务，这是"大楼"的"服务窗口"。

社会救助的业务系统大多"跑"在互联网上，没有网络集成，导致社会救助业务系统运行缓慢，还存在网络安全隐患。为此，以电子政务外网为契机，整合升级民政办公网络，建设连通省、市、县、乡四级民政部门，融视频会议、政务办公、业务应用于一体，互联网、视频网、办公网、VPN网"四网合一"的社会救助电子政务专网。有条件的地方向村（社区）拓展，建设民政"信息高速公路"，打通信息网络"大动脉"建设。

五　加快推进社会救助信息资源标准化

一些地方政府在推进"互联网＋政务服务"过程中，存在"重技术、轻服务"的倾向，过度关注服务形式，盲目追求互联网政务服务平台和政务新媒体建设，而忽略了公众或企业网上政务服务办事的实际效果。可以说，"互联网＋政务服务"并不是简单技术层面的将传统政务办理照搬到互联网上，而是要以"公民需求"为导向，积极研究制定政务服务办事资源的相关标准，这是"互联网＋政务服务"发展的前提。以政府职责为边界，以公众实际办事需求为准绳，在办事指南标准化建设方面，各级政务服务机构应以本级政府的权力清单和责任清单为依据，全面梳理"互联网＋政务服务"平台涉及企业群众办事的事项，统一事项编码，规范事项的办理依据、办理条件、申请材料、办事流程、收费标准和办理时限等方面，确保政务服务数据之间的联通没有标准障碍。在此基础上，通过基础数据库、统一电子证照库、统一身份认证体系等的建设，推动跨地区、跨层级、跨部门事项的协同办理。

要做实、做强、做优综合性实体政务大厅。提高实体大厅的事项进驻比例，既包括涉及审批类服务，也应涵盖便民类公共服务，尤其是涉及多个部门的办事服务更应全面进驻大厅，充分发挥实体大厅的场地优势和部门协调优势；加强实体政务服务大厅的制度建设，通过制定管理制度、运用科学有效的监督方式和考核方式，提高进驻部门和人员的办事效率；不断提高大厅的信息化水平，以缩短办事时间、规范办事流程为目标，推动大厅进驻部门完成与大厅综合审批管理平台的对接，应公众需求配备电子设备、自助终端服务，提供证照寄送服务等，提高政务服务的人性化水平。在优化升级线下政务服务功能的同时，全面推进线上政务服务发展。线下服务是线上服务的重要支撑，线上服务是线下服务的延伸。线上政务服务功能的开通，能够切实缓解公众不断增长的服务需求与相对落后的传统政务服务之间的矛盾。以做实做强做优的实体大厅为政务服务数据在互联网上的流转创造了条件，在确保线上线下服务标准一致、服务环节无缝衔接的基础上，线上服务可更多地关注服务功能、服务内容、服务环境的改进和优化。如，提供在线留言、即时通信工具、政务热线等多种咨询方式，提高咨询效率；发挥大数据在信息收集和分析等方面的作用，做好个性化需求精准推送，提高服务的智能化水平。

六　探索构建社会救助信息化协同监督体系

"所有创新活动都有赖于制度创新的积淀和持续激励，并以制度化的方式持续发挥着自己的作用"，推进"互联网＋政务服务"工作，需要立足于遵循互联网和政务服务发展规律的角度，建立健全"互联网＋政务服务"监督制度体系，实现在"互联网＋政务服务"方面有效"推进理论创新、实践创新、制度创新以及其他各方面创新，让制度更加成熟定型，让发展更有质量，让治理更有水平，让人民更有获得感"。监督是手段，不是目的。加强"互联网＋政务服务"监督是提升政务服务水平的关键。这个由多元要素共同参与构成的监督管理体系，由内部监督与外部监督相结合形成。其中，内部监督不仅包括基于绩效评估等方式的监督，还包括采取自查自纠等措施构建的长效问责机制，以切实治理"互联网＋政务服务"过程中的庸政、懒政、怠政现象。外部监督主要包括发挥高校及科研院所作用，邀请相关领域专家参与政务服务评议；建立第三方独立评估机制，以便监督要素更有力地发挥作用。此外，要充分重视新闻媒体和公众的监督作用，在推进"互联网＋政务服务"过程中，应进一步拓展公众信箱、政务微信、投诉电话等多种监督渠道，方便群众随时随地进行监督。

本章小结

本章介绍了社会救助的体系。

我国社会救助信息化体系包括国家自然灾害综合业务系统工程建设、集中供养机构室内无障碍技术改造、老龄信息实时监测工程建设、社会运行基本保障预警系统建设、社会救助综合管理服务平台建设。

我国"互联网＋政务服务"惠民行动不断推进，各行各业越来越关注"互联网＋"与民生领域相融合，尤其在社会救助领域内。目前，"互联网＋社会救助"已经成为我国救助工作发展的潮流趋势。

可以通过培养"网"涵养互联网思维、培养"云"涵养大数据思维、培养"链"涵养分布式思维、加强顶层设计，深化便民服务、推进社会救助信息资源标准化、探索构建社会救助信息化协同监督体系来推动社会救助信息化向纵深发展。

🔍 思考题

1. 我国社会救助信息化的类型包括哪些？

2. 为什么说"互联网＋"推动了社会救助领域的信息化实践？

扩展阅读 ○--

坚持以人民为中心的发展思想 进一步加强社会救助体系建设

习近平总书记在党的十九大报告中提出了以人民为中心的发展思想，并要求"在幼有所育、学有所教、劳有所得、病有所医、老有所养、住有所居、弱有所扶上不断取得新进展"。坚持以人民为中心，做到"弱有所扶"，是习近平新时代中国特色社会主义思想的重要组成部分，是加强社会救助体系建设的总体要求和实践遵循。

当前，我国已进入精准扶贫、精准脱贫的攻坚期和决胜全面建成小康社会的关键期。没有救助对象的小康，"全面小康"就要打折扣。为统筹实施社会救助工作，国务院于2014年颁布了《社会救助暂行办法》，将"最低生活保障、特困人员供养、受灾人员救助、医疗救助、教育救助、住房救助、就业救助、临时救助"以及"社会力量参与"等内容统筹整合到一部行政法规中，形成了比较完善的"8＋1"社会救助制度体系，增强了救助实效。但也要看到，一些地方信息融合不够、工作合力不足、救助不够精准等问题依然存在。为此，必须牢固树立以人民为中心的发展思想，按照"坚守底线、突出重点、完善制度、引导预期"的总体要求，不断健全和完善社会救助体系，努力以精准救助助推精准脱贫，坚决确保社会救助对象同全国人民一道进入全面小康社会。

健全信息体系，促进阳光救助。健全居民家庭经济状况核对机制，是推进阳光救助、精准救助的前提和基础。要切实建立健全各级核对机构，配齐配强工作人员，配备必要的工作设施，解决相应的工作经费，确保有人核对、有机构核对、有能力核对。要不断完善横向到边、纵向到底的社会救助信息系统，真正变各类"信息孤岛"为"一体化"信息库；特别是主管核对工作的民政部门，要积极协同社会救助各管理部门，尽快健全分类别、跨部门、多层次的居民家庭经济状况核对机制，强化核对合力、增强核对实效。要坚持对信息的动态管理，精准核对初次申请救助家庭的经济状况，定期复查、复核、复对已经接受救助家庭的经济状况，适时更新相关数据，做到有进有出、随进随出，努力提高救助信息的准确性、时效性和权威性。

加强政策衔接，增强制度合力。加强农村低保制度与扶贫开发政策的有效衔接，及时将农村低保对象信息导入精准扶贫、精准脱贫大数据管理平台，并区分兜底性保障对象、支出型保障对象、有劳动能力保障对象，逐一注明标识。对农村兜底保障对象中"三保障"问题已解决的，应纳入兜底范围予以保障，不再纳入建档立卡贫困人口范围；对农村兜底保障对象中因病、因学产生大额支出和住房存在安全问题的，应纳入建档立卡范围，给予相应的专项救助扶持；对有劳动能力的农村低保对象剔除低保补助金后收入高于贫困识别标准的应退出低保和建档立卡范围，收入仍低于贫困识别标准的应继续纳入建档立卡予以扶持，促使其实现脱贫。同时，应切实加强最低生活保障与特困人员供养、受灾人员救助、医疗救助、教育救助、住房救助、就业救助、临时救助等各项救助政策的衔接，努力增强制度合力，不断提高救助实效。

完善测评体系，深化精准保障。做到"弱有所扶"，首先要清楚哪些人弱、弱在哪些方面等，以此增强救助的针对性和有效性。目前，应首先探索建立农村低保家庭困难状况评估指标体系，可考虑依据"家庭成员、家庭收入、家庭财产、家庭大额支出、民主评议"五个方面的情况设立相应的指标和分值，形成一套完整的测评办法，努力解决农村低保对象认定难问题。要加强对低保对象的动态管理，对已经纳入最低生活保障范围的救助对象，采取多种方式加强管理服务，定期跟踪保障对象家庭变化情况，形成最低生活保障对象有进有出、补助水平有升有降的动态管理机制。实践中，可实行"有效期"管理办法，全额保障对象实行两年有效期，差额保障对象实行一年有效期。有效期内，家庭收入及成员发生变化随时调整；有效期满之后，保障对象重新申请、审核和审批，努力解决"易进难出"或"只进不出"问题，切实增强社会救助的精准性。强化急难救助，解决临时困难。国务院发布的《社会救助暂行办法》明确提出："国家对因火灾、交通事故等意外事件，家庭成员突发重大疾病等原因，导致基本生活暂时出现严重困难的家庭，或者因生活必需支出突然增加超出家庭承受能力，导致基本生活暂时出现严重困难的最低生活保障家庭，以及遭遇其他特殊困难的家庭，给予临时救助。"由于临时救助具有急难性和特殊性，必须特事特办、即知即办，全力帮助解决突发性、临时性生活难题，确保困难群众求助有门、求救有助、受助及时。在程序上，可采取前置审批、中置审批和后置审批，即一般情况按程序审批，特殊情况可一边救助一边审批，特别紧急时可先救助后审批。在方式上，坚持"一门受理、协同办理"，即属于民政救助的直接施救，属于其他部门救助的由民政转介相关部门实施，合力保障好困难群众基本生活。

引导社会参与，提高救助水平。社会救助对象困因不同、情况各异，其生活更需要关爱、心灵更需要慰藉，加之社会救助工作量大面宽、点多线长，政府之手难以伸向每一个角落。为此，应进一步健全政策体系，完善制度机制，积极鼓励单位和个人等社会力量通过捐赠、设立帮扶项目、创办服务机构、提供志愿服务等方式，广泛参与社会救助；应全面落实"社会力量参与社会救助，按照国家有关规定享受财政补贴、税收优惠、费用减免等政策"等规定，以此激发社会力量参与的积极性；社会救助管理部门应建立社会力量参与社会救助的机制和渠道，提供社会救助项目、需求信息，为社会力量参与社会救助创造条件、提供便利。通过鼓励和引导社会力量参与，努力促进社会救助由传统的、单一的物质和现金救助，升级为物质保障、生活照料、精神慰藉、心理疏导、能力提升和社会融入相结合的综合救助，从而实现救助方式的多样化、专业化和个性化。

强化管理引导，确保健康发展。社会救助资金是确保困难群众基本生活的"救命钱"，必须加强监督管理，确保专款专用，促进健康发展。一方面，进一步健全统筹监管机制，适时组织财政、监察、审计等部门依法对社会救助资金、物资筹集、分配、管理使用等情况进行监督，对截留、挤占、挪用、私分社会救助资金和物资的，依法进行严肃处理；同时，应及时将救助条件、标准、程序以及受助对象等信息公布于众，自觉接受社会监督，促进社会救助阳光透明、公平公正。另一方面，进一步健全社会诚信体系，全面加强诚信教育和引导，不断增强诚信自觉，坚决防止采取虚报、隐瞒、伪造等手段，骗取社会救助资金、物资或者服务等不良问题。同时，要引导民众积极践行社会主义核心价值观和公民基本道德规范，努力增强价值认同和道德自觉，努力为全面推进"弱有所扶"、建设社会主义和谐社会做出积极贡献。

（资料来源：李志勋《坚持以人民为中心的发展思想 进一步加强社会救助体系建设》，《中国社会报》2017 年 11 月 8 日，第 1 版）

第四章
社会救助信息管理系统的结构及其实现

根据《民政信息化中长期规划纲要（2009~2020年）》和《民政事业发展第十三个五年规划》的要求，顺应信息化发展趋势，由民政部全国最低生活保障信息系统项目办公室牵头、太极计算机股份有限公司负责设计开发了全国最低生活保障信息系统应用软件。

本章以该系统为例，详细介绍了社会救助信息管理系统的基本结构、设计逻辑、系统配置与管理。本章的学习目标是了解该系统的基本结构，掌握系统的设计思路，能够进行系统业务的配置与管理。

《《《《《《 学习目标

1. 熟悉社会救助信息管理系统的基本结构和设计逻辑。

2. 了解社会救助信息系统的业务与系统配置。

3. 熟悉社会救助信息管理的分类。

第一节　社会救助信息管理系统的基本结构

社会救助信息管理系统的设计包括整个社会救助系统，标准版系统的主体功能模块包括：城市低保、农村低保、"五保"供养、城市医疗救助、农村医疗救助等五部分，附属功能包括：文件系统、社会救助网站等。

一　社会救助信息管理系统架构

社会救助信息管理系统的使用者是救助部门基层工作人员、救助部门领导、系统管理员。为了保证相关各项服务的安全和高效，系统采用了 B/S 体系架构的三层架构模型。三层架构包括用户表示层、业务逻辑层和数据访问层。

用户表示层：包括各类用户的使用接口，用于通过 HTTP 协议在用户登录之后进行数据交换，显示用户的数据资源请求并将其传递给业务逻辑层。该层可以为用户提供一个可视化的交互界面，用于实时接收和反馈信息。

业务逻辑层：业务逻辑层是实现系统主要业务功能的关键层，主要功能是制定业务规则，并处理业务流程以实现系统的各项功能。该层位于用户表示层和数据访问层的中间层，主要执行数据的传输和处理的工作。

数据访问层：通过数据库结构化查询语句访问数据库，通过相关的数据操作维护数据块中的内容，管理数据通过添加、删除、更新操作来进行（见图 4 - 1）。

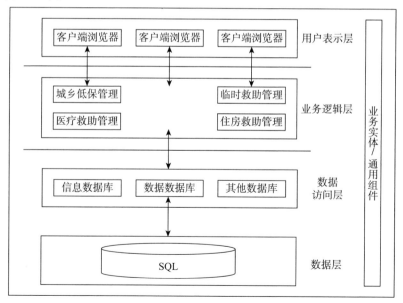

图 4 - 1　社会救助信息管理系统总体架构

二 社会救助信息管理系统模块及其总体功能

社会救助信息管理系统包括数据采集、报表上报、倾向基层、操作简便、权限划分明晰、强调档案管理、日志明细管理、动态发布救助信息、网上申请救助、系统接口、社会救助网站、文件管理系统等主要功能。

（一）系统模块

系统的设计包括整个社会救助系统，标准版系统的主体功能模块包括：城市低保、农村低保、"五保"供养、城市医疗救助、农村医疗救助等五部分，附属功能包括：文件系统、社会救助网站等。

（二）信息组织方式

城市低保、农村低保、"五保"供养是社会救助的主体，这三种救助对象信息分别单独保存，单独输入，各自管理相互独立。

城市医疗救助和农村医疗救助的救助对象直接从城市低保和农村低保用户中获取，除特殊对象之外，无须重复输入对象信息。

（三）系统主要功能

1. 数据采集

县、乡镇、居委会三级结构都可以在县级系统中输入数据，形成全县的社会救助数据库；市级系统直接从全市各县导入数据，建立全市社会救助数据库；省级系统直接从全省各县导入数据，建立全省社会救助数据库。

2. 报表上报

县级所有救助对象的详细信息或汇总信息都已经直接上传到市级和省级系统，省级系统可以直接查看和打印各县报表，因此，大部分报表不需要上报，比如，救助家庭备案表。而需要上传的报表，将通过系统报表的上传功能，直接生成和上报，不再需要传真，如月报表。

3. 倾向基层

系统整体设计来自基层实践，充分考虑了基层的实际需求；县级系统是全省系统的基础，整套系统的主体功能主要集中在县级系统；省级和市级系统的主要功能是数据查询、汇总、报表和数据备案。

4.操作简便

操作本系统一般无须培训，只要会上网就可操作，而且大部分功能只需要单击按钮就能够完成。

5.权限划分明晰

系统划分了十一级权限级别，可以自由地与用户和模块对应，灵活地控制着整个系统操作，严防越权和超级操作的现象。

6.强调档案管理

在完善救助基本信息的同时，系统利用多种手段保证电子档案的完整保存。一方面，系统直接将基本信息生成电子文档，如数据导出以及各类报表的打印；另一方面，系统提供了功能强大的网上直接扫描和拍摄功能，可以方便地将救助对象的档案资料扫描到系统中，同时拍摄救助对象的个人照片。

7.日志明细管理

（1）登录日志：记录了每一次用户成功或失败的登录信息，包括用户账号和用户电脑客户端 IP 地址等。

（2）操作日志：记录了用户登录后进行的重要业务操作。

8.动态发布救助信息

自动汇总各类救助信息，提供日常工作中需要的各种数据，并在网站首页对外公开发布。

9.网上申请救助

县内困难群众，可以通过本县的社会救助网站，填写申请表格申请社会救助。经过工作人员调查、审查、审核、审批操作，可以转为正式救助对象。

10.系统接口

（1）保持了民政部城市低保系统的数据结构特征，从而确保了与民政部系统接口。

（2）灵活的系统数据库设计，保证了快速添加更多的社会救助种类。

（3）先进的系统开发语言，保证了系统能长期稳定地扩展功能。

11.社会救助网站

系统与社会救助网站合为一体，方便了网站管理，也使网站内容更为丰富。

12. 文件管理系统

进入系统的同时也打开了全省社会救助工作文件管理系统，可以方便地向上向下进行文件传递。

第二节　社会救助信息管理系统的设计逻辑

信息系统是由计算机硬件、网络和通信设备、计算机软件、信息资源、信息用户和规章制度组成的以处理信息流为目的的人机一体化系统。社会救助信息管理系统的设计逻辑，在于将前台业务打包数据经过解析传输到后台数据库，达到对后台数据库的处理。还可以实现后台数据库中的数据操作，包括：数据的查询、更新、删除等操作。将业务数据从多个操作型数据库和外部文件中抽取出来，进行清理、转换、网络传输和集成。

社会救助信息管理系统机构与用户管理的设计逻辑，主要在于不同的权限管理，以及各个状态之间的转换。

（一）机构管理设计逻辑

机构共有初始、启用、冻结、停用（注销）、删除五种状态，可通过拖拽到配置树、冻结、恢复、停用（注销）、删除等功能实现各种状态的转换。各状态之间的转换关系见图4-2。

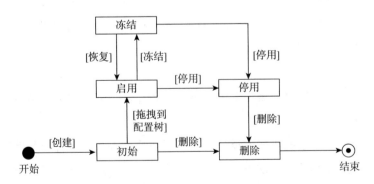

图4-2　机构状态转换结构示意

部门共有初始、启用、冻结、停用（注销）、删除五种状态，可通过拖拽到配置树、冻结、恢复、停用（注销）、删除等功能实现各种状态的转换。各状态之间的转换关系见图 4 - 3。

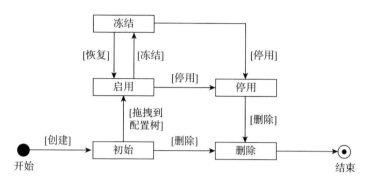

图 4 - 3　部门状态转换结构示意

（二）用户管理设计逻辑

用户共有初始、启用、冻结、停用（注销）、删除五种状态，可通过拖拽到配置树、冻结、恢复、停用（注销）、删除等功能实现各种状态的转换。各状态之间的转换关系见图 4 - 4。

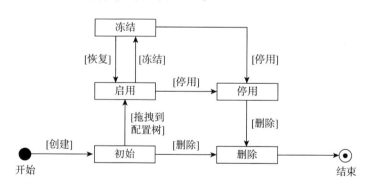

图 4 - 4　用户状态转换结构示意

第三节　社会救助信息系统的业务与系统配置

社会救助信息系统的业务与系统配置，包括社会救助信息管理系统的系统配置与社会救助信息管理系统的业务配置。

一　社会救助信息管理系统的系统配置

社会救助信息管理系统的系统配置，包括社会救助信息系统的登录与退出、社会救助信息系统的安全配置、社会救助信息系统的行政区划更新配置，与社会救助信息系统的认证授权。

（一）社会救助信息管理系统配置中的专有名词

在配置社会救助信息管理系统的过程中，有可能会遇到以下专有名词，本小节在介绍具体的配置内容前，先对专有名词进行解释：

（1）码表。码表是用来配置和管理系统数据项的。例如，"性别"即为码表。码表分为国标类型和业务类型两种类型。国标类型是按照国家标准对基础数据的分类和选项。业务类型是业务数据的分类和选项。

（2）码表值。码表值是码表的取值，即数据录入界面的各个下拉表中的选项，简称码值。例如，"性别"包括"男性""女性"等值，这些值即是本系统所称的码表值。码表值分为可扩展和不可扩展，各级系统管理员根据本地业务需求可以在可扩展码表值中新增数据项。

（3）码表过滤器。码表过滤器是根据业务需求用来控制显示或屏蔽码表值的。

（4）角色。角色是系统软件功能使用权限的集合。

（5）用户。用户指使用系统软件的各级操作者。

（6）机构。机构是行政区划所属的管理单位，如省民政厅、市民政局、区民政局、街道（乡镇）、社区。

（7）部门。部门是机构的内设单位。根据需要，区县以上各级用户可在机构下创建一级部门，如在开福区民政局下建立五保科部门。

（8）冻结、停用。冻结指机构、部门、用户、码表值的一种暂停使用的状态。处于冻结状态的机构、部门都不能再登录系统；处于冻结状态的用户不能登录系统；处于冻结状态的码表值不会显示在系统页面的下拉表中。可通过恢复功能，再次启用已冻结的机构、部门、用户及码表值等。停用则是机构、部门、用户、码表值等永远不再使用的状态。

（二）社会救助信息系统的登录与退出

打开浏览器，在地址栏输入访问地址，进入系统登录页面。信息系统的登录有两种路径。

（1）普通登录：输入用户名、密码和验证码，单击登录，进入全国低保应用系统管理岗操作页面；

（2）证书用户登录：插入数字证书（也叫 USBKEY）到电脑终端上，然后单击证书用户图标，即可完成系统登录。推荐使用 IE6 或 IE8 浏览器；宽屏显示器分辨率推荐使用 1280×800、1440×900，普屏显示器分辨率推荐使用 1024×768；页面显示效果与显示器屏幕大小及分辨率有关，为达到最佳显示效果，建议根据显示器具体情况进行适当调整。

登录系统后，进入全国低保应用系统管理岗操作页面。单击左侧系统管理前的加号图标，可以展开功能树。

如要退出系统，单击右上角系统功能区红色关闭按钮，确定即可。

（三）社会救助信息系统的安全配置

登录系统后，进入全国低保应用系统管理岗操作页面。单击系统工作台右上角的钥匙按钮，弹出系统提示信息，单击"确定"则设置密码，弹出设置密码窗口，则可设置密码；单击"取消"，则不设置密码。输入旧密码、新密码、确认新密码后，单击"保存"时弹出系统提示。在提示"密码修改成功，现在重新登录系统"后，单击"确定"则退出系统，重新登录。

为了确保系统的安全运行，系统管理中的各个功能模块均有以下操作。启用：启用后，即可开始使用；停用：停用后，即不可使用；冻结：冻结后，即不可使用，但可再次恢复使用；恢复：可对冻结的项进行恢复操作，恢复后，又可开始使用。当出现特殊情况时，可以选择上述基本功能按键进行紧急操作。

（四）社会救助信息系统的行政区划更新配置

单击左侧功能树系统管理前面的加号图标，展开后单击行政区划，单击加号图标展开行政区划树，选中行政区划名称，单击右键出现菜单。

1. 新增行政区划

单击添加行政区划，系统弹出添加行政区划的窗口，录入行政区划信息中的数据项，单击保存，行政区划名称、类型、行政区划编码等信息校验合法后，行政区划保存成功。新增加的行政区划状态为"未启用"，选择新增加的行政区划，在右键菜单中选择启用行政区划，系统提示成功以后，状态由"未启用"变为"启用"，行政区划生效。同时可以对新添加的行政区划做右键菜单其他操作，如修改、停用、启用、冻结、恢复、迁移行政区划。

2. 修改行政区划

单击修改行政区划，系统弹出修改行政区划的窗口，修改行政区划信息后，单击保存，行政区划保存成功。当民政部门的行政区划与计财部门的不一致时，统计数据无法同步。为了解决这个问题，系统提供"统计台账编码"功能。如民政部门已将 A 社区拆分成 A1、A2 两个社区，而计财部门还是原 A 社区，此时将 A1、A2 的统计台账编码均设置为原 A 的行政区划代码即可。

3. 迁移行政区划

当社区（村）从一个街道（乡镇）划分到本区县内另一个街道（乡镇）时，可通过迁移行政区划功能来完成操作。单击迁移，系统弹出迁移行政区划的窗口。选择要迁移到的街道（乡镇）后，单击确定按钮，弹出下一步操作页面，正确填写行政区划代码后，单击确定按钮，迁移操作成功。可以在新街道（乡镇）下看到该迁移的社区（村）。同时该社区（村）对应的救助机构也一并迁移到新街道（乡镇）办事处下。

（1）迁移行政区划时，必须保证被迁移的行政区划及迁移到所在地的行政区划对应的救助机构要存在，否则无法迁移操作；

（2）添加行政区划后，必须"启用行政区划"，行政区划才能在系统中使用；

（3）添加行政区划后，只允许修改行政区划的名称，不允许修改行政区划代码；

（4）只能删除用户自己增加的行政区划，且只能删除"未启用"状态的行政区划；

（5）不再使用的行政区划，使用"停用行政区划"操作进行停用；一旦停用，将不能再使用该行政区划，且不能再对停用的行政区划做任何操作，请谨慎使用"停用行政区划"操作。

（五）社会救助信息系统的认证授权

1. 角色管理

单击认证授权前面的加号图标，展开功能树，再单击角色管理。在列表中，选择某一角色，如"城市低保审核"，单击配置用户按钮，弹出配置用户窗口，选择待选用户，单击右箭头，将待选用户移到已有用户列表里，单击保存，完成用户的角色配置。

2. 权限查询

单击认证授权前面的加号图标，展开功能树，再单击权限查询，在用户查询列表中，可以查询用户及其赋予的角色、所属部门、创建人等信息，也可以输入查询条件快速查找用户。单击该用户的"用户角色"，弹出角色列表窗口。

3. 统计预警权限管理

单击统计预警权限管理，进入统计预警权限管理页面。只有通过这里的授权，相关级别操作人员才具有使用统计决策、预警监测功能的权限。本节以省厅用户给各地市的用户授权为例进行介绍：

第一步：在组织机构树中选中某一民政机构，在下方"用户管理"处，系统会自动显示该机构下的已有用户，右侧分别有"机构信息、角色、权限"三个内容，只需对"角色、权限"进行操作即可。如要对某一用户进行权限分配，则选中该用户。

第二步：选中"inspur"用户后，选择"角色"后，下方显示可授权的角色，角色是按照行政级别设置。直接选中"＊系统管理员"，则说明该用户除具有使用统计决策、预警监测的功能外，还可给下级用户进行权限分配。如该用户无权限给下级分配，则直接选择"＊系统管理员"下的子项即可。设置好权限后单击保存按钮，第二步操作完成。

第三步：选择"权限"后，则显示权限分配页面，只可进行查看操作。单击选中全国低保应用系统，再单击右下角的添加链接，设定可查看数据范围的设定页面，选中该用户所在机构对应的行政区划代码后，单击确定，再单击保存，第三步操作完成。至此该用户的统计预警权限分配完成。

二 社会救助信息管理系统的业务配置

社会救助信息管理系统的业务配置，包括救助业务配置、救助标准管理、救助流程配置、救助政策配置等详细业务属性配置。

（一）救助业务配置

在办理业务（如城市低保、农村低保等）网上审批流程前，要在业务配置中设置好救助标准、工作流、救助政策等信息，来设定各级社区（村）、街道（乡镇）、县（市、区）的操作及救助对象的救助金如何自动计算等。初始进入救助业务配置时，所有业务的相关配置都已初始化完毕。如有本地区设置与初始化的不同，可根据需求进行修改。

1. 救助业务配置

右键单击××区民政局，显示菜单，单击救助业务配置，显示救助业务配置界面，单击修改，显示救助业务配置修改页面。

"待遇计算策略"设置的不同，对业务中救助金计算部分的影响不同：

（1）不使用规则计算：申请家庭或申请人的待遇由县（市、区）一级手动输入救助金额；

（2）使用规则计算可调整待遇：申请家庭或申请人的待遇由系统根据配置的标准、救助政策进行计算，并且区县一级可手动修改救助金额；

（3）使用规则计算不可调整待遇：申请家庭或申请人的待遇只由系统根据配置的标准、救助政策进行计算，区县一级不可手动修改救助金额；

（4）对于"城市住院医、农村住院医"两个业务的修改，比其他业务多出一个"是否需要民政部门认定"字段。系统默认值为"所有对象都需要认定"。其作用为在"一站式"结算时，认定的对象才可进行结算，否则无须认定，直接可以结算。目前只有"救助业务、待遇计算策略"两项配置起作用。其他字段项是为了以后功能扩展时使用，故无论如何配置，不影响相关业务的办理。

2. 统一救助流程

右键单击××区民政局，显示菜单，单击统一救助流程后显示界面，可以统一地设定所有业务的办理流程，系统默认均是由三级参与办理，如果是两级参与办理将上述的"受理、审查、审核"的机构关系双击选择为街道（乡镇），将"审批"修改为县（市、区）即可。如要单独设定某一业务，则在该业务的救助流程配置中设定。"受理、审查"必须设定为相同的参与者。

3. 同步配置模板

右键单击××区民政局，显示菜单，单击同步配置模板，显示同步配置模板页面，在这里可以由地市级用户将所有业务的救助标准、救助流程、救助政策设置好后，统一把这些设置同步给所属县（市、区），这样既可以减少区县级的工作量，也可以保证设置的正确性。左侧选择要同步的救助业务，右侧选择要同步的县（市、区），单击同步业务配置按钮即可。成功后，所有县（市、区）的业务配置均与地市的设置相同。

（1）同步成功后，如县（市、区）又有变化可以自行修改，系统按照县（市、区）级设置为准；

（2）地市级同步后，会清空县（市、区）的所有个性设置，变为地市级同步的设置。因此地市级在同步业务前，要与县（市、区）级做好确认；

（3）只有地市级用户有"同步配置模板"的权限。

（二）救助标准管理

1. 救助标准维护

救助标准管理，即各个地区根据不同业务，进行救助标准的设置。如城市低保救助标准为770元/月，农村低保救助标准为8400元/年。右键单击其中一个救助业务，如"城市低保"，左键单击救助标准管理，出现救助标准维护界面。

（1）"执行日期"：在该救助标准已启用的前提下，新申请的城市低保家庭的救助金计算标准从2018年1月4日开始，按770元/月计算，而不是按原来的730元/月标准计算；

（2）如果要调整救助标准，只可通过"调整标准"功能实现。调整后，新标准启用状态，原标准被置为"注销"；

（3）需要配置救助标准的救助业务，其右键单击菜单中"救助标准管理"项才可以。

2. 保障金调整

保障金调整功能主要实现因救助政策的变化（如救助标准调整或分类救助政策的变化），而需要对目前正在享受或已停保的救助对象重新计算救助待遇的功能，并可根据相关调整参数记录救助金额的调增情况和补发情况。

单击调整保障金按钮后：上方显示保障金调整计划的添加界面，下方显示已添加的所有调整计划；双击记录可查看调整对象列表。

（1）添加调整计划。录入调整计划的相关信息，单击添加调整计划，必填项等信息校验合法后，保障金调整计划添加成功，在下方列表中显示。双击查看该调整计划，查看界面显示的是根据调整计划查询出所有救助对象，包含需要调节、不需要调节的救助对象。当选择的"调整时间"中有已做完资金发放的年月，则"补发时间"会被置为必填项；需要重新填写，单击重置，清除已填写的所有内容，恢复初始状态。

（2）删除调整计划。选中要删除的调整计划，单击删除按钮，系统给予提示信息，确定删除则系统执行删除操作，否则放弃删除。已执行的调整计划不可删除。

（3）执行调整计划。选中要执行的调整计划，单击开始调整按钮，系统给予提示信息，确定执行则系统执行调整操作，否则放弃调整。双击查看执行过的调整计划，查看界面显示的是根据调整计划查询出已调整待遇的救助对象，不包含不需要调节的救助对象。已执行的调整计划不可再次执行；执行成功后，在"救助查询"中即可查询到相应的调增或补发的救助信息。

（三）救助流程配置

救助流程配置，各地区根据自身情况，来设置救助申请网上审批流程，配置好启用后各级用户才能逐级办理、上报，完成网上的办理过程。初始进入救助流程配置页面时，每个业务配置都已初始化，只可进行修改，不支持其他操作。选中一个救助业务单击右键，如"城市低保"，再选择右键菜单中的救助流程配置，如默认的救助工作流不满足需求，可自定义。

以城市低保业务为例，单击"配置节点"中的按钮配置，可通过双击操作修改时限。通过对参与者的配置实现工作流的修改。单击"配置参与者"中的按钮配置：

（1）时限：每个环节办理允许的最大时间。

（2）初始的救助流程，说明城市低保办理流程是由社区（村）、街道（乡镇）、县（市、区）三级参与完成。如果只由街道（乡镇）、县（市、区）来参与完成，则需按照下面的方式进行配置。即将受理环节、审查环节参与者中的选择关系，配置成（街道）乡镇即可。

（3）工作流配置完成后，还要有相对应用户及角色进行配置，这样才能正确完成申请数据的录入及审批工作。

对于由社区（村）、街道（乡镇）、县（市、区）三级参与的工作模式，用户的创建及角色分配如下（以城市低保为例）。社区（村）级用户：城市低保受理、城市低保审查；街道（乡镇）级用户：城市低保审核；县（市、区）级用户：城市低保审批。

对于由街道（乡镇）、县（市、区）两级参与的情况，用户的创建及角色分配如下。街道（乡镇）级用户：城市低保受理、城市低保审查、城市低保审核；县（市、区）级用户：城市低保审批。

（4）当某一工作流配置中的"选择关系"发生变化，会影响到相应级别用户的角色配置。

（5）需要配置救助流程的救助业务，其右键单击菜单中"救助流程配置"项才可点击。

（四）救助政策配置

救助政策配置，各地区根据自身情况，来配置自动计算救助金的政策公式。系统针对每个业务提供了配置的基本模板，以供参考。

初始进入救助政策配置时，基本的政策配置系统已初始化。如有本地区设置与初始化的不同或有更多的政策需求，可根据需求进行新增等。以"城市低保"为例，在左侧业务配置树中右键单击城市低保，再单击右侧菜单中的救助政策配置，救助政策的编辑，系统提供两种模式，普通模式和高级模式。

1. 普通模式

普通模式，只需配置人员通过选择条件、设定值等操作即可完成救助政策的配置。更复杂的需要通过高级模式来进行配置。目前只针对城市低保、农村低保两个业务，且"规则类型"选择为扩展规则、普通规则的政策适用，其他情况下不支持普通模式的使用。

单击新增按钮，弹出新增救助政策窗口，单击普通模式，根据实际情况进行选择填写后，系统会根据选择的条件及救助金的计算关系，自动生成中文公式。单击保存按钮，新增救助政策保存成功。新增的政策要启用后才可使用。

2. 高级模式

高级模式要求配置人员熟悉用"如果……，那么……"的逻辑语言，来完成各种情况的救助政策制定。同时，系统还提供了各个业务政策的基础模板，可直接使用，也可引用后再做修改。单击新增按钮，弹出新增救助政策窗口，默认显示高级模式编辑窗口。单击规则模板，显示救助政策模板界面，可直接选择使用救助政策。

增加救助政策的基本方式说明如下：

---

1. 一定是在"如果（　）那么｛　｝"的框架中编写。"（）"中编写条件，"｛｝"中编写结果；

2. 一个救助政策中，可以同时有多组"如果（　）那么｛　｝"；

3. 条件，由一个或多个"【除'救助项目、救助政策'以外的任意规则要素】【判断】【规则要素的值】"组成；

4. 结果，只能有一个，由"【救助项目的规则要素】＝【计算公式】"组成，编写完结果后，一定要以英文下的分号";"作结尾。

第四节　社会救助信息系统的管理

社会救助信息系统的管理，包括社会救助信息管理系统中救助机构与用户管理、社会救助信息管理系统中医疗机构与用户管理、社会救助信息管理系统中供养机构管理、社会救助信息管理系统的基础数据管理等管理功能。

一　社会救助信息管理系统中救助机构与用户管理

社会救助信息管理系统中救助机构与用户管理，主要是针对救助机构与用户的具体参数配置。包括码表管理、救助机构管理、救助部门管理、救助用户管理等管理功能。

（一）码表管理

单击系统管理前面的加号图标，展开功能树，再单击码表管理，单击码表前面的加号进行展开，码表分为国标类型和业务类型，单击业务类型前面的加号进行展开。"可否扩展"为可扩展的码表，用户可以根据地方业务需要增加码表值，扩展属性为不扩展码表包含两种情况：①不允许扩展码表；②码表的一级码表值不能扩展，但可以在一级码表值下扩展子码表值。此类码表有：健康状况、收入类型、救助业务、财产类型、资金来源、资金科目、致贫原因、住房性质、重病病种、违规行为类型。

1. 增加扩展码表值

若要增加扩展码表值，选择一个"可否扩展"属性为可扩展的码表，或选择一个"可否扩展"属性为可扩展的码表值，单击右键菜单中的增加扩展码表值，系统弹出新增码表值的界面。在界面录入码表值信息中的数据项，单击保存，码表值名称、码表值编码等信息校验合法后，码表值保存成功。系统保存成功后，码表类型中显示保存成功的码表值，启用后的码表值，若不需要在页面显示使用，则可以进行停用操作。选择一个码表值，单击右键菜单停用码表值，则停用码表值，停用后的码表值不能再启用，只能删除，请慎用停用操作。若只想停用一段时间可使用冻结码表值功能。冻结码表值，想重新使用码表值时，使用恢复码表值功能将码表值状态改为启用即可。

2. 修改码表值

未启用的码表值可以修改其所有属性，包括中文名称、英文名称等，启用后的码表值只可以修改"属性值""排序号""码表值节点是否可扩展""描述"。用户只能对自己增加的码表值停用、修改、冻结、恢复进行操作。停用后的码表值不能再启用，请慎用停用操作。

3. 创建码表过滤器

选择一个码表，单击右键菜单，单击码表过滤器，系统弹出创建过滤器页面，在页面上选择新增，系统弹出创建过滤器的窗口，选择业务范围后单击保存，创建码表过滤器第一步成功。选择某救助业务的过滤器，单击设置过滤值，进入过滤值设置页面，勾选需要过滤的码表值（不需要在系统页面上显示的码表值），选择完后单击保存，码表过滤器创建完成。单击关闭，用户不需要的码表值被过滤掉。

（二）救助机构管理

1. 新增机构

单击救助机构管理，单击页面上的新增，在弹出的新增机构窗口，录入机构基本信息中的数据项，单击保存，机构名称、行政区划等必填项信息校验合法后，机构信息保存成功。行政区划的选项一定要与机构名称对应，如天心区民政局的行政区划必须选择天心区。创建机构后，在查询机构列表选中该机构，将其拖拽到右侧的机构配置树中即可，如有需要，创建机构成功后可以对机构进行修改、冻结、注销、删除、定位、合并、拆分、导出、重置等操作。

2. 修改机构

修改机构功能可以修改机构名称。初始状态的机构可通过勾选列表中的一个机构，单击修改进行。如果机构已经启用，则必须在机构配置树中，右键单击该机构名称，在弹出的右键菜单中选择"修改机构"进行修改。

3. 冻结机构

冻结机构是暂时停止机构和下属部门及用户的使用权。机构冻结后，机构名称前图标会变成禁用，可以使用恢复机构功能使被冻结的机构和下属部门及用户重新获得使用权。

4. 合并机构

单击合并，系统打开合并机构页面，按以下步骤合并。

第一步：选择要合并的机构。展开左侧机构列表树，选中要合并的机构，单击右箭头，选中的机构显示在已选机构列表中（只允许对同级别的机构进行合并）。

第二步：定义合并后的机构信息。单击下一步，打开合并后的机构信息页面，对于合并机构这里有两种情况。第一种情况：如果 A 与 B 要合并，合并后新的机构仍然采用 A（或 B）的行政区划，则在这一步的操作中，填写合并后的机构名称，行政区划选择 A（或 B）的行政区划即可。第二种情况：如果 A 与 B 要合并，合并后新的机构采用的是新的行政区划 C。则在这一步操作前，需要在"行政区划"中添加并启用行政区划 C。然后再回到合并机构的第二步，填写合并后的机构名称，行政区划选择 C 的行政区划即可。

第三步：维护合并后的部门信息。单击下一步，单击新增，填写合并后的部门信息，新增信息显示在部门信息列表区。

第四步：维护合并后的用户信息。单击下一步，如没有部门信息，可直接将用户拖动到左侧的机构名称下（如"高桥街道"）。所有原机构中的用户重新分配到新机构中后，单击完成按钮，机构合并完成。

5. 拆分机构

在机构配置树中选中要拆分的机构，单击右键，选择"拆分机构"，按如下步骤拆分机构。

第一步：定义拆分后机构信息，单击新增，新增拆分后机构信息，新增信息显示在"拆分后机构信息"列表区。

在 E 机构要进行拆分前，拆分出的新机构采用的是新的行政区划 F 等。则在这一步操作前，需要在"行政区划"中添加并启用行政区划 F 等。然后再回到拆分机构的第一步，填写拆分后的机构名称，行政区划选择 F 等行政区划即可。

第二步：维护拆分后各机构的部门信息。单击下一步。

第三步：维护拆分后的用户信息。单击下一步。如没有部门信息，可直接将用户拖动到左侧的机构名称下。

第四步：维护拆分后的救助对象信息。单击下一步。右侧列表显示的是原机构下的救助对象，需将这些对象拖拽分配到拆分的新机构下。

第五步：维护拆分后的子机构信息。单击下一步。右侧列表显示的是原机构下的子机构，需将这些子机构拖拽分配到拆分的新机构下。所有原机构中的子机构重新分配到新机构下后，单击完成按钮，机构拆分完成。

6. 重置机构

选择机构配置树中的机构，单击右键，执行"重置机构"操作后，该机构状态恢复为"初始"。重置后，可以再拖拽到机构配置树中其他机构下。

7. 导出机构

选择机构配置树中的机构节点，单击右键，执行"导出"操作后，可以将该机构节点下的全部机构以 Excel 文件格式导出。

（三）救助部门管理

单击救助部门管理，单击页面上的新增，在弹出的新增部门窗口录入部门基本信息中的数据项，单击保存，部门名称等信息校验合法后，部门信息保存成功。创建部门后，在部门查询列表选中该部门，将其拖拽到右侧的部门配置树中即可。如有需要，创建部门成功后可以对部门进行修改、冻结、注销、删除、定位、重置等操作。

1. 定位部门

选中部门查询列表中的一个部门，单击定位，系统自动定位到部门配置树中的该部门。

2. 重置部门

选择机构配置树中的部门，单击右键，执行"重置部门"操作后，该部门状态恢复为"初始"。重置后，可以再拖拽到部门配置树中其他机构下。

（四）救助用户管理

一般应在部门下建立用户，例如：在开福区民政局低保科建立用户，但实际一般直接在机构下建立用户即可，例如：在开福区民政局直接建立县（市、区）级用户；社区或乡镇办事处下直接创建社区（村）或街道（乡、镇）级用户。

单击左侧功能树的救助用户管理，单击用户查询列表下的新增按钮，弹出新增用户窗口，填写完毕单击保存按钮，在用户查询列表中可以查到新建的用户。新建的用户需要和右侧的用户配置树中的机构或部门进行绑定，拖拽新增用户到用户配置树中的机构或部门节点后，才能对用户进行授权。如有需要，创建用户成功后可以对用户进行修改、冻结、注销、删除、定位、复制、重置、重置密码、角色配置等操作。

1. 定位用户

选中用户查询列表中的一个用户，单击定位，系统自动定位到用户配置树中的该用户。

2. 冻结用户

冻结用户是指暂时停止用户的使用权。冻结用户后，此用户登录系统失效。但"恢复用户"后，可以恢复正常登录。

3. 修改用户

若修改了用户名，修改后保存时，系统提示是否同时重置密码，选择重置密码，则新密码与新用户名一致；如果选择不重置密码，则密码为旧密码，用户名为新用户名，二者不一致。如修改了E-mail则会影响到原E-mail 下的数字证书的有效性，请慎用修改 E-mail 功能。

4. 重置密码

将用户密码回到初始状态，即与用户名相同。

5. 复制用户

在用户配置树中选择用户，单击右键，再选择"复制用户"，填写新用户的用户名、真实姓名、E-mail 等信息，保存。复制用户后，新用户与被复制的用户属于同一机构且具有相同的角色，且新用户的状态直接默认为"启用"。

6. 重置用户

选择被分配到用户配置树中的用户，单击右键菜单，单击"重置用户"后，按照系统提示确认完成后重置，用户显示在用户查询列表中，状态恢复为"初始"状态。重置后，可以再拖拽用户到其他机构或部门。

7. 角色配置

使用角色配置为用户配置业务软件使用权限，系统在设置角色时先按行政级别划分，然后在各行政级别下再按照业务划分。在用户配置树中选中要配置角色的用户，单击右键，在右键菜单中选择"角色配置"，选择待选角色，单击右箭头按钮，选中的角色显示在已有角色列表中，单击下一步，为用户设置各类角色是否可授权或可使用。设置角色是否可授权或可使用后，保存用户拥有的角色信息。

8. 注销用户

此登录用户永远停止使用，无法恢复。

二 社会救助信息管理系统中医疗机构与用户管理

社会救助信息管理系统中医疗机构与用户管理，是针对医疗机构与用户的具体属性进行管理配置。包括医疗机构管理、医疗用户管理等具体的管理。

（一）医疗机构管理

用于维护定点医疗机构，及"一站式"结算医疗救助业务的医疗机构用户信息。单击医疗机构管理，单击页面上的新增，在编辑医疗机构信息窗口录入医疗机构基本信息中的数据项，单击保存，医疗机构名称必填项信息校验合法后，医疗机构信息保存成功，状态为"初始"。保存成功后输入查询条件，单击查询，机构查询列表中显示查询结果，如要将"初始"状态的医疗机构启用，则在列表选中该机构信息，将其拖拽到右侧的行政区划配置树中即可。如有需要，创建医疗机构成功后可以对医疗机构进行修改、注销、冻结、删除、定位、导出、重置等操作。

1. 定位医疗机构

在列表的选中某机构，单击，系统自动定位到行政区划配置树中的医疗机构。

2. 重置机构

选择行政区划配置树中的医疗机构，单击右键，执行"重置机构"操作后，医疗机构的状态恢复为"初始"状态。重置后，可以再拖拽到行政区划配置树中。

注意：机构被重置时，该机构下的用户会被注销，请谨慎操作重置功能。

3. 导出机构

选择行政区划配置树中的医疗机构节点，单击右键，执行"导出机构"操作后，可以将该医疗机构信息以 Excel 文件格式导出。

（二）医疗用户管理

单击左侧功能树的医疗用户管理，单击用户查询列表下的新增按钮，弹出新增用户窗口，填写完毕单击保存按钮，在用户查询列表中可以查到新建的用户。

新建的用户需要和右侧的用户配置树中的机构进行绑定，拖拽新增用户到用户配置树中的医疗机构或部门节点后，才能对用户进行授权。如拖拽用户到雨花区第二人民医院住院部。如有需要，创建用户成功后可以对用户进行定位、修改、冻结、注销、删除、复制、重置用户、重置密码、角色配置等操作。

1. 定位用户

选中用户查询列表中的一个用户，单击，系统自动定位到用户配置树中的用户。

2. 修改用户

若修改了用户名，修改后保存时，可以选择重置新用户名的密码，也可以保留原用户名的密码。如修改了 E-mail 则会影响到原E-mail下的数字证书的有效性，请慎用修改 E-mail 功能。

3. 重置密码

重置密码是将用户密码回到初始状态，即与用户名相同。

4. 复制用户

在用户配置树中选择用户，单击右键，再选择"复制用户"，填写新用户的用户名、真实姓名、E-mail 等信息后保存。复制用户后，新用户与被复制的用户属于同一机构且具有相同的角色，且新用户的状态直接默认为"启用"。

5. 重置用户

选种被分配到用户配置树中的用户，单击右键，执行"重置用户"操作后，该用户状态恢复为"初始"。重置后，可以再拖拽用户到其他医疗机构。

6. 角色配置

在用户配置树中选中要配置角色的用户，单击右键，在右键菜单中选择"角色配置",选择待选角色,单击按钮,选中的角色显示在已有角色列表中,单击,为用户设置角色是否可授权或可使用(医疗用户的角色只设置为"可使用"即可),保存用户拥有的角色信息。

7. 注销用户

此登录用户永远停止使用,无法恢复,该用户无法登录系统。

三 社会救助信息管理系统中供养机构管理

当农村"五保"供养方式为"集中供养"时,必须选择供养服务机构。供选择的供养服务机构需通过供养机构管理功能来进行维护。

单击供养机构管理,然后单击页面上的新增,在弹出的新增供养机构窗口录入供养机构名称,单击保存,供养机构信息保存成功。创建供养机构后,在查询机构列表选中一条供养机构信息,将供养机构拖拽到右侧的行政区划树中即可。维护供养机构信息后,在农村"五保"业务中选择"供养方式"为"集中供养"时,即可选择此处维护的供养服务机构。

如有需要,创建供养机构成功后可以对供养机构进行修改、冻结、注销、删除、定位、重置、导出等操作,操作步骤与救助机构、医疗机构相同。

四 社会救助信息管理系统的基础数据管理

数据管理是利用计算机硬件和软件技术对数据进行有效的收集、存储、处理和应用的过程。其目的在于充分有效地发挥数据的作用。实现数据有效管理的关键是数据组织。具体来说,包括基础数据管理、救助机构数据管理、供养机构数据管理、就诊信息数据管理等数据管理功能。

(一)基础数据管理

县(市、区)级用户进入基础数据管理页面,系统默认显示地方数据页面。

1. 地方数据

县(市、区)级用户进入基础数据管理页面,系统提供查询、新增、修改、删除地方数据等功能。地方数据只由县(市、区)级进行维护,地市及以上级别用户无须维护。

（1）查询。设置查询条件，单击查询按钮，系统查询符合条件的信息，单击重置，清除已设置的条件，恢复初始查询条件。

（2）新增。在地方数据查询列表中单击新增按钮，显示新增页面，新增页面带红色星号的为必填项，然后根据需求完善相关信息项即可单击保存按钮。在地方数据查询列表中就会显示新增的信息。

（3）修改。在地方数据查询列表中选择一条数据信息单击修改按钮，进入修改页面，修改页面和新增页面一样，之后修改完相关信息后，单击保存按钮，被修改的信息被保存。

（4）删除。在地方数据查询列表中选择一条数据信息单击删除按钮，系统弹出确认提示，单击确定按钮后，信息被成功删除。

2. 宏观数据

县（市、区）级用户单击左侧菜单栏的宏观数据。菜单提供查询、新增、修改、删除宏观数据等功能。

（1）查询。设置查询条件，单击查询按钮，系统查询符合条件的信息，单击重置，清除已设置的条件，恢复初始查询条件。

（2）新增。在宏观数据查询列表中单击新增按钮，显示新增页面，新增页面带红色星号的为必填项，然后根据需求完善相关信息项即可单击保存按钮。在宏观数据查询列表中就会显示新增的信息。

（3）修改。在宏观数据查询列表中选择一条数据信息单击修改按钮，进入修改页面，修改页面和新增页面一样。之后修改完相关信息后，单击保存按钮，被修改的信息被保存。

（4）删除。在宏观数据查询列表中选择一条数据信息，单击删除按钮，系统弹出确认提示，单击确定按钮后，信息被成功删除。

（二）救助机构数据管理

县（市、区）级用户进入救助机构页面，单击救助机构下拉菜单显示信息维护、汇总查询两项。

1. 信息维护

县（市、区）级用户进入信息维护页面，页面分为两部分：基础数据、年度信息。修改基础数据显示的信息项后，单击提交按钮，修改的信息项保存成功。

在年度信息列表可以进行四种操作：添加、修改、保存、删除。

（1）添加。单击添加按钮，可以进行年度信息项的添加操作。

（2）修改。在年度信息列表中选择一条数据信息，双击要修改的选项框，可以修改相关信息，修改完相关信息后，单击保存按钮，被修改的信息被保存。

（3）保存。单击保存按钮，可以对信息项进行保存操作。

（4）删除。在年度信息列表中选择一条数据信息，单击删除按钮，信息被成功删除。

2. 汇总查询

县（市、区）级用户单击菜单栏的汇总查询按钮，页面分为两部分：查询年度和汇总结果。

（1）查询年度。

设置汇总条件，单击查询按钮，系统查询符合条件的信息，在汇总结果中显示。需要重新设置汇总条件时，单击重置，清除已设置的条件，恢复初始查询条件。

（2）汇总结果

在汇总结果列表下，可以看到所汇总的信息。

（三）供养机构数据管理

县（市、区）级用户进入供养机构页面，单击下拉菜单显示两项：信息维护、汇总查询。

1. 信息维护

县（市、区）级用户进入信息维护页面，系统提供查询、修改、查看、维护年度信息、供养对象明细的功能。

（1）查询。设置查询条件，单击查询按钮，系统查询符合条件的信息，在机构查询列表中显示。需要重新设置查询条件时，单击重置，清除已设置的条件，恢复初始查询条件。

（2）修改。在机构查询列表中选择一条数据信息单击修改按钮，进入修改机构信息页面，修改完相关信息后，单击保存按钮，被修改的信息被保存。

（3）查看。在机构查询列表中选择一条数据信息单击查看按钮，系统弹出同"查看机构信息"一样的页面，页面为只读形式，供查看。

（4）维护年度信息。在机构查询列表中选择一条数据信息单击维护年度信息按钮，进入维护年度信息页面，可以进行年度信息的维护。

（5）供养对象明细。在机构查询列表中选择一条数据信息单击供养对象明细按钮，该页面可以查看供养对象的详细信息。在该页面最下方，单击 EXL 导出，可以进行数据项的导出操作。

2. 汇总查询

县（市、区）级用户单击菜单栏的汇总查询按钮，页面分为两部分：查询年度和汇总结果。

（1）查询年度。设置汇总条件，单击查询按钮，系统查询符合条件的信息，在汇总结果中显示。需要重新设置汇总条件时，单击重置，清除已设置的条件，恢复初始查询条件。

（2）汇总结果。在汇总结果列表下，可以看到所汇总的结果信息。

（四）就诊信息数据管理

就诊信息数据管理包含药品目录、就诊项目两项基础信息的维护，维护的信息用于城乡医疗救助的"一站式"结算的"门诊救助结算"中。

县（市、区）级用户进入就诊信息管理页面，单击就诊信息管理下拉菜单显示药品目录、就诊项目两项。

1. 药品目录

县（市、区）级用户进入药品目录页面，系统提供查询、新增、修改、删除、查看的功能。

（1）查询。设置查询条件，单击查询按钮，系统查询符合条件的信息，在药品信息查询列表中显示。需要重新设置查询条件时，单击重置，清除已设置的条件，恢复初始查询条件。

（2）新增。在药品信息查询列表中单击新增按钮，新增界面带红色星号的为必填项（必须填写的信息），然后根据需求完善相关信息项即可保存按钮。在药品信息查询列表中就会显示新增的信息。

（3）修改。在药品信息查询列表中选择一条数据信息单击修改按钮，进入修改页面，修改页面和新增页面一样，之后修改完相关信息后，单击保存按钮，被修改的信息被保存。

（4）删除。在药品信息查询列表中选择一条数据信息单击删除按钮，系统弹出确认提示，单击确定按钮后，信息被成功删除。

（5）查看。在药品信息查询列表中选择一条数据信息，单击查看按钮，系统弹出同"新增"一样的页面，页面为只读形式，供查看。

2. 就诊项目

单击就诊信息管理下就诊项目按钮，进入就诊项目页面，页面分为两部分：就诊项目信息查询条件、就诊项目信息查询列表。系统提供查询、新增、修改、删除、EXL 导出的功能。

（1）查询。设置查询条件，单击查询按钮，系统查询符合条件的信息，在就诊项目信息查询列表中显示。需要重新设置查询条件时，单击重置，清除已设置的条件，恢复初始查询条件。

（2）新增。在就诊项目信息查询列表中单击新增按钮，新增界面带红色星号的为必填项（必须填写的信息），然后根据需求完善相关信息项即可保存按钮。在就诊项目信息查询列表中就会显示新增的信息。

（3）修改。在就诊项目信息查询列表中选择一条数据信息单击修改按钮，进入修改页面，修改页面和新增页面一样，之后修改完相关信息后，单击保存按钮，被修改的信息被保存。

（4）删除。在就诊项目信息查询列表中选择一条数据信息，单击删除按钮，系统弹出确认提示，单击确定按钮后，信息被成功删除。

（5）EXL 导出。在就诊信息查询列表中页面最下方，单击 EXL 导出，系统弹出提示框，根据需要，可以成功导出数据信息。

本章小结

本章以全国最低生活保障信息系统应用软件为例，详细介绍了社会救助信息管理系统的基本结构、设计逻辑、系统配置与管理。

社会救助信息管理系统的配置包括登录、退出、安全、行政区划更新以及授权等内容，业务配置包括救助业务、救助标准、救助流程、救助政策配置。

社会救助信息管理系统的管理包括救助机构与用户管理、医疗机构与用户管理、供养机构与用户管理以及基础数据管理。

思考题

1. 何为码表？如何进行码表管理？
2. 在社会救助信息系统中，如何进行救助机构的数据管理？

扩展阅读

如何进行行政区划编码

行政区划代码规则说明：

行政区划代码为12位数字，分为三段，具体如下：

第一段 ———— 第二段 ———— 第三段

□□□□□□ ———— □□□ ——— □□□

一、第一段

第一段的前两位表示省、自治区、直辖市、特别行政区。

第一段的中间两位表示市、地区、自治州、盟、直辖市所辖市辖区、县、省（自治区）直辖县级行政区划，其编码规则如下：

当增加此级行政区划时，在 添加行政区划 窗口显示的"类型"有如下选项：

（1）市。

（2）地区、自治州、盟。

（3）省（自治区）直辖县级行政区划。

（4）省本级。

当选择选项（1）时，其输入值只能为01～20、51～70。

当选择选项（2）时，其输入值只能为21～50。

当选择选项（3）时，其输入值只能为90。

当选择选项（4）时，其输入值只能为999，保存到第二段。例如，湖北的编码是430000000000，湖北的本级编码则为430000999000。

第一段的后两位表示县、自治县、县级市、旗、自治旗、市辖区、林区、特区，其校验规则如下：

当增加此级行政区划时，在 添加行政区划 窗口显示的"类型"有如下选项：

（1）市辖区、地区（自治州、盟）辖县级市、市辖特区以及省（自治区）直辖县级行政区划中的县级市。

（2）县、自治县、旗、自治旗、林区、地区辖特区。

（3）国家标准的省（自治区）辖县级市性质区划。

（4）非国家标准的单列区县级行政区划。

（5）地市本级。

当选择选项（1）时，其输入值只能为01～20。

当选择选项（2）时，其输入值只能为 21~80。

当选择选项（3）时，其输入值只能为 81~90。

当选择选项（4）时，其输入值只能为 91~99。

当选择选项（5）时，其输入值只能为 999，保存到第二段。例如，武汉的编码是430100000000，武汉的本级编码则为430100999000。

二、第二段

第二段的第一位为标识码，第二、三位为顺序码。

当增加此级行政区划时，在 添加行政区划 窗口显示的"类型"有如下选项：

（1）街道。

（2）镇。

（3）乡。

（4）政企合一的单位。

（5）开发区等非法定单位。

（6）区县本级。

当选择选项（1）时，其输入值只能为 001~099。

当选择选项（2）时，其输入值只能为 100~199。

当选择选项（3）时，其输入值只能为 200~399。

当选择选项（4）时，其输入值只能为 400~599。

当选择选项（5）时，其输入值只能为 600~699。

当选择选项（6）时，其输入值只能为 999。例如，武汉市江岸区的编码是 430102000000，武汉市江岸区的本级编码则为430102999000。

三、第三段

第三段的第一位为标识码，第二、三位为顺序码。

当增加此级行政区划时，在 添加行政区划 窗口显示的"类型"有如下选项：

（1）居民委员会。

（2）村民委员会。

（3）非法定的村居委会。

（4）本级所属单位。

（5）乡镇本级。

当选择选项（1）时，其输入值只能为 001~199。

当选择选项（2）时，其输入值只能为 200~399。

当选择选项（3）时，其输入值只能为 400~599。

当选择选项（4）时，其输入值只能为 800~899。

当选择选项（5）时，其输入值只能为 999。

第五章

社会救助信息管理系统基本模块

本章以由民政部全国最低生活保障信息系统项目办公室牵头、太极计算机股份有限公司负责设计开发的全国最低生活保障信息系统应用软件为例，详细介绍各个模块的功能与基本操作流程。

本章的学习目标是熟悉该系统不同模块的主要内容，掌握基本的操作，最终做到独立操作该系统。

《《《《《 **学习目标**

1. 熟悉社会救助信息管理系统各模块的内容。

2. 学会社会救助信息管理系统各模块的基本操作。

第一节　城市低保模块主要内容与基本操作

城市低保模块是全国最低生活保障信息系统应用软件中的重要模块，该模块主要提供用户和管理者进行业务操作。

一　城市低保模块主要内容

该模块主要包括新申请业务、资金发放业务、复查变更业务、批量复查登记业务、迁移业务、批量迁移业务、就业推荐业务、公益劳动业务、签到管理业务以及查询统计业务。

（一）新申请业务

当社区（村）用户打开城市低保模块时，默认显示新申请登记页面。页面工作区中包含：标签、编辑区、按钮三部分。其中标签包括登记、待办和已办，单击标签后，进入指定的标签页面。编辑区包括：家庭基本信息、家庭住房信息、家庭成员信息、家庭财产信息、赡扶抚养义务人员相关信息、相关的申请证明材料等信息。按钮包括保存和登记两个按钮。

（二）资金发放业务

该界面主要包括两项内容：维护发放信息和维护发放名册。在发放信息维护菜单下，包含银行账号和发放方式两方面信息的维护。这两方面的维护是保障资金发放的重要前提。

资金发放是以县（市、区）编制的确认资金发放名册作为社区（村）、街道（乡镇）进行查看、打印的根据。在发放名册中的维护菜单，如需要某个月的发放详单，可以在"查看发放明细"中进行导出。

（三）复查变更业务

复查变更用于实现对低保家庭待遇的变更受理、审查、审核、审批工作，包括因家庭收入发生变化或家庭人员情况发生变化等原因导致待遇调增、调减或停保，都可以通过复查变更功能进行办理。

（四）批量复查登记业务

批量复查登记是针对业务中半年审、年审等定期批量复查而开发的功能。只是对批量复查登记操作进行记录，不影响救助家庭的待遇信息。

（五）迁移业务

目前该系统只提供区县内的迁移，不支持垮区县迁移。如申请人跨区县迁移，则需要先在迁出地走复查程序，办理停保，然后到迁入地区重新申请。

（六）批量迁移业务

主要用于因拆迁等原因引起的批量迁移，对于因机构拆分或合并引起的批量迁移，在系统管理平台中与机构拆分或合并系统自动处理。

（七）就业推荐业务

社区（村）用户打开城市低保后，单击菜单日常管理，进入就业推荐登记页面，但是只有城市低保有劳动能力的人员才能进行就业推荐登记。此外，双击身份证号码，可查看该家庭享受过的所有历史救助信息。在该界面，可以增加和维护就业推荐信息，还可以根据条件查询本辖区所有申请家庭的信息。

（八）公益劳动业务

社区（村）用户打开城市低保后，单击菜单日常管理，进入公益劳动登记页面，只有城市低保有劳动能力的人员才能进行公益劳动登记，所以此列表只显示有劳动能力的城市低保人员。在该界面下，可以新增、修改和查询公益劳动信息。

（九）签到管理业务

社区（村）用户打开城市低保后，单击菜单日常管理，进入签到管理页面。在该业务界面，可以实现查询、打印资金签到表、登记签到和取消签到的功能。

（十）查询统计业务

查询统计分为救助查询、迁移对象查询、统计汇总和自定义查询四个功能区。

（1）救助查询分为低保家庭查询、低保对象查询、复查结果查询三个查询。低保家庭查询可以进行 Excel 导出并打印救助家庭名单；低保对象查询可以根据条件检索，导出 Excel 并打印救助人员名单；复查结果查询，是针对复查变更后的结果信息查询，可以单击左侧标签"复查结果查询"进入查询页面。

（2）迁移对象查询分为迁入对象查询和迁出对象查询。可以查询迁入到本地区的家庭信息和本地区已迁出的家庭信息。

（3）统计汇总包括汇总审批表、低保金拨款表、统计报表三部分。

（4）自定义查询。该功能主要实现根据不同的需求进行查询项和查询条件的自定义，只有在地区级以上用户使用。

二　城市低保模块基本操作

城市低保模块的基本操作与业务流程的环节相关，包括了新申请业务、资金发放业务、复查变更业务、批量复查登记业务、迁移业务、批量迁移业务、就业推荐业务、公益劳动业务、签到管理业务、查询统计业务的操作流程。

（一）新申请业务操作流程

新申请业务操作流程分为四个环节：调查环节、审查环节、审核环节、审批环节（见图5-1）。

（1）调查环节，个人提出申请，递交申请材料和家庭、个人信息，由社区（村）完成登记。

（2）审查环节，由社区（村）录入入户调查结果、评议内容以及办理结果等信息后上报申请。

（3）审核环节，由街道（乡镇）录入入户调查结果、审核结果信息后，可以上报或退回申请。

（4）审批环节，由区（县）录入入户调查结果、审批结果信息后，可以办结或退回申请。

（二）资金发放业务操作流程

发放方式与银行账号是资金发放的重要前提，因此需要优先维护这两部分信息，最后维护资金发放名册。

（1）单击资金发放与维护发放，进入系统默认发放方式维护列表界面，或者是通过单击左侧菜单进入。

设置查询条件进行查询时，单击查询选项，系统便会查询出符合条件的信息。当用户需要重置查询条件时，单击设置，清除已设置的条件，系统便会恢复初始查询条件。

（2）单击左侧菜单银行账号维护，设置查询条件，单击查询，系统将会查询符合条件的信息。

单击重置，清除已设置的条件，恢复初始查询条件。选中一条户主信息后，单击维护银行账号按钮，录入银行账号信息，单击保存，必填项等

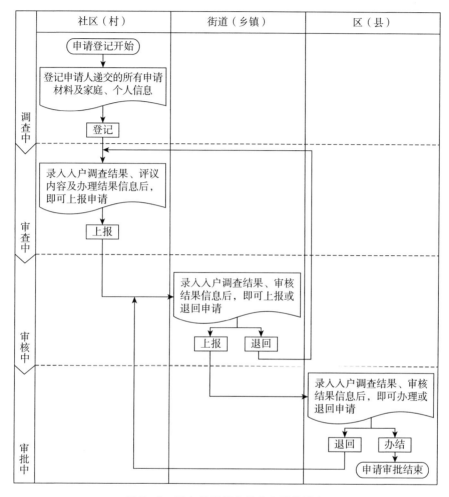

图 5 - 1　城市低保新申请业务操作流程

信息校验合法后，银行账号信息维护成功。注意：一个户主只能有一个有效银行账号信息。

（3）在维护资金发放名册时，需要县（市、区）编制发放名册。

首先，单击登记发放名册按钮，正确输入发放名册信息后，单击保存发放名册，发放名册登记成功。成功后，在列表中可见刚登记成功的发放名册，登记成功后的名册，系统自动将符合条件的救助对象设置为已选发放对象，在列表中可见本月发放名单中包含的发放户数及发放总金额等信息。通过选中最终确认的发放名册，单击确认发放名册按钮，系统给予提示信息，确定则系统执行确认操作，否则放弃确认。名册确认完成后，社区（村）、街道（乡镇）即可查看、打印发放名册。已确认发放的名册不可再次确认。

其次，如果发放户数或总金额与实际不符，说明存在未选择的发放对象。此时可以通过新增发放对象、删除发放对象两个功能，实现发放对象的设定。该功能可解决个别对象不给予发放的情况。具体流程是，在列表界面选中名册，单击新增发放对象按钮，勾选资金发放的对象，单击保存已发放对象，发放对象保存成功。单击保存本月所有发放对象，将选中本月要发放的所有对象。在待选择页面不可见已选的发放对象。单击界面右上角查看已选择的资金发放对象，可查看。单击新增资金发放对象，返回到发放对象选择界面。在列表界面选中名册，单击删除发放对象按钮，也可进入相关界面进行对象的删除操作。资金发放对象，在同一年月同一发放类型的名册中只能出现一次。

再次，要删除发放名册，可以选中要删除的发放名册，单击删除发放名册按钮，系统给予提示信息，确定删除则系统执行删除操作，否则放弃删除。已确认发放的名册不可删除。

最后，要查看发放明细，可以选中要查看的发放名册，单击查看发放明细按钮。系统在名册查看页面还提供了数据导出功能，且只支持 Excel 格式文档。单击列表下方的 EXL 导出按钮，可以导出部分或全部数据，则导出该发放名册中部分人员或者所有人员名单。

（4）在查询发放明细时，县（市、区）单击左侧菜单"查询发放明细"，查看已确认的资金发放户主名单。可以在这里进行导出每月的详细资金发放名单给银行。社区（村）、街道（乡镇）用户登录系统后，通过单击资金发放与维护发放名册，查看县（市、区）确认的资金发放户主名单。

（三）复查变更业务操作流程

复查变更业务操作流程分为三个环节：审查环节、审核环节、审批环节（见图 5-2）。

（1）审查环节，由社区（村）进行复查登记，登记申请人递交的新申请材料和家庭、个人信息，录入入户调查结果、评议内容以及办理结果等信息后上报申请。

（2）审核环节，由街道（乡镇）录入入户调查结果、审核结果信息后，可以上报或退回申请。

（3）审批环节，由县（市，区）录入入户调查结果、审批结果信息后，可以办结或退回申请。

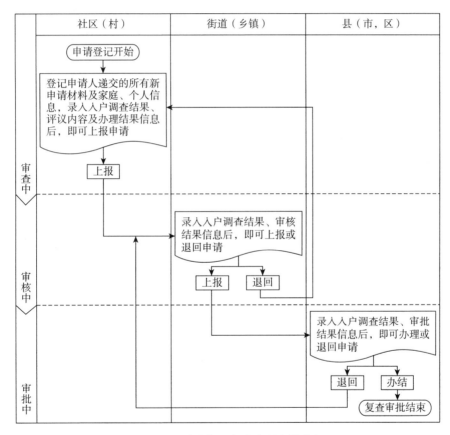

图 5-2　城市低保复查变更审批流程

（四）批量复查登记业务操作流程

1. 登记

在"批量复查登记"列表页面，社区（村）用户选中一条或多条要批量复查的家庭，单击批量复查登记按钮，显示批量复查登记页面，正确填写批量复查信息后，单击保存按钮，批量复查申请为审核状态，等待街道（乡镇）用户审核。此时该申请在"批量复查查询"中可查询到，但不可操作。

2. 审核

在"批量复查查询"列表页面，街道（乡镇）用户选中一条或多条待审核的申请，单击审核登记按钮，显示审核页面正确填写审核信息后，单击保存按钮，批量复查申请为审批状态，等待县（市、区）用户审批。如街道（乡镇）用户选中一条或多条待审核的申请，单击退回按钮，则要批量复查的申请被取消，社区（村）用户可在"批量复查登记"列表页面见退回的申请，可重新登记。

3. 审批

在"批量复查查询"列表页面，县（市、区）用户选中一条或多条待审批的申请，单击审批登记按钮，显示审批页面，正确填写审批信息后，单击保存按钮，批量复查申请为已审批状态。至此批量复查操作完成。如县（市、区）用户选中一条或多条待审批的申请，单击退回按钮，则要批量复查的申请被退回，状态变为审核，同时街道（乡镇）用户可在"批量复查查询"列表页面见退回的申请。

（五）迁移业务操作流程

迁移业务操作流程分为三个环节：审查环节、审核环节、审批环节（见图5-3）。

（1）审查环节，社区（村）进行迁出登记，登记申请人的迁入地及办理结果信息后上报申请。

（2）审核环节，由街道（乡镇）录入审核结果后，可以上报或退回申请。

（3）审批环节，由县（市、区）录入审批结果信息后，可以办结或退回申请。

（六）批量迁移业务操作流程

社区（村）用户在登记了批量迁移信息后，街道（乡镇）对其进行审核，县（市、区）进行审批。

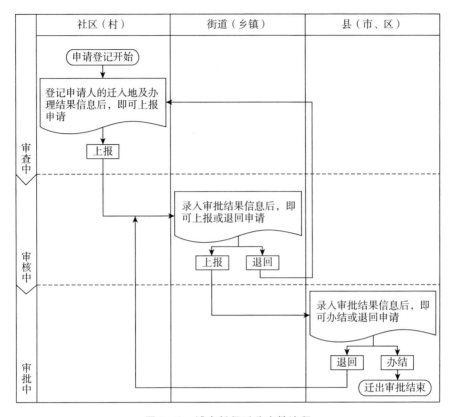

图 5 – 3　城市低保迁移审批流程

1. 登记

在"批量迁移登记"的列表页面，社区（村）用户选中一条或多条要批量迁移的家庭，单击批量迁移按钮，显示批量迁移登记页面，正确填写批量迁移信息后，单击保存按钮，批量迁移申请为审核状态，等待街道（乡镇）用户审核。此时该申请在"批量迁移查询"中可查询到，但不可操作。

2. 审核

在"批量迁移查询"列表页面，街道（乡镇）用户选中一条或多条待审核的申请，单击审核按钮，显示审核页面，正确填写审核信息后，单击保存按钮，批量迁移申请为审批状态，等待县（市、区）用户审批。如街道（乡镇）用户选中一条或多条待审核的申请，单击退回按钮，则要"批量迁移查询"的申请被取消，社区（村）用户可在"批量迁移登记"列表页面可见退回的申请，可重新登记。

3. 审批

在"批量迁移查询"列表页面，县（市、区）用户选中一条或多条待审批的申请，单击审批按钮，显示审批页面，正确填写审批信息后，单击保存按钮，批量迁移申请为已审批状态。至此，批量迁移操作完成。如县（市、区）用户选中一条或多条待审批的申请，单击退回按钮，则要批量迁移的申请被退回，状态变为审核，同时街道（乡镇）用户可在"批量迁移查询"列表页面见到退回的申请。"救助开始年月"为批量迁移成功后，在迁入地享受救助的开始年月。

（七）就业推荐业务操作流程

（1）登记推荐信息。在就业推荐列表中选择一条信息，单击登记，系统弹出登记页面。录入登记信息后，单击保存，当系统提示操作成功时，表示登记成功。

（2）维护推荐信息。单击"维护推荐信息"标签进入维护推荐信息页面。在"已推荐就业信息查询列表"中选择一条推荐信息，单击修改，弹出"修改就业推荐信息"页面，在"已推荐就业信息查询列表"中选择一条推荐信息，单击删除，可以删除就业推荐信息。

（3）不接受情况。是对就业推荐的推荐结果为"不接受"的人员进行统计的情况。单击"不接受情况"标签进入不接受就业推荐统计页面进行登记。

（八）公益劳动业务操作流程

（1）登记公益劳动。单击新增，系统弹出登记公益劳动信息页面，录入公益劳动信息后，单击新增参加人员，选择此次公益劳动参加人员。选择人员后，单击确定，完成人员新增，回到"登记公益劳动信息"页面，单击保存确认信息无误后，系统提示操作成功，公益劳动登记完成。

（2）查询劳动人员。单击"查询劳动人员"进入查询劳动人员界面。设置查询条件进行查询，系统将会显示符合条件的信息。若不设置查询条件时，查询本辖区所有劳动人员信息；设置多个查询条件时，可以查询同时满足多个条件的劳动人员信息；双击身份证号码，可查看该家庭享受过的所有历史救助信息。

（3）不参加情况。是对公益劳动的参加情况为"不参加"的人员进行统计的情况。单击"不参加情况"标签进入无故不参加公益劳动统计页面进行输入。

（九）签到管理业务操作流程

（1）查询。设置查询条件，单击查询按钮，系统将会显示符合条件的信息。若不设置查询条件时，查询本辖区所有信息；设置多个查询条件时，可以查询同时满足多个条件的信息。

（2）打印资金签到表。单击打印资金签到表，系统打印资金签到表页面，选择地区、签到年月后，单击打印进行打印。签到年月默认为系统当前年月。

（3）登记签到。在签到列表中选择一条或多条未签到信息，单击登记签到，单击确定后，签到成功。

（4）取消签到。在签到列表中选择一条或多条已签到信息，单击取消签到，单击确定后，取消签到成功。

（十）查询统计业务操作流程

（1）救助查询。打开城市低保后，单击菜单进入救助查询页面，系统默认是低保家庭查询页面。设置查询条件，单击左侧标签"低保家庭查询""低保对象查询""复查结果查询"按钮，系统查询符合条件的信息。

（2）迁移对象查询。单击菜单进入迁移对象查询页面，查询本地区已迁出家庭信息和迁入到本地区的家庭信息。

（3）统计汇总。打开城市低保后，单击菜单进入统计汇总页面，系统默认是汇总审批表页面，选择地区、年月后，单击统计，系统打印汇总审批表页面，单击打印表单进行打印。单击左侧标签"低保金拨款表"进入统计页面，选择地区、年月后，单击统计，系统打印低保金拨款表页面，单击打印表单进行打印。

农村低保模块主要内容与基本操作与城市低保模块基本一致，故省略。

第二节 城市医疗救助模块主要内容与基本操作

城市医疗救助是通过政府拨款和社会各界自愿捐助等多渠道筹资,对城市居民最低生活保障对象中未参加城镇职工基本医疗保险人员、已参加城镇职工基本医疗保险但个人负担仍然较重的人员以及其他特殊困难群众实行的医疗救助。城市医疗救助模块实现了城市医疗救助信息化的重要功能。

一 城市医疗救助模块主要内容

该模块主要包括资助参保业务、门诊医前救助业务、门诊医后救助业务、住院医前救助业务、住院医后救助业务、住院医中业务、临时医疗救助业务、查询统计业务和"一站式"救助结算业务。

（一）资助参保业务

资助参保是指民政部门对需要参加社会医疗保险的困难群众,按年度给予医疗保险救助。该业务就是将对困难群众的医疗保险救助结果录入系统。业务内容主要包括录入、查看救助信息以及查看历史。

（二）门诊医前救助业务

门诊医前救助业务主要实现民政部门对低保对象等患有疾病的困难群众申请医疗救助的功能,该功能本系统只提供救助结果录入功能。

（三）门诊医后救助业务

门诊医后救助主要实现民政部门对低保对象等困难群众门诊救治后,持费用单据申请救助的三级审批功能。该业务包括新申请、待办、已办等环节。

新申请包括新增和登记两部分内容,每部分都要完成保存和上报。社区（村）级与街道（乡、镇）的新申请与待办环节包括查询、打印、删除和上报四部分。社区（村）级与街道（乡、镇）的新申请与已办环节包括查询、查看申请信息和打印部分。县（市、区）级的新申请与待办环节包括查询、打印、办结和退回四部分,已办环节包括查询、查看申请信息和打印部分。

（四）住院医前救助业务

住院医前救助主要实现民政部门对低保对象等患有疾病，但无力承担大额住院费用的困难群众，申请救助的三级审批功能。与门诊救助类似，该业务包括新申请、待办、已办等环节。

新申请包括新增和登记两部分内容，每部分都要完成保存和上报。社区（村）级与街道（乡镇）的新申请与待办环节包括查询、打印、删除和上报四部分。社区（村）级与街道（乡镇）的新申请与已办环节包括查询、查看申请信息和打印部分。县（市、区）级的新申请与待办环节包括查询、打印、办结和退回四部分，已办环节包括查询、查看申请信息和打印部分。

（五）住院医后救助业务

住院医后救助主要实现民政部门对低保对象等困难群众患病住院后，持住院费用单据申请救助的三级审批功能。

该业务包括新申请、待办、已办等环节。新申请包括新增和登记两部分内容，每部分都要完成保存和上报。社区（村）级与街道（乡、镇）的新申请与待办环节包括查询、打印、删除和上报四部分。社区（村）级与街道（乡、镇）的新申请与已办环节包括查询、查看申请信息和打印部分。县（市、区）级的新申请与待办环节包括查询、打印、办结和退回四部分，已办环节包括查询、查看申请信息和打印部分。

（六）住院医中业务

住院医中业务包括医中认定登记、转院认定登记和转院报销登记。

民政部门规定需要认定后才能通过"一站式"在医院做结算的对象，需要通过住院医中认定登记业务进行认定。当医中认定对象从定点医院要转到非定点医院就医后，需要做转院登记。最后，通过转院报销登记可以完成对从定点医院转院到非定点医院就医的对象的花费进行救助。上述几项业务都包括查询、新增、登记和保存环节。

（七）临时医疗救助业务

临时医疗救助，主要实现民政部门对困难群众因临时有困难，提供临时医疗救助的三级审批功能。该业务包括新申请、待办、已办等环节。新申请包括新增和登记两部分内容，每部分都要完成保存和上报。社区（村）级与街道（乡、镇）的新申请与待办环节包括查询、打印、删除和上报四部分。社区（村）级与街道（乡、镇）的新申请与已办环节包括查询、查看申请信息和打印部分。县（市、区）级的新申请与待办环节包括查询、打印、办结和退回四部分，已办环节包括查询、查看申请信息和打印部分。

（八）查询统计业务

查询统计业务包括资助参保查询、门诊救助查询、住院救助查询、临时医疗救助查询、医院住院结算查询和住院医中查询。此外，还有统计汇总功能。

（九）"一站式"救助结算业务

"一站式"医疗救助系统主要是提供给医院用户使用，录入救助对象的医疗信息。"一站式"医疗救助系统由两部分功能组成：住院救助结算和门诊救助结算。

住院救助结算和门诊救助结算用于实现低保对象等符合救助条件的困难群众到医疗服务机构门诊看病时，由医疗服务机构直接结算救助对象自付金额，医疗救助金额由民政部定期和医疗服务机构进行结算。可以使用配置的医院用户登录系统，进入"一站式"医疗救助系统。

二 城市医疗救助模块的基本操作

城市医疗救助模块的基本操作与实际的业务相关，包括资助参保业务、门诊医前救助业务、门诊医后救助业务、住院医前救助业务、住院医后救助业务、住院医中业务、临时医疗救助业务、查询统计业务、"一站式"救助结算业务的操作流程。

（一）资助参保业务操作流程

以县（市、区）级用户进入城市医疗，默认显示资助参保页面。资助对象查询列表下不显示任何人员信息。当需要设置查询条件时，单击查询，系统将会根据所设定条件显示出符合条件的信息。当需要重置查询条件时，单击重置，系统将会清除已设置的条件，恢复初始查询条件。在不设查询条件的情况下，查询本辖区所有正常状态的城市低保、低收入人员信息。设置多个查询条件时，可以查询同时满足多个条件的人员信息。双击救助对象列表下显示的人员身份证号码，可以进行该人员历史待遇信息查看。

（1）录入结果。选中列表中的人员，单击录入结果按钮，系统弹出录入资助信息页面。录入资助信息中的数据项，单击保存，录入资助信息成功。录入操作一般仅县（市、区）级用户才有此操作权限，街道（乡、镇）和社区（村）级用户无此权限。资助参保是按年进行录入。

（2）查看救助信息。在"资助对象查询列表"下选中一条人员数据，单击查看救助信息，可以查看该人员的资助参保的详细信息。

（3）查看历史。在"资助对象查询列表"下，选中要查看的人员，双击该人员身份证号码，弹出历史信息查看页面。页面显示该人员所享受的所有历史救助信息，双击某行记录时，可进入查看历史详细信息的页面。

（二）门诊医前救助业务操作流程

单击门诊医前救助菜单栏下面的"门诊医前"，默认显示"门诊医前"页面，"救助对象查询列表"下不显示任何人员信息。当需要设置查询条件时，单击查询，系统将会根据所设定条件显示出符合条件的信息。当需要重置查询条件时，单击重置，系统将会清除已设置的条件，恢复初始查询条件。在不设查询条件的情况下，查询本辖区内属于城市低保、低收入的人员信息。设置多个查询条件时，可以查询同时满足多个条件的人员信息。双击救助对象列表下显示的人员身份证号码，可以进行该人员历史待遇信息查看。

（1）救助结果录入。选中列表人员，单击录入结果按钮，系统将会弹出录入救助信息页面，录入救助信息中的数据项，单击保存，录入救助信息成功。录入操作一般仅县（市、区）用户才有此操作权限，相同年月的只允许录入一次救助信息。

在救助方式中有"机构垫付金额"和"支付个人金额"两个选项：

"机构垫付金额"是指人员在门诊结算时，医院给垫付的最高金额。医院垫付的金额，最后由救助部门与医院进行结算。"支付个人金额"是指直接给该人员一定现金的救助。

（2）查看历史。在"救助对象查询列表"下，选中要查看的人员，双击该人员身份证号码，弹出历史信息查看页面，页面显示该人员所享受的所有历史救助信息，双击某行记录时，可进入查看历史详细信息的页面。

（三）门诊医后救助业务操作流程

1. 新申请

（1）新增。单击门诊救助菜单栏下面的门诊医后按钮，单击新增按钮，进入申请页面，申请页面包括五部分内容：申请基本信息、相关救助信息、申请证明材料、人员保障性支出信息、入户调查/民主评议/公示结果信息。新增功能一般针对的是救助列表中不存在的申请人信息。

录入申请人相关信息后，单击保存按钮，系统弹出提示信息，申请人信息保存成功，单击到待办页面，待办业务列表下显示该申请人的数据信息且业务状态显示为"审查中"。申请证明材料只有在申请基本信息被保存成功后，才能进行新增操作；建议救助金额是通过规则自动计算得出，不允许手工录入。录入申请人相关信息后，直接单击上报按钮，上报成功，页面跳转到待办页面。单击到已办页面，已办业务列表下显示该申请人的数据信息。上报成功后，待办列表中不会显示该申请信息，而是在已办中显示。申请页面的救助对象列表中不会显示该办理中的人员申请信息。

（2）登记。在"医后救助申请"页面，单击查询按钮，救助对象列表下显示所有正常状态人员的信息，选中列表中需要办理的救助对象后，单击登记按钮，进入申请登记页面。

修改完申请人的申请页面的所有相关信息后，单击保存按钮，系统弹出提示信息，申请人信息保存成功，单击到待办页面，待办业务列表下显示该申请人的数据信息。录入申请人相关信息后，直接单击上报按钮，该申请人的数据信息被显示在已办业务列表下。

2. 待办

单击待办菜单，进入待办页面，默认显示所有待办的申请信息。如果办理状态为"退回审查中",单击办理对象的办理状态后的名片按钮,可以查看该退回原因详细信息。当需要设置查询条件时,单击查询,系统将会根据所设定条件显示出符合条件的信息。当需要重置查询条件时,单击重置,系统将会清除已设置的条件,恢复初始查询条件。在"待办业务列表"页面选中一条待办申请,单击打印,弹出打印管理信息。不同阶段所看到的打印选项是不同的,办理状态为"审查中",能够打印公示表和申请审批表。在"待办业务列表"页面选中一条待办申请,单击办理按钮,进入办理页面。单击上报按钮,该申请人的数据信息被显示在已办业务列表下。办理状态显示为"审核中"。如下级上报的资料信息不完整或不清楚,需要退回由下级重新补充完整。如不是因为这些原因,只是本级给的审核意见就是为"不同意",便无须退回该申请,此时必须上报。待填写完退回意见后,单击退回即可,此时该数据的办理状态为"退回审查中",系统自动转到"新申请待办列表"页面。在下级(社区级)待办事项列表中显示该数据。

3. 已办

单击已办菜单,进入已办页面,在"已办业务列表"页面选中一条已办任务,单击查看申请信息,可以打开该申请人详细信息。在"待办业务列表"页面选中一条待办申请,单击,进入办理页面。输入审批意见信息的信息项后,单击办结按钮,该申请人的数据信息被显示在已办业务列表下,办理状态显示为"审批结束"。如下级上报的资料信息不完整或不清楚,需要退回由下级重新补充完整。如不是这些原因,只是本级给的审批意见就是为"不同意",则不需要退回该申请,办结即可。填写完退回意见后,单击退回按钮,退回成功,此时该数据的办理状态为"退回审核中",系统自动转到"新申请待办列表"页面。在下级(街道级)待办事项列表中显示该数据。

(四)住院医前救助业务操作流程

1. 新申请

(1)新增。单击住院救助菜单栏下面的住院医前按钮,单击新增按钮,进入申请页面,申请页面包括五部分内容:申请基本信息、申请证明材料、人员保障支出信息、入户调查/民主评议/公示结果信息。

录入申请人相关信息后，单击保存按钮，系统弹出提示信息，申请人信息保存成功，单击到待办页面，待办业务列表下显示该申请人的数据信息且业务状态显示为"审查中"。申请证明材料只有在申请基本信息被保存后，才能进行新增操作；建议救助金额是根据平台的配置而显示为是否可以手工录入，一般住院医前不使用此规则。录入申请人相关信息后，直接单击上报按钮，上报成功，页面跳转到待办页面。单击到已办页面，已办业务列表下显示该申请人的数据信息。上报成功后，待办列表中不会显示该申请信息，而是在已办中显示。申请页面的救助对象列表中不会显示该办理中的人员申请信息。

（2）登记。在"医前救助申请"页面，单击查询按钮，救助对象列表下显示所有正常状态人员的信息，选中列表中需要办理的救助对象后，单击登记按钮，进入申请登记页面。

修改完申请人的申请页面的所有相关信息后，单击保存按钮，系统弹出提示信息，申请人信息保存成功，单击到待办页面，待办业务列表下显示该申请人的数据信息。录入申请人相关信息后，直接单击上报按钮，该申请人的数据信息被显示在已办业务列表下。

2. 待办

单击待办菜单，进入待办页面，默认显示所有待办的申请信息。如果办理状态为"退回审查中"，单击办理对象的办理状态后的名片按钮，可以查看该"退回原因"的详细信息。当需要设置查询条件时，单击查询，系统将会根据所设定条件显示出符合条件的信息。当需要重置查询条件时，单击重置，系统将会清除已设置的条件，恢复初始查询条件。在"待办业务列表"页面选中一条待办申请，单击打印，弹出打印管理信息。不同阶段所看到的打印选项是不同的，办理状态为"审查中"，能够打印公示表和申请审批表。在"待办业务列表"页面选中一条待办申请，单击删除按钮，该待办申请被删除。在"待办业务列表"页面选中一条待办申请，单击办理按钮，进入办理页面。单击上报按钮，该申请人的数据信息被显示在已办业务列表下。办理状态显示为"审核中"。如下级上报的资料信息不完整或不清楚，需要退回由下级重新补充完整。如不是因为这些原因，只是本级给的审核意见就是为"不同意"，无须退回该申请，必须上报。填写完退回意见后，单击退回按钮即可，此时该数据的办理状态为"退回审查中"，系统自动转到"新申请待办列表"页面。在下级（社区级）待办事项列表中显示该数据。

3. 已办

单击已办菜单，进入已办页面，在"已办业务列表"页面选中一条已办任务，单击查看申请信息，可以打开该申请人详细信息。在"待办业务列表"页面选中一条待办申请，单击，进入办理页面。输入审批意见信息的信息项后，单击办结按钮，该申请人的数据信息被显示在已办业务列表下，办理状态显示为"审批结束"。如下级上报的资料信息不完整或不清楚，需要退回由下级重新补充完整。如不是因为这些原因，只是本级给的审批意见就是为"不同意"，则不需要退回该申请，办结即可。填写完退回意见后，单击退回按钮，退回成功，此时该数据的办理状态为"退回审核中"，系统自动转到"新申请待办列表"页面。在下级（街道级）待办事项列表中显示该数据。

（五）住院医后救助业务操作流程

1. 新申请

（1）新增。单击住院医后救助菜单栏下面的住院医后按钮，单击新增按钮，进入申请页面，申请页面包括五部分内容：申请基本信息、相关救助信息、申请证明材料、人员保障性支出信息、入户调查/民主评议/公示结果信息。新增功能一般针对的是救助列表中不存在的申请人信息。

录入申请人相关信息后，单击保存按钮，系统弹出提示信息，申请人信息保存成功，单击到待办页面，待办业务列表下显示该申请人的数据信息且业务状态显示为"审查中"。申请证明材料只有在申请基本信息被保存成功后，才能进行新增操作；建议救助金额是通过规则自动计算得出，不允许手工录入。

录入申请人相关信息后，直接单击上报按钮，上报成功，页面跳转到待办页面。单击到已办页面，已办业务列表下显示该申请人的数据信息。上报成功后，待办列表中不会显示该申请信息，而是在已办中显示。申请页面的救助对象列表中不会显示该办理中的人员申请信息。

（2）登记。在"住院医后救助申请"页面，单击查询按钮，救助对象列表下显示所有正常状态人员的信息，选中列表中需要办理的救助对象后，单击登记按钮，进入申请登记页面。

修改完申请人的申请页面的所有相关信息，单击保存按钮，系统弹出提示信息，申请人信息保存成功，单击到待办页面，待办业务列表下显示该申请人的数据信息。录入申请人相关信息后，直接单击上报按钮，该申请人的数据信息被显示在已办业务列表下。

2. 待办

单击待办菜单，进入待办页面，默认显示所有待办的申请信息。如果办理状态为"退回审查中"，单击办理对象的办理状态后的名片按钮，可以查看该退回原因详细信息。当需要设置查询条件时，单击查询，系统将会根据所设定条件显示出符合条件的信息。当需要重置查询条件时，单击重置，系统将会清除已设置的条件，恢复初始查询条件。不同阶段所看到的打印选项是不同的，办理状态为"审查中"，能够打印公示表和申请审批表。在"待办业务列表"页面选中一条待办申请，单击删除按钮，该待办申请被删除。在"待办业务列表"页面选中一条待办申请，单击办理按钮，进入办理页面。单击上报按钮，该申请人的数据信息被显示在已办业务列表下。办理状态显示为"审核中"。如下级上报的资料信息不完整或不清楚，需要退回由下级重新补充完整。如不是因为这些原因，只是本级给的审核意见就是为"不同意"，无须退回该申请，必须上报。填写完退回意见后，单击退回按钮即可，此时该数据的办理状态为"退回审查中"，系统自动转到"新申请待办列表"页面。在下级（社区级）待办事项列表中显示该数据。

3. 已办

单击已办菜单，进入已办页面，在"已办业务列表"页面选中一条已办任务，单击查看申请信息，可以打开该申请人详细信息。在"待办业务列表"页面选中一条待办申请，进入办理页面。输入审批意见信息的信息项后，单击办结按钮，该申请人的数据信息被显示在已办业务列表下，办理状态显示为"审批结束"。如下级上报的资料信息不完整或不清楚，需要退回由下级重新补充完整。如不是因为这些原因，只是本级给的审批意见就是为"不同意"，无须退回该申请。填写完退回意见后，单击退回按钮即可，此时该数据的办理状态为"退回审核中"，系统自动转到"新申请待办列表"页面。在下级（街道级）待办事项列表中显示该数据。

（六）住院医中业务操作流程

1. 医中认定登记

单击住院医中菜单，默认显示医中认定登记页面。单击新增按钮，进入申请页面，申请页面包括两部分内容：认定基本信息、认定审批信息。新增功能针对的是救助对象列表中不存在的申请人信息。选中需救助的对象，单击登记按钮，进入申请登记页面，登记功能针对的是救助对象列表中显示的申请人信息。自动提取的申请人姓名、身份证号码、出生日期、性别和年龄不允许修改。医中认定相关信息页面，录入申请人相关信息后，单击保存按钮，系统弹出提示信息，申请人信息保存成功，系统转到医中认定的默认登记页面。住院医中认定查询页面可以查询到登记成功的信息。

2. 转院认定登记

选中列表中需要办理的救助对象后，单击登记按钮，进入申请登记页面，转院登记相关信息页面，录入申请人相关信息后，单击保存按钮，系统弹出提示信息，申请人信息保存成功，系统转到转院登记的默认登记页面。转院查询页面可以查询到转院登记成功的信息。登记完成后，该救助对象自动默认为转院登记审批通过。

3. 转院报销登记

选中列表中需要办理的救助对象后，单击登记按钮，进入申请登记页面，登记功能针对的是已经转院登记过的人员。登记页面自动提取的家庭基本信息，就诊医院不允许修改，同时结算信息的救助金额根据所配置的规则进行计算后，自动显示。转院登记相关信息页面，录入申请人相关信息、结算信息后，单击计算保障金按钮，救助金额和个人自付金额根据所配置的规则进行计算后，自动显示出来。单击保存按钮，系统弹出提示信息，申请人信息保存成功，系统转到转院报销登记的默认登记页面。转院报销查询页面可以查询到转院报销登记成功的信息。

（七）临时医疗救助业务操作流程

1. 新申请

（1）新增。单击临时医疗菜单栏，默认显示临时医疗申请页面，单击新增按钮，进入申请页面。录入申请人相关信息后，单击保存按钮，系统弹出提示信息，申请人信息保存成功，单击到待办页面，待办业务列表下显示该申请人的数据信息且业务状态显示为"审查中"。

录入申请人相关信息后，直接单击上报按钮，上报成功，页面跳转到待办页面。单击到已办页面，已办业务列表下显示该申请人的数据信息。上报成功后，待办列表中不会显示该申请信息，而是在已办中显示。申请页面的救助对象列表中不会显示该办理中的人员申请信息。

（2）登记。在"临时医疗申请"页面，单击查询按钮，救助对象列表下显示所有正常状态人员的信息，选中列表中需要办理的救助对象后，单击登记按钮，进入申请登记页面。

修改完申请人的申请页面的所有相关信息，单击保存按钮，系统弹出提示信息，申请人信息保存成功，单击到待办页面，待办业务列表下显示该申请人的数据信息。录入申请相关信息后，直接单击上报按钮，该申请人的数据信息被显示在已办业务列表下。

2. 待办

单击待办菜单，进入待办页面，默认显示所有待办的申请信息。如果办理状态为"退回审查中"，单击办理对象的办理状态后的名片按钮，可以查看该退回原因详细信息。设置查询条件，单击查询按钮，系统查询符合条件的信息。需要重新设置查询条件时，单击重置，清除已设置的条件，恢复初始查询条件。

在"待办业务列表"页面选中一条待办申请，单击打印，弹出打印管理信息。不同阶段所看到的打印选项是不同的，办理状态为"审查中"，能够打印公示表和申请审批表。在"待办业务列表"页面选中一条待办申请，单击删除按钮，该待办申请被删除。在"待办业务列表"页面选中一条待办申请，单击办理按钮，进入办理页面。单击上报按钮，该申请人的数据信息被显示在已办业务列表下。办理状态显示为"审核中"。如下级上报的资料信息不完整或不清楚，需要退回由下级重新补充完整。如不是因为这些原因，只是本级给的审核意见就是为"不同意"，则不需要退回该申请，必须上报。填写完退回意见后，单击退回按钮，退回成功，此时该数据的办理状态为"退回审查中"，系统自动转到"新申请待办列表"页面。在下级（社区级）待办事项列表中显示该数据。

3. 已办

单击已办菜单，进入已办页面，在"已办业务列表"页面选中一条已办任务，单击查看申请信息，可以打开该申请人详细信息。在"待办业务列表"页面选中一条待办申请，进入办理页面。输入审批意见信息的信息项后，单击办结按钮，该申请人的数据信息被显示在已办业务列表下，办理状态显示为"审批结束"。如下级上报的资料信息不完整或不清楚，需要退回由下级重新补充完整。如不是因为这些原因，只是本级给的审批意见就是为"不同意"，则不需要退回该申请，办结即可。填写完退回意见后，单击退回按钮，退回成功，此时该数据的办理状态为"退回审核中"，系统自动转到"新申请待办列表"页面。在下级（街道级）待办事项列表中显示该数据。

（八）查询统计业务操作流程

1. 救助查询

（1）资助参保查询。单击查询统计→救助查询→资助参保查询菜单。根据输入的查询条件，单击查询按钮，资助待遇列表下显示满足条件的人员的资助参保信息。

（2）门诊救助查询。单击查询统计→救助查询→门诊救助查询菜单，根据输入的查询条件，单击查询按钮，救助待遇列表下显示满足条件的人员的门诊医前救助待遇信息。显示的人员信息必须是在审批通过的门诊医后的人员数据信息。社区（村）、街道（乡镇）和县（市、区）的人员都有救助查询的功能，但只能查询本级及下级的数据。

（3）住院救助查询。单击查询统计→救助查询→住院救助查询菜单，根据输入的查询条件，单击查询按钮，救助待遇列表下显示满足条件的人员的住院医前救助待遇信息。

（4）临时医疗救助查询。单击查询统计→救助查询→临时医疗救助查询菜单，根据输入的查询条件，单击查询按钮，救助待遇列表下显示满足条件的人员的临时医疗救助待遇信息。

（5）医院住院结算查询。单击查询统计→救助查询→医院住院结算查询菜单，默认救助待遇列表下不显示任何人员信息，输入查询条件后，单击查询按钮，显示满足条件的人员信息。显示的人员信息必须是在"一站式"结算进行结算过的人员数据信息。

（6）住院医中查询。单击查询统计→救助查询→住院医中查询菜单，根据输入的查询条件，单击查询按钮，医中认定列表下显示满足条件的人员的医中认定信息。单击左侧转院查询菜单，转院认定列表下显示满足条件的人员的转院认定信息。单击左侧转院报销查询菜单，可以查询满足条件的人员的转院报销信息。

2. 统计汇总

单击查询统计菜单栏下面的统计汇总菜单，默认显示救助情况统计表页面。选择地区、救助业务、救助年月后，单击统计，系统显示救助情况统计表页面，单击左侧标签"统计报表"进入统计页面操作。

（九）"一站式"救助结算业务操作流程

1. 住院救助结算

（1）登记。录入身份证号码，系统弹出提示信息，单击确定按钮，系统自动提取显示出该人员的相关信息项，录入就诊信息/费用明细信息、结算信息后，单击结算，系统弹出提示信息，结算成功。

单击业务配置→救助业务配置（"＊民政局"右键菜单的选项）→城市（农村）住院医中后，出现如下设置页面，通过"是否需要民政部门认定"来设定对象是否需要认定后才可以在医院直接进行救助结算。无须认定的对象，直接输入其身份证号码，系统即可读取基本信息；如须认定，认定的对象系统才可通过其身份证号码读取基本信息，否则系统提示无法提取；救助金额、个人自付金额是根据平台配置的规则自动计算，不允许修改。

（2）查询。单击菜单栏的救助结算查询按钮，进入住院救助结算查询页面，默认救助待遇列表下不显示任何人员信息，输入查询条件后，单击查询，显示满足条件的人员信息。

2. 门诊救助结算

（1）登记。单击菜单栏的门诊救助结算，进入门诊救助结算登记页面，录入身份证号码，系统弹出提示信息，单击确定按钮，系统自动提取显示出该人员的相关信息项，录入就诊明细信息、领药明细信息、结算信息后，单击结算，系统弹出提示信息，结算成功。

录入的身份证号码必须是门诊医前机构垫付的救助对象，否则，系统会给出提示信息。输入的就诊信息、领药信息是在基础数据管理中的药品信息中进行维护。救助金额、个人自付金额是根据平台配置的规则自动计算，不允许修改。

（2）查询。单击菜单栏的救助结算查询按钮，进入门诊救助结算查询页面，默认救助待遇列表下不显示任何人员信息，输入查询条件后，单击查询，显示满足条件的人员信息。

农村医疗救助模块的主要内容与基本操作与城市医疗救助模块基本一致，故省略。

第三节　专项救助模块主要内容与基本操作

专项救助模块是实现社会专项救助的重要模块，该模块提供了所有专项救助业务的操作接口，包括了教育救助、住房救助等不同的救助业务。

一　专项救助模块主要内容

专项救助包含教育救助、住房救助及其他专项救助（物价补贴、取暖补贴、节日补贴、粮油帮困等）。系统针对教育救助、住房救助提供两种办理方式，一是三级审批流程，一是直接录入救助的结果信息。而其他专项救助只提供救助结果录入的功能。

（一）教育救助业务界面

由民政部门审批的教育救助在教育救助业务界面完成办理。三级审批包括社区（村）、街道（乡镇）和县（市、区）三级进行的登记、待办和已办环节。若由教育部门救助的人员救助信息，可以在教育救助的救助结果直接录入，方便全面掌握该人员的相关救助信息，故结果录入界面包括直接录入和查看两部分。

（二）住房救助业务界面

由民政部门审批的住房救助在住房救助业务界面完成办理，如农村的危房改造。三级审批包括社区（村）、街道（乡镇）和县（市、区）三级进行的登记、待办和已办环节。若由住房保障部门救助的家庭救助信息，则可以在住房救助的救助结果录入部分直接进行录入，这样可以全面掌握该家庭的相关救助信息。

（三）其他专项救助业务界面

其他专项救助，即针对节日补贴、粮油帮困等救助提供入口。

二　专项救助模块的基本操作

专项救助模块的基本操作，与专项救助的业务流程相关。包括了区（村）进行登记或新增，登记申请人递交的申请信息，录入救助信息及办理信息等后上报申请的审查环节，还包括了由街道（乡镇）录入入户调查结果、审核结果信息后，可以上报或退回申请的审查环节。

（一）教育救助业务操作流程

教育救助业务操作流程分为 3 个环节：审查环节、审核环节、审批环节（见图 5 - 4）。

（1）审查环节，由社区（村）进行登记或新增，登记申请人递交的申请信息，录入救助信息及办理信息等后上报申请。

（2）审核环节，由街道（乡镇）录入入户调查结果、审核结果信息后，可以上报或退回申请。

（3）审批环节，由县（市、区）录入入户调查结果、审批结果信息后，可以办结或退回申请。

若由教育部门救助的人员救助信息，在教育救助（救助结果录入）直接进行录入。这样可以全面正确掌握该人员的相关救助信息。

①直接录入救助信息。选中一条申请人信息，单击录入结果，进入结

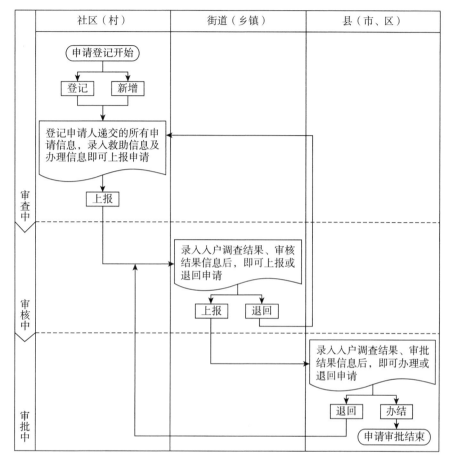

图 5 - 4　教育救助业务操作流程

果录入界面，正确录入救助信息后，单击保存，系统保存信息，该申请人即开始享受教育救助。在救助查询中查询到该申请人的救助待遇信息。已选择的救助年月如正在享受，系统会给予提示信息，即不可重复享受。

②查看教育救助信息。选中一条申请人信息，单击查看救助信息，弹出教育救助信息查看界面。

（二）住房救助业务操作流程

住房救助业务操作流程分为 3 个环节：审查环节、审核环节、审批环节（见图 5 - 5）。

（1）审查环节，由社区（村）进行登记或新增，登记申请人递交的申请信息，录入救助信息及办理信息等后上报申请。

（2）审核环节，由街道（乡镇）录入入户调查结果、审核结果信息后，可以上报或退回申请。

（3）审批环节，由县（市、区）录入入户调查结果、审批结果信息后，可以办结或退回申请。

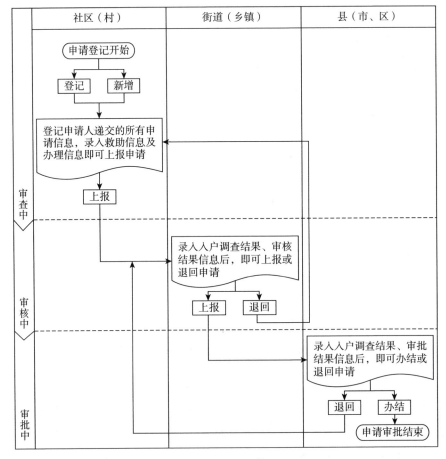

图 5 - 5 住房救助业务操作流程

若由住房保障部门救助的家庭救助信息，则可以在住房救助的救助结果录入部分直接进行录入。

①直接录入救助信息。选中一条申请人信息，单击录入结果，进入结果录入界面，正确录入救助信息后，单击保存，系统保存信息，该申请人即开始享受住房救助。在救助查询中查询到该申请人的救助待遇信息。已

选择的救助年月如正在享受，系统会给予提示信息，即不可重复享受。

②查看历史救助信息。选中一条申请人信息，单击查看救助信息，弹出住房救助信息查看界面。

（三）其他专项救助业务界面

县（市、区）级用户单击其他专项的救助结果录入，设置查询条件，单击查询，系统查询符合条件的信息。需要重新设置查询条件时，单击重置，清除已设置的条件，恢复初始查询条件。在列表中双击身份证号码，弹出家庭救助待遇历史信息。

（1）直接录入救助信息。选中一条申请人信息，单击录入结果，进入结果录入界面。单击其他救助详细信息右侧的新增按钮来添加详细救助信息。如要删除已添加的详细救助信息，单击该记录后面的删除按钮即可完成删除操作。正确录入救助信息后，单击保存，系统保存信息，该申请人即开始享受住房救助。在救助查询中查询到该申请人的救助待遇信息。救助详细信息中"救助待遇名称"里的选项是根据救助基本信息中"救助业务"的选项值变化的。

（2）查看其他专项救助信息。选中一条申请人信息，单击查看救助信息，弹出其他专项救助信息查看界面。

第四节　临时救助模块主要内容与基本操作

临时救助模块，是针对临时救助制度而建立的模块，它包括了临时救助办理过程中的所有业务流程。

一　临时救助模块主要内容

临时救助，主要是针对临时有困难的对象，提供救助申请的入口。包含现金及实物的救助。按业务层次可分为社区（村）级业务、街道（乡镇）级业务和县（市、区）级业务。

二　临时救助模块的基本操作

临时救助模块的基本操作，与临时救助业务办理的流程相关。临时救助模块的基本操作包括了社区（村）级业务、街道（乡镇）级业务、县（市、区）级业务的操作流程。

（一）社区（村）级业务操作流程

1. 社区（村）级申请登记

社区（村）级用户打开临时救助页面，默认显示申请登记页面。在临时救助查询处，不输入任何查询条件，可以查询到系统中所有家庭的信息。设置查询条件，单击查询按钮，系统查询符合条件的信息。需要重新设置查询条件时，单击重置，清除已设置的条件，恢复初始查询条件。

（1）新增。针对的是系统中没有的申请人信息，单击新增，来完成临时救助申请信息的记录操作。

（2）登记。针对的是系统中已存在申请人信息，选中该申请人，单击登记来完成临时救助申请信息的记录操作。

（3）新增与登记的信息项完全一致。但新增界面的信息项均为初始清空状态且家庭成员基本信息右侧的新增按钮为不可用状态。而登记界面的家庭、人员等基本信息系统会自动读取已有的最新信息。

录入信息后，单击保存按钮，系统提示保存成功，在待办页面中可以查看到已经保存的申请信息。如果不单击保存按钮，单击上报按钮，系统弹出确认提示，单击确定按钮后，系统弹出对话框提示上报成功，系统将自动转到待办事项列表页面，但必须先完善户主信息才能上报。如果该人曾经享受过救助，单击家庭历史信息后，显示目前正在享受或曾经享受过的信息，如果该人历史没有享受过相关信息，单击家庭历史信息后，系统提示"该家庭没有享受过任何救助待遇"。也可通过在临时救助列表中双击身份证号码查看家庭及成员的所有历史救助信息。

2. 社区（村）级申请待办

单击左侧待办标签，进入待办页面。单击查询按钮，系统查询符合条件的信息。需要重新设置查询条件时，单击重置，清除已设置的条件，恢复初始查询条件。不设置查询条件时，查询本辖区所有申请家庭信息；设置多个查询条件时，可以查询同时满足多个条件的申请家庭信息。

选择一条待办业务单击办理按钮，系统进入办理页面，录入完毕申请的相关信息后，单击上报，系统给予提示信息，确定后系统界面转至待办列表，该申请信息的状态变为"审核中"。此时在待办列表中查看不到该申请，在已办列表可见。表明社区（村）已完成对该申请的办理。在"申请待办列表"页面的结果列表中，可以看到办理状态对应的结果中显示"退回审查中"的数据，然后单击名片图标打开该退回原因详细信息。

3. 社区（村）级申请已办

单击左侧已办菜单，可以看到刚刚办理的申请。单击查看申请信息按钮，选择一条待办业务单击打印按钮，系统弹出打印管理对话框。

（二）街道（乡镇）级业务操作流程

1. 街道（乡镇）级申请待办

街道（乡镇）级用户打开临时救助页面，默认显示申请登记页面，在"新申请待办列表"页面选中一条待办申请，单击办理，进入办理页面，正确填写审核信息及救助信息后，单击上报按钮，成功后该申请的办理状态为"审批中"，系统自动转到"申请待办列表"页面。在上级县（市、区）级待办事项列表中显示该数据。正确填写审核信息及救助信息后，单击办结，成功后，此时该数据的办理状态为"审批结束"，该申请办理结束，无须县（市、区）级用户办理。如下级上报的资料信息不完整或不清楚，需要退回由下级重新补充完整。如不是因为这些原因，只是本级给的审核意见就是为"不同意"，则不需要退回该申请，必须上报。正确填写审核信息后，单击退回，成功后该申请的办理状态为"退回审查中"，系统自动转到"新申请待办列表"页面。在下级［社区（村）级］待办事项列表中显示该数据。

2. 街道（乡镇）级申请已办

单击左侧已办菜单，可以看到刚刚办理的申请。

（三）县（市、区）级业务操作流程

1. 县（市、区）级申请待办

县（市、区）级用户打开临时救助页面，默认显示申请登记页面，在

"新申请待办列表"页面选中一条待办申请，单击办理，进入办理页面。

（1）办结。正确填写审核信息及救助信息后，单击办结，成功后此时该数据的办理状态为"审批结束"，该申请办理结束。

（2）退回。如下级上报的资料信息不完整或不清楚，需要退回由下级重新补充完整。如不是因为这些原因，只是本级给的审批意见就是为"不同意"，则不需要退回该申请，办结。正确填写审核信息后，单击退回，成功后该申请的办理状态为"退回审核中"，系统自动转到"新申请待办列表"页面。在下级［街道（乡镇）级］待办事项列表中显示该数据。退回操作，"审核结果"只能选择不同意。

2. 县（市、区）级申请已办

单击左侧已办菜单，可以看到刚刚办理的申请。

本章小结

本章详细介绍了全国最低生活保障信息系统应用软件各个模块的功能与基本操作流程。主要模块包括城市低保模块、城市医疗救助模块、专项救助模块以及临时救助模块。

城市低保模块主要包括新申请业务、资金发放业务、复查变更业务、批量复查登记业务、迁移业务、批量迁移业务、就业推荐业务、公益劳动业务、签到管理业务以及查询统计业务。

城市医疗救助模块主要包括资助参保业务、门诊医前救助业务、门诊医后救助业务、住院医前救助业务、住院医后救助业务、住院医中业务、临时医疗救助业务、查询统计业务和"一站式"救助结算业务。

专项救助模块包含教育救助、住房救助及其他专项救助（物价补贴、取暖补贴、节日补贴、粮油帮困等）。

临时救助模块针对临时有困难的对象，提供救助申请的入口，包含现金及实物的救助。

本章详细讲解了不同模块的基本操作，并按照社区（村）级业务、街道（乡镇）级业务和县（市、区）级业务的业务层次，重点介绍了不同管理层级的操作。

思考题

1. 城市低保模块的主要业务有哪些? 不同的业务之间是否有交叉?

2. 专项救助模块中的教育救助业务包含哪些内容?

3. 与其他救助模块相比, 临时救助的模块操作有哪些不同之处?

扩展阅读

新余市企业军转干部医疗专项救助暂行办法

第一章　总则

第一条　根据《中共中央办公厅、国务院办公厅转发人事部等部门的通知》(中办发〔2003〕29 号)、《中共江西省委办公厅、省政府办公厅转发原省人事厅等部门的通知》(赣办发〔2003〕13 号) 和《江西省人力资源和社会保障厅、省财政厅关于进一步开展企业军转干部医疗专项救助的通知》(赣人社发〔2015〕22 号) 等文件精神, 结合我市实际, 制定本办法。

第二条　本办法所称医疗专项救助是指政府对因病而无经济能力进行治疗或因支付医疗费用数额巨大而陷入困境的企业军转干部实施专项帮助和经济支持的一项社会救助制度。

第三条　救助原则

(一) 分级负责、属地管理;

(二) 救急救难、公平公正;

(三) 救助制度应与本地职工基本医疗保险、大病医疗保险等制度相衔接;

(四) 因地制宜, 量力而行, 多渠道筹措救助资金;

(五) 医疗救助执行《江西省基本医疗保险、工伤保险和生育保险药品目录》、《江西省基本医疗保险诊疗目录、医疗服务设施范围和支付标准目录》 的规定。

第二章　救助对象、范围及标准

第四条　救助对象。本办法适用于 2000 年 12 月 31 日前由部队转业安置到我市企业工作的军队转业干部（含退休、在岗、失业人员），已享受《江西省一至六级残疾军人医疗保障办法》（赣民字〔2006〕32号）（以下简称《办法》）有关待遇和离休待遇的企业军转干部，不再享受本救助政策。具体包括：

（一）市属国有企业或国有控股企业军转干部；

（二）原市属国有或国有控股且已关闭、破产、改制企业军转干部；

（三）市属大集体企业（含已关闭、破产、改制企业）军转干部；

（四）已参加职工医疗保险市级统筹的中央、省属企业军转干部；

（五）其他按政策规定应纳入的企业军转干部。

第五条 救助范围。

救助对象在我市医保定点医疗机构住院和门诊治疗十六种慢性病所发生的医疗费用，经城镇职工基本医疗保险、大病医疗保险等相关保险（以下简称"相关医疗保险"）报销后，个人负担部分在扣除民政、工会等部门医疗救助后的余额，纳入救助范围。具体包括：

（一）住院救助。对救助对象在患病住院期间发生的，属于城镇职工和城镇居民基本医疗保险可报销范围内的医疗费用（含基本医疗保险统筹基金住院起付线的费用），在扣除相关医疗保险报销及救助金额后，给予一定比例或一定金额的救助。

（二）特殊门诊救助。对救助对象在门诊治疗十六种慢性病等特殊病种及治疗项目发生的，属于城镇职工和城镇居民基本医疗保险可报销范围内的门诊费用（含基本医疗保险统筹基金门诊起付线的费用），在扣除相关医疗保险报销及救助金额后，给予一定比例或一定金额的救助。

特殊病种及治疗项目范围参照基本医疗保险有关规定确定。

（三）个人账户救助。对救助对象在门诊看病、医疗定点药店购药等给予一定金额的救助。

（四）二次救助。对享受上述医疗救助后，医疗费用负担仍然较重、家庭特别困难的救助对象，可根据当年医疗救助基金结存情况，再次给予其一定金额的救助。

第六条 救助对象因下列情形之一发生的医疗费用，不纳入救助范围：

（一）未按规定办理相关手续，在非定点医疗机构就医所发生的费用（急救、抢救费用除外）；

（二）基本医疗保险用药目录、诊疗项目和医疗服务设施目录范围以外的费用；

（三）因自杀、自残、打架斗殴、酗酒、吸毒以及涉及违法犯罪行为等发生的医疗费用；

（四）因交通事故、医疗事故、工伤、职业病及其他应由他方承担的医疗费用；

（五）因镶牙、整容、矫形、配镜、保健等发生的费用；

（六）法律法规规定的其他情形。

第七条　救助标准。

（一）住院救助。年度内个人自付住院医疗费累计超过 1000 元的（医疗目录内的治疗费用及药品），按以下标准进行救助：

1. 1000 ~ 10000 元，救助 50%；

2. 10000 ~ 20000 元，救助 55%；

3. 20000 元及以上，救助 60%。

年满 80 周岁的，分别再提高 5% 的救助比例。

（二）特殊门诊救助。在定点医院门诊治疗十六种慢性病，一次性门诊费在 1000 元以上的（属于基本医疗目录内的治疗费用及药品），按实际发生医疗费的 50% 给予医疗救助。

（三）个人账户救助。每人每年救助 600 元，由市军转办将救助金拨给市医保经办机构，再由市医保经办机构一次性划入救助对象的基本医疗个人账户。

（四）每人每年医疗救助费用最高不超过 5 万元。

第三章　资金筹集、使用和管理

第八条　资金来源和使用。由市军转办在市财政拨给的企业军转干部解困配套专项资金中安排 30 万元，设立市企业军转干部医疗专项救助基金，实行滚存使用，不足部分由市财政配套资金补齐，结余部分自动转入下一年度使用。

困难企业军转干部医疗专项救助金由市财政负担，非困难企业军转干部医疗专项救助金由企业负担。

第九条 申报程序。

符合救助条件的企业军转干部按以下程序申报：

（一）填写《新余市企业军转干部医疗救助核定表》；

（二）提供以下材料：门诊或住院疾病诊断证明、出院小结；病历报告；医疗费清单；结算报销凭据；本人身份证复印件（正反面）；可通兑银行存折（卡）复印件。

（三）市军转办根据困难企业军转干部申请救助情况，原则上每年组织研究一次，经市军转办、市医保经办机构核定后，将医疗救助金发放给申请人。

第十条 基金管理。

（一）市军转办根据救助金管理办法行使对救助金的管理职能，设立专账，按会计年度实行独立核算。

（二）救助金的筹集、管理和使用接受市财政、审计、监察部门的监督检查。

（三）对违规使用救助金的单位或个人，将进行严厉查处并追究相关人员责任。

（四）对违反本《办法》规定，弄虚作假、虚报冒领的人员，情节较轻的给予批评教育，情节严重的取消其享受医疗救助资格。

第四章 附则

第十一条 其他事宜。

（一）本《办法》自 2016 年 1 月 1 日起施行。

（二）各县（区）可参照本《办法》执行。

（资料来源：《新余市企业军转干部医疗专项救助暂行办法》，《新余日报》2018 年 5 月 2 日，第 4 版）

第六章
信息化背景下社会救助管理功能的转变

　　社会救助信息管理系统主要应用于低保、低保边缘、特困人员、临时救助、医疗救助等社会救助的申请、核对、初审、审批等。国家建立社会救助超级数据库，省建立数据转换中心，市县普遍建立服务器和终端采集系统，社会救助政策发布、数据统计、报表分析等主要通过网络完成。

《《《《《 **学习目标**

1. 了解社会救助管理功能在信息化背景下发生的转变。
2. 了解"互联网＋"对社会救助的推动作用。

第一节　信息化促使管理手段更新

　　全国救助管理信息系统的建成，加上信息网络的日益发达，效率得到了空前的提高。由民政部牵头，完成了全国统一的社会救助信息管理系统软件开发，建立了上下各级业务互通、省际信息互联的社会救助综合管理网络。国家建立社会救助超级数据库，省建立数据转换中心，市县普遍建立服务器和终端采集系统，社会救助政策发布、数据统计、报表分析等主要通过网络完成。全国救助管理信息系统的建成，加上信息网络的日益发达，管理效率得到了空前的提高。

一 实现了社会救助信息系统全国联网

在国家和政府逐步加大对民生的投入时，社会救助范围不断扩大、内容日趋复杂、类别日渐增多、救助标准多层次多样化且不断提高，同时社会各界对社会救助资金的监督力度也在逐步加强。面对这样的形式，社会救助的手工操作管理方式已经严重滞后，靠电子表格及手工的审批、发放、统计工作劳动强度大、资金安全性差、办事效率低、透明度差、工作成本高，严重影响了审批的准确性和及时性，增加了工作的随意性，更不利于民政工作人员对社会救助对象进行动态管理。建立一套切实可行的社会救助信息管理系统势在必行。

社会救助信息管理系统主要应用于低保、低保边缘、特困人员、临时救助、医疗救助等社会救助的申请、核对、初审、审批等。系统具有用户登录、流程信息管理、数据查询统计等基本功能，并与社保、户籍、残联、婚姻、教育、殡葬、车辆、房产、工商、银行等信息平台实现对接，提供申请救助家庭信息管理需要的基础、参考信息。为了确保社会救助等民生政策精准落实，平台通过对个人身份信息、经济状况和家庭财产状况以及社会救助信息核对，为社会救助申请对象的精准认定和建档立卡扶贫对象的保障提供依据，平台定制统一的居民家庭经济状况量化体系，为社会救助的核查提供科学依据。以城乡低保申办流程为例，按照个人申请→家庭经济状况核对→调查评议→乡镇（街道）审核→公示→县级民政部门审批→公示→发放低保金领取凭证办理（见图6-1）。家庭经济状况核对是最低保障申请流程中最关键的一环，将进一步提高低收入家庭认定的科学性和准确率，有效实现社会救助管理的有效性和透明度。

二 全面建立城市居民经济状况核对信息系统

一直以来，我国高度重视社会救助管理信息化建设，但鉴于社会救助信息复杂多变、各地区之间存在比较大的差异，很难有一套在全国通用的社会救助管理软件。国家民政部于2003年开发并使用了单机版的民政统计电子台账管理系统，对所有民政对象及相关的民政业务进行管理，包括了录入编辑、汇总、查询、分析等许多统计功能，并不断在使用中进行完

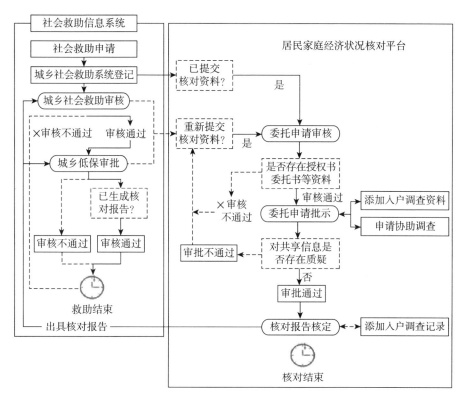

图 6－1　社会救助信息系统及居民家庭经济状况核对平台

善，但在使用中仍有不足之处。因此，按照民政部部署，在各省统一指导下，市、县（市、区）两级民政部门将配合廉租住房保障制度的实施，全面开展城市低收入家庭认定工作，通过民政部门与相关部门信息交换，对救助申请人的家庭存款、收入、纳税、车辆、房屋、保险、公积金、婚姻等家庭状况进行比对，实现信息共享。不久的将来，居民经济状况核对将成为民政部门管理和统筹协调社会救助的一项重要任务和手段。随着党政领导逐步认识和重视居民经济状况信息核对工作，民政部门将利用这重大机遇，实现自身职能和地位作用的进一步提升。

不过，目前国内的民政事业统计信息管理系统、低保信息管理系统均存在问题和不足，民政事业统计信息管理系统包括的信息内容不全面。上海市居民经济状况核对中心，作为全国首个为民生政策提供权威经济状况核对信息的支持性政务平台，于 2009 年成立。运行五年多来，民政部门已初步构建了经济状况核对新机制，形成了居民经济状况核对系统平台，取得了明显成就。与此同时，上海作为试点城市在核对体制机制的实践和推广过程中，也存在不少问题和瓶颈，尤其是在区县和基层执行层面。急需探索如何真正建立以政府牵头、部门合作、社区居民参与管理的核对机制管理体系。

三　社会救助管理机制得以创新

社会救助信息化使得许多管理机制得以建立：一是对项目的执行进行日常监测。目前，有68%的发展中国家用监测工具跟踪项目的执行，如监测预算支出进度、保障对象数量及其他关键运行指标，发现问题并针对问题提出政策建议。二是对项目进行绩效评价。这种评价通常是系统性、周期性的，项目指标包括对穷人的覆盖率，救助水平是否满足救助需求，救助的瞄准率等，以评价项目是否达到预期目的，并为改进政策提供咨询。三是建立投诉和健全机制。通过网络互动，救助对象及其他群众可以很方便地对救助中的人情保、关系保等不合规行为进行投诉，以及对经办机构服务提出意见，以供管理人员纠正错误，改进服务。

四　促进政府部门与公共组织密切联系、促进决策发展

其一，信息化有利于政府部门之间，公共组织之间，以及公共组织与公众之间的信息共享及交流。政务信息共享是指"为了实现信息共享、业务协同、公共服务和辅助决策，在不同行业、不同业务领域、不同组织机构的信息系统之间，实现信息和信息产品的交流与共用"。

其二，信息化有利于提高公共行政效率。节约管理成本，从而促进公职人员观念的更新与素质的提高。当前美国救助体系的特色是社会化救助体系，美国的救助体系由官方救助局为主导，社会组织、企业、非营利性组织、个人等主体共同参与的救助体系。得益于美国政府这一体系，在救助中，政府只是起主导作用，其救助作用并没有第三方占的比例高。以纽约为例，救助局属下的多家救助中心就以服务外包的形式承包给了信誉较为良好的社会组织。

其三，信息化有利于组织机构的根本变革。组织结构向扁平网络化结

构转化，管理幅度增宽，中间管理层缩减，权力结构趋向分权化。使组织
中决策层的意图能瞬间传达到执行层。

其四，信息化促进科学决策和民主决策。使得公共行政决策者在广泛
了解决策所需信息的前提下进行决策，避免了仅仅依靠经验和决策信息不
完备导致的决策盲目性。此外，信息化创新还扩展了民主参与决策的方
式，使公民获得了更多的民主参与决策的机会。

其五，信息化促进公共行政的信息公开，促进政府与民众的沟通和社
会参与。用民众自主性增强来促进政府的有效运作和公民权利的实现。全
球化、民主化和信息化的发展，使得整个世界利益多元化，不同利益主体
的自觉意识逐渐增强，需要通过公共参与主张自己的利益要求。在压力型
体制下要实现政府治理的绩效和政府与民众的互动是困难的，政府职能的
错位严重影响到民主的实现。而通过转变政府的行为方式，将政府从向上
对应中解脱出来，更多地以公共服务赢得民众的支持，继而通过内在的互
动机制，形成双方的互动，将实现政府绩效与基层自我治理的有机结合。

第二节　信息化辅助管理资源整合

信息化是以现代通信、网络、数据库技术为基础，对所研究对象各要
素汇总至数据库，供特定人群生活、工作、学习，辅助决策等，与人类息
息相关的各种行为相结合的一种技术，使用该技术后，可以极大地提高各
种行为的效率，为推动人类社会进步提供极大的技术支持。

一　政府管理成本大幅下降

与其他社会保障项目相比，社会救助经办程序更加烦琐，政府管理成
本更高。

1. 跨部门核对信息体系减轻政府各部门的压力

跨部门核对信息体系的建立，使得政府的管理成本大大下降。我国政
府信息收集的主要渠道有以下几个。①县（乡镇）级的基层政府报道组和
信息收集组织、媒体、公众、企业和官员（公共管理者）。②市级政府
（中层）的信息收集主要包括信息收集组织、政府信息收集组织、媒体、

政府各部门、下级政府、官员、公民、企业和政策研究机构。③省级、中央政府（高层）的信息收集主要包括信息收集组织、党委政府的信息收集组织、媒体、通讯社、政府各部门、下级政府、官员、公民、企业、各类学术团体和研究机构。这实际上就是我国政府信息收集与传递的基本结构。在这个巨大的信息搜集网络中，各部门不可避免地进行了重复的信息搜集工作。跨部门核对信息体系的建立，减轻了政府内部各部门的压力。如果说第三方机构，例如民间基金组织、数据录入外包公司等组织的数据缺少可确性的话，那么政府内部各部门的数据就会更加正规可信，避免了数据跨部门运用而生的额外不必要的麻烦。

2. 网络经办减少人力成本

在网络上经办社会救助的申请、审核、审批、发放、统计等日常业务效率大大提高，减少了人力成本。以包头市网络化社会救助为例，审批分为数据验证、工作流和数据修改三个部分。数据验证中主要注意实效验证和信息验证。实效验证主要是为了验证数据是否超过了有效期、审批时间是否在规定时限内，信息验证则主要是验证此用户是否符合低保户申请的要求，如家庭人口数量、家庭平均收入状况等。而工作流就是首先使用相近、相似的模板，然后寻找应当提交的部门或岗位，将事情提交过去。至于数据修改，一般贯穿全部过程，而不是仅仅遵循工作顺序。

网络化的社会救助通过计算机知识的运用大大提高了工作效率，也从各方面减少了工作成本，不仅仅节省了人力物力，更简化了流程。

二 全面推行医疗救助"一站式"结算

各地将继续积极开展医疗救助与新农合、城镇居民基本医疗保险"一站式"结算，完成从试点到普及的过程，除城乡低保对象和农村"五保"对象之外，其他常规特殊困难群众，包括救助制度逐步覆盖到的低保边缘和低收入家庭，都将纳入"一站式"结算的轨道，极大地方便了困难群众。

城乡医疗"一站式"结算指的是以市医保、新农合信息系统为基础，实行医疗救助补助与新农合补偿或城镇医保在定点医疗机构同步结算的服务机制。医疗救助"一站式"结算的主要目的是使得城乡医疗救助更加快捷，能够更大程度地方便有需要的人民群众。

以安徽省六安市医疗救助"一站式"结算试点工作为例，在两年的试点、推广过后，城乡医疗救助"一站式"结算实现了初步的规范化与制度化，并且已经取得了一些成效，但是在"一站式"服务发展的进程中，仍然有许多细节方面的问题亟待解决。2011年6月底，安庆市医疗救助"一站式"结算系统与安徽省其他市区一样，与省民政厅医疗救助平台对接开通率高达88.7%，这是一个非常高的比例。在2011年，安庆市民政部门通过"一站式"服务救助了4706人次，医疗救助的资金达到了215.37万元，救助比例达到36%，且农村地区的救助人次整体高于了城市。在"一站式"服务实行后，救助服务对象在入院治疗后，医院可以直接通过网络系统掌握到患者本人及其家属的相关情况，便于医护人员进行有针对性的帮助；在定点的医疗机构，参加新农合或城镇医保的群众在出院结算时，救助资金会直接扣除，不再需要群众先行垫付，然后提供票据，再到一步步的审核，真正地方便了群众也方便了相关部门，实现了双赢。在此过程中，医疗救助制度全程公开透明，极大地保护了公民的参与权和知情权。在使用"一站式"服务的人群中，多数人表示了满意。经研究表明，"一站式"服务直接受助者满意度远高于非直接受助者。

安庆市城乡医疗救助"一站式"服务是一项重大民生工程，体现了政府"以民为本"的理念。但是，在所有医疗救助过程中，先行垫付、提交票据进行申请、政府各部门一层层审核，最后认定发钱的烦琐流程依然占据了主要地位。在救助对象方面，"一站式"服务也有很大的局限。目前，安庆市的救助对象仍局限在农村"五保"户、城乡低保户和重点优抚对象上，众多的城乡低收入家庭并未列入其中。在现有的医疗服务救助中，城乡低收入家庭总是"高不成，低不就"，被排除在受益范围之外，政府在进行一系列救助时应当慢慢地由扶贫救贫转变为分层救助，不仅能扩大救助对象的范围，还能够把有限的钱更加充分地花在更有价值的地方。

"一站式"服务目前遇到了很多瓶颈，困难群众对"一站式"服务知晓的不多，各级政府部门网站少有相关的具体措施文件，宣传方式仅仅是宣传栏、居、村民委员会宣传等，总会发生沟通问题，此外，文化程度低，也造成了受益人群对政策理解的偏差。在资金方面，各地政府也承担了巨大的压力。信息化便捷的同时也带来了高昂的维护费用。

三 社会救助对象认定的精准度大幅提高

社会救助对象认定是社会救助管理的关键环节，非常容易造成错漏。近年来，随着信息化手段在社会救助领域的运用，国内外都通过信息化手段实现了信息共享。由信息共享实现的信息比对、政务合作、政府机关与社会组织的合作等都逐步发展，形成了完善密集的社会救助网络。

1. 我国的中小城市跨部门信息核对

烟台市居民经济状况核对系统是一个以集中管理的困难家庭数据库为基础，以覆盖城市、联通城乡的信息网络作为依托的信息共享政务工程。其中信息共享比对、授权查询和宏观决策等都在支持范围内。不过跨部门信息核对系统在提供了众多便利的同时，它的发展也存在着诸多难题。民政部门已经在系统范围内，但民政部门内部的业务子模块，例如，社会福利、社会组织登记、殡葬、收养等信息仍然缺失，子模块之间尚未形成数据共享。卫生部门在大病住院、门诊信息方面也有所缺失。教育部门、银行证券等金融机构、渔业等部门在处理内部繁杂的信息时也存在着诸多问题。

2. 我国发达地区的政务共享已经发展到了一定阶段

上海市采用信息比对的方式开展社会救助家庭信息核对，联手了民政、社保和房管的现有收入财产信息资源。2007年年底建立的专业收入核对系统，以部门共享信息和个案抽样调查相结合，建立了进行信息比对的电子信息平台。

青岛建立了居民家庭经济情况核对中心。青岛作为国家社会信用体系建设首批试点示范城市，尤其注重政务信息的共通。青岛建立了公共信息数据库和信息共享交换平台，纵横都做到了普及深入。民政部内部也进行了"大救助"的机制整合。

政务共享系统因为牵涉到各个部门，所以一定要明确牵头单位，明确经费来源，进行合理的人员安排与调动。总结各发达地区的经验，建立财产收入信息共享系统是一个很不错的选择。

3. 发达国家经济状况核对政务信息共享机制建设

美国在贫困人口的收入信息共享方面建立了非常完善的核查体系。美国社会救助信息共享在社会保障法的规定下是双向反馈的。社会保障署在与其他机构签订互惠协议后可以获取相关的财产信息，例如，共享人口普查局的家庭房产信息后，提供廉租补贴、购房优惠。其他企业和部门也可以从社会保障部门获得社会救助和社会保障方面的信息。各部门进行数据共享时签订数据共享协议，数据使用方给数据提供方进行合理的补偿。

德国的家庭经济状况核对主要建立在政府与企业之间。2003 年后，德国为了转嫁经济危机，牺牲了劳动者权益，目前德国低收入者占据了德国工人总数的 20%。因此，德国在进行劳动力市场改革时，为了减少隐藏的社会危机，利用企业机构等的收入信息，进行最低生活保障对象的核查认定。

新西兰的数据共享核查严密。社会发展部依据新西兰社会保障法的规定，从企业获得员工的收入数据，然后与社会救助家庭申请材料进行比对，若有不符合之处，社会发展部将进行电子与人工的双向核实。同时社会发展部自身掌握历年的社会救助家庭信息，如果家庭收入有所更改，会做到"应保尽保"和"应退尽退"。管理上，新西兰还设立了专门的第三方数据与隐私保护专员，构成了一个基本完善的系统。

有些地区贫困程度高，但潜在贫困较多，因其较易脱贫而较易被忽视。有些地区，经济贫困现象不是特别严重，但是特殊的地理环境造成了突发状况下新产生贫困的可能性大大提高。早期，国际上评定贫困的依据仅有收入，但近些年来的实践，越来越显示出收入不能作为单一评定是否贫困的标准。印度学者阿马蒂亚·森（Amartya Sen）以多维度量因子替代单一收入指标。贫困并非为一个时间节点的状态，而是一段时间的趋势。潜在社会救助对象的存在主要是因为风险承受能力弱。这里的风险承受能力不仅仅为社会经济要素，还包括了自然地理条件。例如，中国中西部某些地区生态环境脆弱，不同的地理区位将给他们带来非常大的风险程度差异。社会经济要素则体现在通货膨胀等方面，物价、房价的上涨无形中加剧了潜在对象陷入贫困的可能性。

四 社区管理信息化有利于提高政府的管理绩效，节约行政成本

依靠各类电子政务信息系统，居民可以在家里向政府申请服务、咨询业务、网上支付，政府在精简机构的前提下也能处理更多的公务。公共管理的信息化和网络化可以取代大量人工处理的烦琐工作。虚拟机构的设立简化了工作流程，克服了大量不必要的中间环节，在减少办公费用和人员的同时促进了工作效率的提高。

在 2001 年，国家提出要以社区建设为中心，以信息技术为手段，以社区服务为切入点，建设集热线电话、因特网查询、单键呼叫为一体的智能呼叫中心，为社区居民提供全方位的信息和服务。如今，社区信息化已经有了很大的发展，尤其体现在生活缴费和社区养老方面。不少社区居民已经习惯了在网上缴纳电费、水费、燃气费、有线电视费，足不出户给社区居民带来了更多的快捷。此外，网络购物、订飞机票、火车票、大巴票等也成为居民必备的生活技能。

在社区信息化程度较高的社区，每户居民的人口数和收入情况都有数据库可供查询，在政府遇到如何发放最低生活保障金、如何确定低保家庭困难的时候，社区管理信息化能提供很大的帮助。这个问题迎刃而解的时候，社区居民对社区的满意度也会随之提升。

社区信息化管理中需要注意社区信息化的主题是社区居民，要以社区居民为中心，一切活动以为居民谋福利为出发点。要了解到在居民和政府双赢的情况下，社区管理才能够持续健康地发展。各地政府的管理服务职能，只有落实在村、落实在社区，才能够得到最终的实现。依托社区信息化平台，引导居民自住参与社区建设，这样才能够实现透明民主的社区服务机制，更能够减少政府在相关信息统计方面面临的难题。

云服务是云平台上提供的全部服务的统称，该平台在计算上采用集群分布式，集合平台上所有的计算资源，使得数据信息处理速度更快、效率更高。云存储拥有海量数据存储能力，能够预加载常用的文件，提高信息处理过程中的效率。不论是社区还是政府部门，在处理信息时，都可以借助于云平台和云服务，在信息化建设和传递的场合，云服务和云平台都有着很大的用处。云平台通过数据挖掘技术，还能够挖掘出有意义的信息，

找到数据统计中的政策执行关键点。云推送能在第一时间将信息推送给相关人员，实现了高效率。采用云服务构建政府信息化建设，用最小的资金投入换取最大化的使用价值。为了实现对各种软件的充分利用，云服务的计算服务和存储服务能够起到很大的作用。例如，在云服务的作用下，邮件收发系统能根据不同客户构建不同的资源利用率。先对信息进行整合，整合完毕后统一上传，这样能够最大限度地节约成本，提升使用效率。

五 有效整合、共享社区资源

智能化社区应逐步建立门类齐全、服务质量和管理水平较高的社会福利服务和便民利民服务网络，收集和整合各个社区的服务资源，建立一个社区服务资源共享数据库，开展社区信息查询、多媒体娱乐、多媒体教育、电子商务、家政服务、医疗卫生保健、社区福利、监督投诉等服务，为满足社区居民的各类服务需求提供统一的信息平台，极大地提高社区资源的利用率。

城市社区主要有几个种类的信息资源：经济社会发展指标、国家制度资源的发布情况、常用生产生活的基本信息等。新制度主义经济学认为，交易成本的存在是有成本的，以及信息在交易双方的分布是不对称的。因此，充分的信息沟通和信息交流在社区组织与社区居民之间是十分重要的。充分的信息资源共享能够使社区治理和居民私人生活变得更加便利。

信息化背景下的社区资源共享在带来便利的同时也遭遇着许多的挑战。2014年，城市社区电商成为热门话题，它打开了商家和消费者之间新的联系方式，社区"O2O"成为其中的典型。信息化的社会资源共享给社区居民带来了极大的便利。城市社区电商在收获了大片消费者的同时，也面临着许多挑战。许多城市由于居民组织发展不够完善，城市社区公共资源都由物业公司掌控。所以，电商面临着在物业公司垄断的市场中打开突破口的问题。物业公司、城市社区电商、街道办居委会等各自拥有公共资源，但各部门之间的矛盾使得公共资源更加难以整合，于共享社区资源更增添了挑战。

城市社区自治管理部门各自拥有一套办事流程，组织资源、信息资源、文化资源难以整合，更谈不上共享。公共政策制定权与审批权的分散，导致了政策的延时，阻碍了城市社区的治理。

社区可以实行"网格化"管理，即将社区划分为若干个网格，分别建立相对独立的管理体系，然后进行整合，达到社区服务全覆盖的效果。"网格化"管理可以通过数字化实现。将社区内党员、低保户、困难户、残疾人、育龄妇女等纳入社区信息平台进行管理，实现"一次采集、多次使用"。将社区信息平台与市民服务中心平台对接，整合信息，方便小区居民，也为政府部门的工作提供方便。

许多城市社区资源的所有者意识到只有整合以后，公共资源才是有价值的。因此如何整合、共享社区资源是一个值得好好研究的问题。

第三节　信息化推动管理流程简化

社会救助的信息化建设能够使当前社会救助体制下复杂的管理流程迅速精简，有助于提高救助工作的效率和减少工作人员的工作压力。完善的政务网络组织可以被看作虚拟组织，其功能和效果远远超过单个公共部门的灵活性和竞争性，连续网络所使用的高效信息管理技术和通信技术起着关键的支持作用。

一　社会救助信息化提高了工作效率及救助精准度

社会救助运行中的低效率是制约其应有功能的发挥，影响救助行为规范化、法制化的瓶颈问题，直接关系到社会救助政策目标的实现。城市流浪乞讨人员救助管理的直接目标是减少城市流浪乞讨人员的数量，但普通公众感觉城市流浪乞讨人员数量的减少并不明显。其原因为：救助的对象非法定对象，没有资格者纷纷主动寻求救助，造成资源的浪费；救助行为的短期化、程序化现象致使救助行为变成简单重复，救助的根本目的无法实现，在整个工作程序中，救助管理站在对前来的求助人员只是简单的提供食宿和回乡车票，并没有对他们进行深入的救助，也就是说，救助管理站的救助并没有达到助人自助的目的，这一点尤其表现在对流浪未成年儿童的救助上。

社会救助信息化，有利于进一步提高社会救助的工作效率，同时大大提升社会救助的瞄准率和精准度。多年来，全国很多市、县自行开发了相对独立的低保信息系统，有的初步实现了省内的统一管理，但目前的信息化水平还比较低，没有实现全国联网，一些社会救助业务还在信息化的试点阶段。

1. 提高救助精准度的主要体现

提高救助精准度主要体现在瞄准精准度、政策精准度、效果精准度、外力精准度四个方面的共同提高。

第一，瞄准精准度主要体现在救助对象的瞄准精准度和救助内容的瞄准精准度两个方面。就救助对象而言，政策内的人员更新远远比不上现实生活中需要救助对象的更新。以低保为例，新进入城市的人员主要是农民工群体。受惠于低保制度的前提是拥有本地城市非农业户口，但是农民工群体大多是外地户口，在当地办户口有一定的难度，也会损失一些家乡政府提供的福利。新进入城市的农民工收入普遍在低保线以上，其原因也是进城务工人员的最低工资标准在低保标准以上。以上海市为例，2015 年城市低保标准是 790 元，而当年的城市最低工资标准为 1280 元。只要进城务工人员能够取得基于最低工资标准的收入，那他们必定没有获取低保的资格。

低保的覆盖面有所缺漏。很多因为特殊原因而造成生活困难，但是家庭人均收入水平在城市最低生活保障标准之上的家庭也无法享受到低保带来的保障。因此，低保不应该仅仅将人均收入作为唯一的标准，社会救助也不应仅仅将收入作为唯一的标准。此外，低保"含金量高"的特性也容易滋生政策制度不透明等现象，许多不该享受该制度的群体也会想方设法地进入低保覆盖范围。

第二，政策精准度主要体现在政策供需匹配度和政策主体与客体匹配度两个方面。政策供需匹配度指一项社会政策是否符合被救助人的需要；政策主体与客体匹配度则由是否建立了卓有成效的供需匹配机制决定。

第三，效果精准度由城市低保实际标准增长情况、低收入群体收入增长率与高收入群体收入增长率及 GDP 等增长率比较、低保标准对家庭食品等生活支出的保障力度比较这三方面组成。

第四，外力精准度是指构建优良的外部环境，包括经济环境、法律环境、信息环境、社会保障环境等。建立信息共享制度和信息定期发布制度是信息环境的主要内容。

2. 完善信息制度的方法

完善信息制度，搭建社会救助信息平台，完善社会救助供需信息发布机制。

（1）在需救助人群详细信息共享方面，建立地区、部门信息联网制度，能够有效地实现全国范围内各部门之间的信息共享。建立信息定期发布制度能够及时地更新需救助人员的名单及相应的家庭状况，使救助更具有针对性。

（2）社会救助职能部门建立动态档案，除了建立救助对象人口特征、致贫原因、救助需求等信息在内的更为详细的动态档案之外，同时也要建立各类未获审批的贫困群体信息库，提前了解有致贫风险的家庭的基本情况，提前预防，若有突发情况及时入档。

（3）在实践中，许多社会组织找不到真正合适的救助对象，建立社会救助信息需求受理和提供制度可以有效地帮助他们找到帮扶对象，同时也为需救助对象找到了更多的被救助途径。

（4）政府利用村委会、居委会这些自治组织，详细了解救助对象的信息，建立社会救助对象数据库以及社会组织数据库，可以帮助救助对象和社会组织进行一对一的联系。

（5）建立社会救助供需信息定期发布制度，社会救助信息具有时效性，相关部门在得到民政部许可后，可以共享信息，填补信息空白，避免重复救助。

二 基层逐步实现城乡低保网上审核审批

县、乡两级具体的管理审批机关，不再主要依靠传统人工方式报送各种纸质材料、表格、档案等，网上申报、审核、审批将成为主要的工作方式。各地将普遍建立健全低保对象电子档案，实现网上办公、网上审核审批，审批时限大大缩短，行政成本大大降低。

广西罗城县通过低保网上审批改革试点领导小组，建立了全县共管的工作机制。低保网上审批改革过程中遇到的一些问题都由领导小组协商解决，县民政局及各乡镇的工作职责得到了强化。网上审核审批流程包括开展受理、入户调查、民主评议、公示、审核、核对、审批等，该流程不得擅自更改。20多万元的专用资金使得乡镇经办机构有足够的能力开办网上受理。新电脑、身份证读卡器、高拍仪、打印机等设备丰富了经办窗口的功能。此外，每个经办窗口都有电信部门专门安装的一条独立宽带，使得低保物质审批系统访问慢、困难群众在申办低保窗口长时间等待的问题得到了有效的解决。在人员的配备上，经办人员的业务水平得到了显著的提高，经办人员对低保系统的操作能力统一得到了系统的强化培训，为低保申请网上审批改革的顺利进行提供了保障。

低保信息管理系统是城乡低保网上审核审批的前提条件。2000年4月，广州市东山区（现越秀区）开始低保管理软件试点。广东工业大学多媒体电脑网络技术开发中心、东山区民政局、粤信计算机科技有限公司共同研究开发了城市居民最低生活保障管理系统软件。该软件依照救济业务程序，使用计算机进行业务处理。居委会在受到居民的申请之后，把相关信息输入电脑，信息通过网络传到街道民政科，街道民政干部安排相关工作，并且依照事件的轻重缓急调换相应的顺序。入户调查之后，接到民政部干部在计算机上输入新的调查状况，同时扫描录入相关资料，如申请书、收入证明等，然后将资料传到上级机关区民政局社救科，社救科客源按规定审核过后，提交民政局局长签字。审批结果通过网络返回街道，然后进行公布。各级机关都可以进行相关资料的查询与统计。2001年4月，东山区的救济业务完全信息化，居委会、街道、区民政局社救科、分管局长四级都可以进行网上办公。居民可以通过网络完成低保金的申请、审批、统计、查询等流程。使用城市居民最低生活保障管理系统软件减少了各级机关间的文件人工传送，大大提高了效率，并且提高了工作的准确性，降低了随意性。在信息化以后，各级机关的工作人员都能够查阅相关资料，提高了工作的透明度，也减少了差错的可能性。2000～2001年已经有3664户次通过城市居民最低生活保障管理系统软件进行审批审核。

2001年年底，住东山区大东街东昌南居委会一位叫林拄添的下岗人员，全家共有4口人，林本人领取失业救济金440元，妻子无业，两个儿子读书。17岁大儿子突患骨癌，申请人向居委会提出申请，当天居委会完成了基础资料输入工作，资料通过网络传送街道办事处民政科。软件在界面列有"特急""一般"选项设计，街道民政科看到了林的申请属于"特急"例，马上上门调查，核实情况后，把有关证明材料录入，不到半天的时间便完成了二级审核。区民政部门根据该户困难情况和基层调查审核意见，第二天就办理了差额救济。整个审批过程，时间跨度只有两天，网上（四级）审批办理只用了 40 分钟。

三　困难群众享受社会救助更加方便

相比传统管理方式，信息化管理在各个环节更加方便群众。申请家庭在家里通过网络就可了解救助政策，填写表格，完成救助申请；家计调查时，许多国家已通过网络核对收入和财产；领取救助金时，除少数信息不便地区、身体不便群众外，皆能通过网络发放到银行卡上。

日前，海南省海口市美兰区灵山镇桥东村的低保对象王萍（化名）前往海口市第三人民医院接受了尿毒症治疗。一天下来，王萍的治疗费用总计 479 元，借助省民政厅在全省建立的医疗救助"一站式"结算平台，王萍当天就获得了新农合报销 383.2 元、大病医保 47.9 元、民政医疗救助金 33.5 元，她的自付费用仅 14.3 元。无须先支付费用再申请救助，缓解了王萍垫付医疗资金的压力。

四　公共组织决策速度及反应力提高

传统的公共组织层次繁多，导致了决策环节增多、速度降低。因此，通过减少垂直层、扩大水平层，使公共组织结构精简，这有利于提高公共组织的决策速度及其对社会环境变化的反应能力。电脑和网络使不同的地域、不同层级的公共部门形成庞大的政务网络，并与社会公众、工商企业密切联结。按网络形式组织的工程流程，构成一个以固定连接业务网络为基础的联合体。这种联合，既存在于公众和厂商之间，也存在于多个公共部门之间或者是单个公共组织内部，在空间上表现为分散的团队等形式。完善的政务网络组织可以看作虚拟组织，其功能和效果远远超过单个公共部门的灵活性和竞争性。在此，连续网络所使用的高效信息管理技术和通信技术起着关键的支持作用。

新加坡的信息化排名在全球一直位于前列，在 2016 年 7 月发布的《2016 联合国电子政务调查报告》中，新加坡处于世界第一梯队，并连续十年蝉联"全球经商环境最佳国家"称号。根据民众反馈，新加坡财政部和资讯通信发展管理局的相关数据显示，97% 的用户满意政府网站的易用性与有用性，而且其中非常满意的占比 73%，满意程度和用户比例远高于欧洲发达国家。在国家计算机计划的实行时期，信息政府部门之间的联系更加紧密，建成了连接 23 个主要部门的整体性计算机网络，实现了各个政府部门之间的互联、互通与共享，有效促进了政府电子化服务能力的提升。2017 年新加坡发布了 My Info"一站式"服务的政府网站，为民众提供一劳永逸的服务，民众只需登记一次，资料就会自动存储并可以终身受用。通过对行政流程的重组与再造，实行"众多机构，一个政府"的综合集成管理模式，从电子政府向整合政府转变，运用先进的、创造性的技术，为政府内部的整合与合作加速，强化资源的整合利用，提高了政府部门的办事效率，实现了管理模式系统化、一体化、集中化。

第四节　互联网对社会救助管理的影响

社会救助作为社会安全网的一个重要组成部分，保障着弱势群体的基本需要。然而，它正面临新的挑战与机遇。以移动互联网、云计算、大数据为标志的新一代信息技术不断取得突破和应用创新，催生新型业态的快速发展，中国正在进入的"互联网＋"时代给人们的生产与生活方式带来了深刻变革。社会救助所面对的环境正在发生巨大的改变，无论是环境改变向社会救助渗透，还是政府这一主体的主动融合，都在促使社会救助发生着一系列渐变。

已有学者通过对社会救助体系自身问题的分析，得出社会救助的变革方向。而"互联网＋"在社会中的不断渗透，从社会整体的角度印证了学者观点的同时，也在迫使社会救助向这些方向改变。

一　大部门化

有相关学者指出社会救助政出多头、制度分割等问题，指出了社会救助要实现统一的经办机构，统一的信息管理平台。这些整合也正是"互联网＋"发展迫使社会救护乃至公共服务体系必须实现的。从"互联网＋"发展需求看，迫切要求部门整合。因为"互联网＋"的第一层含义是在线、连接、互联，在线形成的活的数据连接起来，信息资源的价值才能得到有效释放。而现实是，在民生领域，由各部门分别主导的信息系统对于开放共享与协作考虑不足，加上条块管理的体制原因，"信息孤岛"、数据壁垒现象较为普遍。对于政府和医疗、社保、文化、教育等公共事业部门而言，信息化发展到一定程度必然会遇到信息共享和业务协同的困难。

为了维护部门利益、单位利益，被要求资源共享的单位往往把计算模式、信息系统、标准规范乃至信息安全作为不能互联互通和信息共享的借口，并尽力发展纵向的"信息烟囱"和"信息孤岛"，以增加统筹协调和互通共享的难度。这种发展需要与部门分割阻隔的矛盾，在"互联网＋"已成不可逆转潮流的情况下，必然给部门分割施加反向巨大的作用力，促使其整合。在此形势下，必然要求改变社会救助体系中所呈现的"多龙治水"局面，改为同一部门管理不同救助业务。与此同时，大数据挖掘、分析和管理的能力，成为提升社会治理能力的关键因素。从对局部、小样本的需求研究转向覆盖更广泛、涉及更多人的大数据分析，可以更加精确而有针对性地预测社会需求，预判社会问题和社会安全。大数据社会吸引着职能部门更为积极地合作。这种"互联网＋"时代合作的突出表现形式就是信息的"合作"与"创新"。

"合作"与"创新"成为互联网时代解决社会治理困境、实现社会"善治"的重要路径。就社会救助而言，存在着巨大的合作创新潜力。社会救助制度的前提为"家庭经济调查"，需要申请和已获得社会救助家庭经济状况的相关信息，涉及了户籍管理、税务、社会保险、不动产登记、工商登记、住房公积金管理、车船管理等单位和银行、保险、证券等金融机构，为可能的部门整合与"合作"与"创新"提供了范围。随着"互联网＋"行动计划的逐步实行，社会救助体系中的大部门化将慢慢成为现实。而"合作"与"创新"的需要使得社会救助体系的整合将不仅仅局限于政府部门，越来越多的社会性组织与个人将被牵涉其中。

二　多元化

2014 年 5 月 1 日实行的《社会救助暂行办法》明文提出了国家鼓励社会力量参与社会救助。越来越多的社会型组织与个人的引入，使得社会救助的主体更加多元化。这种多元化的趋向在"互联网＋"时代有其深刻的原因。

一方面，政府需要引入其他主体参与。传统的社区、组织边界逐渐模糊，使得社会救助所面对的群体大为扩展，从"线下"到"线上"，不仅使现实中治理对象规模越来越大，虚拟中网络社区的线下融合打破了传统的区域界限，管理越来越复杂，政府面临人手不足、应对不足、资源不够等问题，需要社会中合适的组织和个人来合作应付治理的困境。

建立以政府为主导的多中心社会服务供给模式就是其中多元合作策略的代表：

一是大力推进政府购买社会服务，激发各种社会服务组织的迅速发展，使社会服务组织从有到多，从而成为社会服务提供的主体之一。

二是通过大规模的事业单位的分类改革，使公益组织重新定位于公益服务，成为社会服务的主力军。

另一方面，其他主体越发有活力，显示出相应的能力与热情。大数据弱化了信息的不对称性，激发了社会组织和市民潜能，如王国华、骆毅所说，市民参与公共治理的热情高涨，在发现城市问题、提供城市治理策略和建议等方面的作用日益凸显。

网民发现、网络传播、社会多方捐赠，再到政府的救助体系接管，类似不胜枚举的事例显示了多元主体参与社会救助的优越性。特别是在面对解决困难群众遭遇的突发性、临时性、紧迫性的急难问题，如何能保障困难群众求助有门、受助及时，体现着政府社会救助体系的效率。政府需要逐渐分权，将一部分资源的分配与使用的权力转让给其他主体，激发其他主体的积极性，让政府从具体的物质与服务提供中解放出来，更多地专注于资源提供者、规则制定者与监督者的角色，从而充分发挥政府、市场和社会各种组织的优势，形成社会管理协商共治的模式。

"互联网＋"在促进多元化发展的同时，虚拟主体的重要性在凸显，成为"互联网＋"时代多元化发展的显著特点。虚拟与现实边界的模糊，网络社区在沟通即时性与互动性上所表现出来的高效率，以及网络社区直接供给公共服务和产品的实现，都已成为潜在的多元主体之一，甚至互联网本身作为重新分配社会利益或资源不可抗拒的力量在多元主体中也占据一席之地。

本章小结

在信息化背景下，社会救助的管理功能得到了进一步转变。国家通过建立社会救助超级数据库，省建立数据转换中心，市县普遍建立服务器和终端采集系统，促使管理手段更新、辅助管理资源的整合，推进了管理流程的简化。

以移动互联网、云计算、大数据为标志的新一代信息技术不断取得突破和应用创新，催生新型业态的快速发展，中国正在进入的"互联网+"时代给人们的生产与生活方式带来了深刻变革。

🔍 思考题

1. 为何说信息化促进了社会救助管理手段的更新？
2. 信息化是如何推动社会救助管理流程简化的？

扩展阅读 ○——

内蒙古着力提升社会救助信息化管理水平

为解决目前社会救助信息系统存在的更新不及时、数据不准确等问题，进一步提升社会救助信息化管理水平，日前，内蒙古自治区专门下发《关于进一步做好社会救助信息系统应用的通知》，要求各地从七个方面着手，把社会救助信息化规范管理作为一项基础性工作抓准抓实。

提高基础数据准确性。对最低生活保障、"五保"供养等信息系统中的数据项要准确录入，并与财政"一卡通"发放数据核对一致；医疗救助信息系统中"一站式"医疗救助、医后救助、资助参合参保等业务，要按照当地执行的医疗政策以及医疗保险、新农合结算单据上的金额准确填写。

及时更新系统业务数据。要按时完成低保、"五保"对象申请、审核、审批、动态调整、调标等业务流程操作，并于每月（"五保"供养为每季度）最后一天前完成数据结转和资金虚拟发放等操作。同时，做好医疗救助比例、封顶线等政策系统更新，医疗救助、临时救助对象数据要在审批通过10个工作日内录入信息系统。

确保系统必填项录入完整。各地要对最低生活保障信息系统24条户主必填项、13条成员必填项、"五保"供养信息系统23条人员必填项、45条敬老院必填项及9条员工必填项进行查漏补缺，并及时维护和更新。

做好资金管理模块录入更新。各地要在5个工作日内接收上级下拨的城乡低保、"五保"供养、医疗救助、临时救助资金，并将本级匹配资金和扫描件录入各系统。

完善电子档案。要将低保对象、特困供养人员照片信息、身份证信息及其他资料信息，临时救助对象身份证和申请书信息，敬老院缩略图、法人等级证书、组织机构代码证书等重要信息逐步扫描录入系统。

启用CA数字证书登录信息系统。各地要在7月底前安装CA数字证书，并通过CA单点登录信息系统，确保社会救助信息系统安全稳定运行。

强化考核考评。今后，自治区将把社会救助信息系统建设应用情况作为盟（市）领导班子社会救助实绩考核指标体系的重要内容，为社会救助信息化建设保驾护航。

（资料来源：孙鑫《内蒙古着力提升社会救助信息化管理水平》，《中国社会报》2016年7月7日，第3版）

第七章
我国各级社会救助管理部门的信息化实践

自 1993 年设立国民经济信息化联席会议以来，我国信息化建设按照领域信息化、区域信息化、企业信息化和社会信息化四个方面有重点、有计划地展开。其中，民政信息化作为社会信息化的重点发展内容之一，一直受到国家战略层面的高度重视。依托于民政信息化的平台，社会救助的信息化建设取得了长远发展。总体来看，可以从三个层面对社会救助的信息化发展情况做出总结：国家部委层面、省级层面和县市级层面。不同层级的管理部门所需要面对的社会管理分工不同，因此在信息化建设的理念和实践方面都存在差异。

《《《《《 **学习目标**

1. 了解国家部委、省级、县市级三个层次关于社会救助信息化建设的理论依据和实践做法。

2. 了解国家部委、省级、县市级三个层次在社会救助信息化建设中的不同分工。

第一节 国家部委社会救助信息化实践

推行电子政务可以提高行政效率、创新社会管理、改进公共服务、降低行政成本、促进社会公正的实现。国家部委通过制定政策、提出意见等方式指导全国的信息化社会救助建设。

一　国家层面社会救助信息化的实践理念

社会救助是国家改善民生的重要方式，社会救助的信息化建设也是国家使用高新技术提升政府治理能力建设的重要方面，属于电子政务发展的一部分。要想整理清楚社会救助信息化的建设过程，必须首先了解整体电子政务的发展脉络和思路。国家层面的电子政务管理理念的提出已经有 30 多年的历史，1985 年中国政府提出"海内工程"，要求各级政府大力发展基于现代计算机的电子政务，促进公共服务不断优化、整合政务信息资源。自此以后，信息化在政务领域的发展不断受到国家和党中央的高度重视，1993 年党中央设立国民经济信息化联席会议，1994 年成立国务院信息化工作领导小组，2000 年成立国家信息化工作领导小组，在"十五"、"十一五"和"十二五"规划中，面向公共服务和改善民生的信息化建设一直都是国家信息化建设的重要内容之一。

第一，电子政务的发展具有重要意义，推行电子政务可以提高行政效率、创新社会管理、改进公共服务、降低行政成本、促进社会公正的实现。

（1）提高行政效率。政务的信息化也即电子政务是发展服务型政府的必然要求，传统政府办公时，公众需要了解各个政府部门的职能权限、处室分工，各种审批材料的上交和审核往往需要较长的时间才能解决。电子政务的发展，使政府围着公众转，各种信息录入、存档之后，社会公众只需要在网上查询信息、业务办理的状态和反馈情况，不用到政府各部门来回跑，从而大大缩减了公众和政府部门的办事时间。

（2）创新社会管理。政府部门之间的信息不对称是造成重婚、冒领养老金、低保金等社会治理问题的根本原因。通过个人数据的信息化处理，各部门所掌握的信息资源以联动的方式共享，从而可以有效避免低保、养老金等社会福利的瞄准问题的发生。在社区的治理过程中，传统的人情治理被法治、数字化治理所取代。

（3）改进公共服务。电子政务在某种程度上改变了以往社会公众到政府部门办事"门难进、脸难看"的局面，使民众更好地享受到服务型政府的便捷。电子政务也能提高公共服务的质量和效益。通过对传统政务流程进行改造、重组、优化，建立"一站式"服务机制，极大地提高了公共服务的质量和效益。

（4）降低行政成本。电子政务不仅可以降低政府部门的行政办公成本、差旅成本、执法成本等，而且可以降低冒领养老金、低保金等财政支出。

（5）促进社会公正的实现。信息是一种权利。在传统政府治理模式中，政府部门掌握着各种社会信息，民众由于信息高度不对称，是权利的弱势者。电子政务的推行将影响并改变政府部门的行政权力格局，使政府行政过程公开化、透明化，能在很大程度上避免腐败等行为的发生，也有利于创造一个更公平的环境，实现社会公正。

第二，国家部委层面的社会救助电子政务建设平台主要是指民政部，同时，人力资源和社会保障部也承担了部分社会救助的功能，并发挥了重要作用。民政部门作为政府重要的行政职能部门，涉及范围很广，包括国家政权建设、社会保障、社会福利等，在保障人民群众基本生活权益和维护社会稳定方面发挥着重要的作用。民政信息化建设对于民政部门的意义重大。

从民政信息化建设的现实意义上来看，民政信息化建设的意义主要表现在以下四个方面。

一是有利于民政部门直接面向社会公众。民政部门构建直接面向社会公众的民政信息化综合平台，为内部结构向扁平化发展创造了条件。

二是有利于准确及时反映服务对象的动态变化。民政部门信息化建设具有较强的实效性，可以对民政工作实现科学有效的管理和服务。

三是有利于提高依法行政的准确性和及时性。信息化建设通过优化资源配置，在民政管理层决策方面，便于民政管理层决策的科学化。

四是有利于促进民政资源的合理组合及充分利用。

第三，具体到社会救助来看，信息化建设为社会救助的发展带来了巨大的改变。

一是困难群众享受社会救助更加方便。相比传统管理方式，信息化管理在各个环节更加方便群众。申请家庭在家里通过网络就可了解救助政策，填写表格，完成救助申请；家计调查时，许多国家已通过网络核对收入和财产；领取救助金时，除少数信息不便地区、身体不便群众外，都能通过网络发放到银行卡上。

二是社会救助对象认定的精准度大幅提高。社会救助对象认定是社会救助管理的难点也是核心，而传统的家计调查方法难以实现精准救助。近年来，许多国家采用信息化手段：一是在家计调查中实施跨部门信息核对，通过互联网从相关部门获取申请人的收入和财产信息，对申请人的财产和收入进行核对，以增强家计调查的客观性和准确度。二是建立潜在社会救助对象数据库，向相关救助部门推送可能的救助对象名单，供其进一步认定是否符合各个项目救助条件，以做到应保尽保，减少漏保。

三是政府管理成本大幅度降低。与其他社会保障项目相比，社会救助经办程序更加烦琐，政府管理成本更高。由于跨部门核对信息体系的建立，政府的管理成本大大下降。

四是在网络上经办社会救助的申请、审核、审批、发放、统计等日常业务效率也大大提高，减少了人力成本。

五是社会救助管理机制得以创新。社会救助信息化使得许多管理机制得以建立：一是对项目的执行进行日常监测。目前，有68%的发展中国家用监测工具跟踪项目的执行，如监测预算支出进度、保障对象数量及其他关键运行指标，发现问题并针对问题提出政策建议。二是对项目进行绩效评价。这种评价通常是系统性、周期性的，项目指标包括对穷人的覆盖率，救助水平是否满足救助需求，救助的瞄准率等，以评价项目是否达到预期目的，并为改进政策提供咨询。三是建立投诉和建议机制。通过网络互动，救助对象及其他群众可以很方便地对救助中的人情保、关系保等不合规行为进行投诉，以及对经办机构服务提出意见，以供管理人员纠正错误，改进服务。

二 国家部委层面社会救助信息化发展实践

《全国民政系统信息化"十五"发展规划纲要》提出，五年时间内逐步构建管理型和服务型两大网络系统。2018年12月14日，全国民政信息化工作会议在北京召开，会议传达了民政部党组和时任部长黄树贤关于信息化工作的指示要求，时为民政部党组成员、副部长詹成付出席会议并讲话。詹成付强调，在信息化建设中要处理好五方面关系，形成部级和各级民政部门上下联动，业务和技术深度融合，管理和服务相互促进，横向和纵向互联互通，存量和增量有机衔接的发展模式。

（一）民政部社会救助信息化发展的两个阶段

1. 以软件开发、信息录入、查阅和办公为主的单一型信息化办公阶段（2001~2006 年）

电子政务的发展与信息技术的进步息息相关，不同时期，信息与互联网技术发展情况决定了电子政务的信息化建设程度。互联网技术在中国的兴起可以追溯到 1994 年。到 2001 年，中国开始实现基本的宽带接入，并开发了以搜索引擎、多媒体、电子商务、双向交互网站等应用为主的互联网技术。到 2006 年之前，通过简单的数码编程，技术的进步可以为不同的部门设计独立的电子政务办公系统，而通常这种办公系统只是单机版的管理应用或者是部门内部的有限互联。

民政信息化建设的初始目标是完成软件开发、信息录入和办公自动化。管理型网络也就是民政系统广域网，该网络将覆盖至县市层级（大中型城市将覆盖至街道一级）民政部门，网络上将构建通用民政业务软件平台，通用平台上运行专项民政业务管理软件及办公自动化系统；服务型网络将集中互联网查询、单键专项呼叫、热线电话"三位一体"的智能呼叫中心。

具体而言，初始阶段民政信息化建设过程可以概括为"数字民政"工程以及"便民"工程。"数字民政"工程主要包含三个方面的内容：一是构建覆盖全国的民政业务宽带高速网络；二是在这一网络基础上，建立分布式民政业务信息资源数据库，并开发管理和分析这一数据库的通用民政业务软件平台；三是研制运行在通用平台上的专项民政业务管理软件及办公自动化系统。"数字民政"工程的目标是：构建一个覆盖全国民政部门的专网，使各级民政干部可以通过这一网络，利用通用民政业务平台灵活地查阅和分析民政业务信息，利用专用业务管理软件处理各项民政业务，利用办公自动化系统进行行政管理，从而实现民政工作的现代化。

"便民"工程以民政信息资源及专项社会事务管理职能为基础，围绕社区建设工作，以社区服务为切入点，结合"数字民政"工程，建设智能呼叫中心，形成社区服务信息平台，实现社区管理和社区服务的信息化。"便民"工程的主要任务是立足于中心城市（包括地级以上城市及部分县级市）的社区建设工作，为社区管理和社区服务提供现代化的治理手段和管理技术。"便民"工程的目标是在互联网上建立整合民政、劳动、公安、卫生等部门业务的统一的社区服务信息平台，为社区居民提供全方位的服务。同时，将各项民政基层管理工作移植到共同的信息平台上，实现民政业务的网上办公。

在这一阶段，国家对信息化建设做出了重要规划，在《中华人民共和国国民经济和社会发展第十个五年计划纲要》中提出：社区综合服务网络系统建设是国民经济和社会发展的必然要求，要大力发展民政服务网络建设。国家民政部在《全国民政系统信息化 2001 ~ 2005 年发展规划纲要》中也明确提出，要以社区服务为龙头，建立社区综合服务网络系统。社区综合服务网络系统将通过热线电话、互联网查询、智能终端呼叫器、传真、PDA、移动通信等设备接受社区居民的服务请求，在传统社区服务手段的支持下，为社区居民，尤其是低保对象、下岗失业人员、离退休老年人提供方便快捷的服务，并在互联网上整合民政、劳动、公安、卫生等 38 个联动机构业务的统一的社区服务信息平台，为城市居民提供全方位的服务。这一阶段民政信息化具体工作涉及以下几个方面：

①完成民政广域网扩容及应用升级；

②不断提高网络安全；

③推进民政公用政务平台的应用；

④开发以国家信息化建设重点项目为龙头的多个软件；

⑤充分发挥互联网站的功能作用；

⑥充分利用信息化手段改进会议召开方式。

从 20 世纪 90 年代以来，随着经济社会的发展，我国城乡居民最低生活保障、农村"五保"户供养、低收入家庭专项救助、自然灾害救助、流浪乞讨人员救助以及低收入家庭医疗救助、教育救助、住房救助、司法救助等各项社会救助制度逐步建立。因此，民政信息化的全面开展对社会救助体系的建立起到了关键作用。在现代信息技术的帮助下，2006 年 10 月，中共中央十六届六中全会第一次提出在全国"逐步建立农村最低生活保障制度"的要求。当年 5 月 23 日，国务院常务会议专题研究农村最低生活保障问题；6 月 26 日，国务院召开"在全国建立农村最低生活保障制度工作会议"，研究完善有关政策措施，对在全国建立农村最低生活保障制度进行部署；7 月 11 日，国务院印发《关于在全国建立农村最低生活保障制度的通知》（国发〔2007〕19 号），对农村低保标准、救助对象、规范管理、资金落实等内容做出了明确规定，要求在年内全面建立农村低保制度并保证低保金按时足额发放到户。中央财政当年安排 30 亿元农村低保专项补助资金。至此，农村低保进入全面实施的新阶段。到 2007 年 9 月底，全国 31 个省（自治区、直辖市），2777 个涉农县（市、区）已全部建立农村低保制度。

这一阶段内，民政信息化也取得了一系列进展。

（1）信息化标准体系初步形成。完成了民政信息化标准规范体系的设计，制定了《民政业务数据共享与交换》等基础标准。通过标准的颁布施行，初步开展了民政系统信息资源的整合和业务规范化工作。

（2）业务应用系统不断发展。覆盖社会救助、优抚安置、社会福利、社会管理等核心业务的全国性应用系统已达十多个，地方民政部门也积极筹措资金，开发多种业务应用系统。业务应用系统的开发和应用优化了业务流程，提高了办公效率，提升了服务和科学决策水平。

（3）低保项目进展顺利。低保信息系统项目是列入国家电子政务总体框架的重点工程，是民政信息化的龙头和基础工程。经过不断努力，低保项目顺利立项并启动建设。该项目的实施将为社会救助业务提供强大的信息化支撑，同时也将为民政信息化搭建起比较完备的基础平台。

（4）基础支撑环境逐步完善。部、省及部分地市级民政部门完成了机关局域网建设，部机关局域网做到了内外网物理隔离。实现了部、省两级广域网互联，部分有条件的省（自治区、直辖市）向下延伸了业务专网。建设了覆盖 2000 多个节点的民政卫星网络系统。通过网络完善、硬件补充和整合、基础软件集成，基本建成了满足现有各项应用系统和全国民政网站群运行的基础支撑环境。

（5）民政网站建设发展迅速。民政部网站完成了两次重大升级改版，建设了网站群基础架构，初步形成了全国民政门户网站的技术基础和管理机制。民政部门户网站全面、系统、及时、准确地发布各项政务信息，报道工作动态，跟踪热点工作，公开办事程序，提供在线服务。95%的省、70%的地市、30%的区县民政部门建设了自己的网站，并本着"以民为本，为民解困，为民服务"的原则，在网站定位和功能设计上不断完善。民政网站已经成为宣传民政事业、促进政务公开、提供便民服务的窗口。

（6）办公自动化长足进步。成功开发并部署应用了民政公用政务平台、公文流转、电子邮件、政务短信、即时通信等多项办公系统，初步达到了共享资源、便捷通信、提高效率的目标。

（7）便民工程初步探索。以民政信息资源为主要内容，以信息技术为手段，以社区服务为切入点，部分城市开展了社区信息化建设的试验工作并取得了良好的社会效果。

（8）信息化建设资金投入逐年加大。各级财政逐年加大对民政信息化的投入，2005～2008年部本级累计投入超过亿元（含低保项目资金）。各地积极规划立项，争取财政支持，多方自筹资金，保障了民政信息化建设的基础投入。

2. 跨部门信息传递与数据共享的"互联网 +"信息化联动阶段（2007 年至今）

这一阶段电子政务的发展也可以分为两个部分。首先是对"十五"规划的发展和巩固时期。2007 年以来，互联网技术的高速发展实现了高速宽带接入、无线网络接入的技术突破，并在应用上突出了 App、社交网络、物联网、云计算、大数据等技术创新，从而使人类社会进入了"互联网 +"时代。与传统的电子政务相比，"互联网 + 政务"更强调互联网的开放、共享、参与、创新等特征，强调物联网、云计算、移动互联网、大数据等新一代技术在政府工作中的应用。传统电子政务偏向于电子化、数字化，"互联网 + 政务"则侧重网络化、智能化。

2006 年，国家适时发布了《国民经济和社会发展第十一个五年规划纲要》，对电子政务和信息化的发展提出了指示，要求各部门推进电子政务，整合网络资源，建立统一的电子政务网络，构建政务信息网络平台、数据交换中心、数字认证中心，推动部门间信息共享和业务协同。开发基础数据资源和办公资源，完善重点业务系统。健全政务和企业、公众互动的门户网站体系，依法开放政务信息，促进办事程序规范。培育公益性信息服务机构，开发利用公益性信息资源。《民政信息化中长期规划纲要》（以下简称《纲要》）也于2009年公布，《民政信息化中长期规划纲要（2009－2020年)》（以下简称《纲要》）是指导民政信息化建设的重要文件，《纲要》要求各地、各单位以此为指导，树立民政信息化"一盘棋"观念，进一步整合资源，统筹好信息化建设和管理使用工作。信息化建设职能部门要充分发挥统筹管理作用，积极协调各方力量，大力推动本地区本单位的信息化建设。

在国家"十一五"规划的要求下，民政部适时发布了《民政事业发展第十一个五年规划》，从三个方面继续推进民政信息化。

首先，加快推进现有"数字民政"和"便民"工程建设步伐，建立畅通的政务电子通道、完备的业务应用系统、综合的数据分析中心、便捷的管理服务平台、先进的技术支撑，提高民政事业管理能力和公共服务水平；其次，提升社区信息化水平，以满足社区居民的需求为目的，制定社区信息化规划和管理、服务及技术标准，在社区层面实现各类传输网络、实体服务和数据资源的互联共享，构建一体化的政府公共服务和居民自我管理的信息平台；最后，积极构建民政公共服务平台，综合应用各种信息技术，整合优化民政业务系统和信息资源，建立直接面向公众的民政公共服务平台，为群众提供便捷优质的服务。

其次，"十二五"规划以来，伴随着"互联网＋"兴起的电子政务高速发展时期。高新技术的发展使政府部门之间开展信息共享和业务协同成为可能，有利于解决行政"碎片化"和"信息不对称"问题，有效堵住社会治理的漏洞，提升公共服务水平。同时，实现政府部门之间的信息共享能够显著降低行政成本。在这样的指导原则下，"十二五"规划以来，伴随着电子计算机技术的突飞猛进，国家各部门开发并发展了相对应的"互联网＋政务"应用。

在新的时代发展背景下，政府各部门已经广泛开展了不同程度的"互联网＋政务"，其中涉及社会救助和民生福祉的主要有民政部实施的社会救助数据比对以及人力资源和社会保障部门的社保信息全国联网等。在社会救助方面，低保信息系统列入国家电子政务总体框架的重点工程，2007年开始启动工程建设。2011年民政部在总结评估全国首批城市居民家庭经济状况核对试点工作基础上，确定了15个"全国首批城市居民家庭经济状况核对示范单位"。北京市及石家庄市等110个市（地、州）和县（市、区）启动了第二批低收入家庭经济状况核对试点，试点范围已覆盖全国所有省（自治区、直辖市）。上海拓展了银行存款、证券等财产的电子核查渠道，进一步提高了保障房核查的准确性，保证了政策实施的公平、公正。贵州完善了农村低保准入退出标准，细化了低保资格条件。大力推广医疗救助"一站式"结算模式，全国1100多个县（市、区）开展了医疗救助"一站式"结算服务，实现了救助对象"随来随治、随走随结"。大连积极推进农村医疗救助与新型农村合作医疗有效衔接，建立自动生成结算系统，确保农村困难群众及时得到医疗救助。济南出台了建立阳光民生救助体系的意见，对救助服务资源进行了有机整合，推行人性化服务。

到2011年年底民政部门基本上完成了低保信息系统项目建设，多个省份启动了系统软件试运行和信息采集工作。完成了中国社会组织监管信息系统（二期）项目建设。民政业务软件由点向面扩展，广东、山东开发了省级民政业务软件，江苏无锡市积极开发地市级民政业务软件。加强网站建设和管理，扩大网站群规模，新建陕西全省90个网站、广西全区120个网站，完成中国儿童福利和收养中心、爱国拥军促进会、中华志愿者协会、村民自治网等网站建设工作。截至2011年11月底，网站群站点总数达730个。民政卫星网络系统已覆盖全部省级节点和全国28个省（自治市、直辖区）的1531个县以上民政部门，部分省市还新建了省级卫星双向站。充分利用民政视频会议系统召开会议部署工作。成立了"现代民政信息化研发院"。

2012年国务院要求在全国建立居民家庭经济状况核对机制，低收入家庭经济状况核对机制推广建立。民政部成立低收入家庭认定指导中心，具体承担全国低收入家庭经济状况信息数据库的建立和维护、经济状况信息查询与核对、宣传交流等工作。低收入家庭经济状况核对试点工作顺利推进，民政部确定的143个试点单位在制定政策、建立机制、提高能力等方面取得了很好成绩。北京、内蒙古、黑龙江、吉林、浙江等地部署全面建立居民家庭经济状况核对机制，上海、辽宁、河北成立了省级居民家庭经济状况核对中心。

2013年，民政信息化建设及信息公开工作取得了重大进展。低保应用系统软件通过单项验收，并基本完成省级部署工作，部分自建系统省份完成数据交换。"全民社会保障信息化工程"得到统一实施，将"医疗救助与慈善机构衔接平台建设试点""社会救助（低保）申请举证服务试点"纳入工程，并新增了"养老服务""社区服务"两个领域的信息惠民试点专项。各项民政业务信息系统稳定运行，高清视频会议系统省级节点升级改造建设工作基本完成。民政部门网站群新建子站70余个，改版升级4个。截至当年12月中旬，门户网站共发布信息4400余条，编发视频信息30余条，在政务信息公开系统发布文件120余个。同时，制作发布"群众路线教育实践活动"、"社会救助宣传周"等13个专题。国务院建立由民政部牵头24个部门和单位组成的全国社会救助部际联席会议制度，北京、山西、吉林、黑龙江、上海、江苏、浙江、福建、江西、山东、广东、甘肃、新疆13个省份也相继成立了省级社会救助体系建设领导小组，或已出台社会救助工作联席会议文件。此外，民政部门还积极配合有关部门起草进一步规范社会救助和保障标准与物价上涨挂钩的联动机制的政策文件，指导各地规范开展低保标准科学制定和动态调整工作，探索社会救助标准法定量化机制，逐步提高低保标准制定层级。同一年，民政部出台了《关于加强民政社会救助相关信息共享的通知》，在民政系统内实行社会救助相关信息共享，推动建立居民家庭户籍和机动车辆信息共享机制，以及城市、农村医疗救助资金账户合并。民政部印发了《关于加强医疗救助与慈善事业衔接的指导意见》，积极探索医疗救助与慈善事业衔接机制。会同财政部出台《城乡医疗救助基金管理办法》，统筹城乡医疗救助制度，合并两个基金账户。

2014年中央网络安全和信息化领导小组成立，习近平总书记亲自担任组长。民政部也高度重视信息化工作，制定了民政信息化中长期规划，成立了网络安全和信息化领导小组，黄树贤部长任组长。在党和国家的高度重视下，民政部完成了民政政务信息化顶层设计研究，修订了《民政业务数据共享与交换》行业标准，做好各个业务应用系统的建设和维护工作。

同年民政部完成了全国最低生活保障信息系统一期工程项目验收和系统应用工作,积极开展低保应用系统试运行工作,系统当年度在保救助对象6000万人,约占救助对象总数的78%。完成国家自然灾害救助管理信息化工程和全民社会保障信息化工程中19个系统的定级与备案工作。民政视频会议技术保障和推广应用工作也于当年得到加强,各省二级视频网络建设逐步开展,江苏、福建、山东、湖南等地已经覆盖所有地市和部分区县,18个省市完成了卫星高清双向站建设。民政网站群管理业务得到加强,网站异地备份工作进一步推进,提高了网站应对突发事件的能力。当年度民政部门通过门户网站发布民政要闻、通知公告、地方动态等信息2703条,政务信息公开127条,制作发布云南鲁甸地震等专题8个。

2016年民政部出台《全国民政标准化"十三五"发展规划》,提出建立民政标准信息平台,实现民政国家标准、行业标准、地方标准、团体标准、企事业单位标准信息互通共享,打破"信息孤岛",提高民政标准化工作效能。同年,民政部与国家发展改革委员会共同出台了《民政事业发展第十三个五年规划》,规划指出要以国家信息化战略为指引,树立"一盘棋"思想,加强民政信息化顶层设计,统筹规划、整合资源,推进信息化与民政业务紧密融合。加强信息资源规划和标准规范体系建设,实现数据采集、存储、应用的规范化、标准化。利用大数据、云计算等新技术,整合各业务领域独立运行、相互隔离的信息基础设施和数据资源。构建设施共用、内容共享、互联互通、安全可靠的统一基础平台,强化民政大数据应用。依托国家数据共享交换平台体系,推动民政业务数据共享与交换,促进与相关部门数据资源共享共用。积极探索"互联网+民政"等服务管理新方式,以民政门户网站、公益服务热线、社区综合信息服务平台等为载体,依法向社会开放民政数据资源,提升服务人民群众和政府决策的精准性和有效性。加快实施金民工程、国家法人库(民政部分)项目,推动建设政务管理信息系统和社会组织及其信用信息管理服务、退役士兵安置服务管理、社会救助家庭经济状况核对、全国救助管理信息系统、志愿服务、区划地名界线管理服务等业务信息系统建设。建设完善国家区划地名数据库,与有关方面合作构建国外地名数据库。推进民政部与各地民政业务信息系统建设与应用的上下协同。鼓励社会力量基于民政业务数据信息，开发促进行业发展的应用服务产品。

上述"互联网＋政务"的推进与国家总体的战略支持是分不开的。尤其是党的十八大以来，习近平总书记就网络安全和信息化工作提出一系列重要论述，党的十八届五中全会、"十三五"规划纲要都对"互联网＋"行动计划、大数据战略等作了部署。2017 年开始实施的金民工程又把低保信息系统和核对信息系统作为重点项目进行建设开发。地方政府和民政部门也高度重视社会救助信息化，在机构、资金以及人员方面给予了优先保障。目前，金民工程项目正在稳步推进中，2018 年 1 月民政部信息中心金民工程一期项目——监理项目开始招标，2018 年 2 月民政部信息中心金民工程一期项目专项法律服务采购开展竞争性磋商，2018 年 4 月民政部信息中心金民工程一期应用支撑平台开发集成项目开始招标。

（二）社会救助信息化发展的挑战与问题

纵观民政系统信息化发展的历史脉络可以发现，当前我国民政信息化建设已经取得了杰出的成绩，相继出台了多项信息化建设的规划文件和指导意见。社会救助方面，围绕低保系统开发、金民工程等项目的实施，收入核对系统正在全面展开，为实现社会救助的全民信息化打下了坚实的基础。然而，社会救助以及民政信息化发展也面临着严峻的挑战。

1. 信息化基础设施建设与全民信息化需求不匹配

我国信息化基础设施起步晚，还未能达到最高发展水平，在技术与系统支撑等方面存在着较大缺口，供需未能平衡。我国地大物博，地区发展不平衡，地区人口分布不均。中西部地区需要救助的人数远多于东部地区，但基础设施建设方面，东部地区的发展水平远高于中西部地区。全面信息化的要求与信息化基础设施建设水平不相符合，需要加大力度持续跟进。

2. 信息化管理体制分散化的问题

信息化管理的本质要求是集中化，但是现有的管理体制下，各部门与组织呈现出管理交叉、职能交叉、缺少沟通与交流、数据独占的状况。应当重构现有信息化管理体制，打造符合实际需要，高效、稳定的长远建设和管理机制。

3. 社会救助业务具有分项多、数据杂、对象广、难度大的特点

信息化建设具有整合化、集中化、一体化、简便化的要求。这二者的特点存在相背离的情况。具体到社会救助业务，调查研究发现，社会救助家计调查非常困难。传统的家计核查方式难以解决人情保、关系保、调查不准等问题，导致我国社会救助特别是农村低保错保问题突出，亟待采用信息化手段对申请者家庭财产和收入进行核查。

4. 信息化的浪潮凶猛而迅速

现有政府部门的工作人员习惯了刻板、固定的工作方式，对于新事物的接受能力没有市场中打拼的劳动者高。现有部门民政系统的工作人员还不能正确理解科技变革对民政业务处理方式变革的推动力量，对于新技术的操作能力也不过关，甚至具有抵触情绪。因此，民政信息化建设需要注重对工作人员素质的培养。

第二节　省级社会救助信息化实践

省级社会救助依照国家部委发文的要求，结合自己省内各市县的具体社会状况，统领全省的社会救助工作。在信息化建设步入正轨后，地方民政信息化健身水平稳步上升。

一　各省社会救助信息化的依据和原则

省级民政系统在社会救助业务开展的过程中，起到了承上启下的关键性作用。一方面，省级民政部门需要按照党中央和国务院部署，完成全国统一部署的民政信息化战略推进任务；另一方面，省级民政部门需要根据本省的实际发展特点，制定并出台符合本省发展实情和需要的民政信息化系统和管理机制。具体而言，省级社会救助信息化发展需要遵循以下原则。

（一）统一规划，加强领导

社会救助制度因为关乎民生底线，其管理体制的有效性和统一性非常重要。首先，社会救助管理体制的定型需要信息化建设统一规划的配合。社会救助管理体制的定型是当前社会救助发展的时代要求，信息化为管理体制的定型与统一创造了良好条件，反过来看，管理体制的定型是公共资源有效配给的必然要求，这也更加突出了信息化建设统一规划的必然性。其次，信息化发展统一规划是社会救助运行机制定型的必然需求。传统社会救助工作往往存在所谓的"关系保""人情保"等特性，这是因为传统的数据收集和处理过程是人治的和不公开的，各地的经济发展水平差异很大，只有统一规划部署才能有效地平衡不同地区社会救助业务的发展和民众的需求。最后，传统的民政各项业务是相互割裂和分散的，民政系统和其他部门的数据和业务彼此独立，从而产生了"信息孤岛"现象，造成了行政资源的极大浪费，信息化建设的统一规划就是要强调将多部门叠加型的制度安排改成联动型的灵活制度安排，从而实现大救助格局的战略规划。

社会救助是国家精准扶贫战略"最后一公里"保障体系，是党和国家对领导干部"为民、务实、清廉"的根本工作要求的具体体现，这就要求省级政府部门在发展社会救助信息化建设过程中，要不断强化领导意识，严格要求各级政府部门从优做好社会救助的信息化工作安排。国务院《社会救助暂行办法》对八项社会救助制度以及各个社会救助管理部门的职责范围进行了划定，为我国社会救助事业的发展提供了良好的制度基础。要继续加强《社会救助暂行办法》的贯彻和执行力度。进一步强化民政部门在社会救助体系建设中的统筹作用，使民政部门在社会救助协调工作中的牵头作用在思想和行动上进一步强化、坐实。各社会救助管理部门在制定和完善相应的社会救助政策时，要充分考虑各项社会救助政策之间的衔接性和整合性，不断加强民政部门与人社、住建、教育、财政等部门的交流和配合力度，提高部门间协作水平，避免各项政策之间出现重复救助与相互矛盾的情况。

(二) 需求主导，突出重点

各省应根据本省的发展实际情况，以民众需求为主要工作方向，以解决困难群众的当务之急为工作内容，建设务实的信息化平台。

首先是解决低收入群体的救助保障权利，建立统一的信息核对、处理平台。根据中央低生活保障制度的工作有关规定，利用计算机信息技术，对低保申请与审批、社会救助申请与审批中的每个环节进行统一管理，具有相应的审批级别设定，可以把审批的结止点定到市、区、街道或社区中的任何一级，同时可以将数据自动汇总，生成图表，方便各级负责人及时了解实际情况，使低保业务处理规范化、自动化，更好地为低保人群服务。最终实现"建立城乡社会救助体系，加强各项为民解困"的重要目标。

其次，打造各部门之间的横向对接渠道，降低困难群众申请救助的难度，并提高民政部门的工作效率。将低保信息管理、社会救助管理、农村五保户管理、医疗救助这四个方面统一建立一个社会救助专项管理系统。系统实现省、市、区、街道（乡镇）、社区（村）四级联网，使各级民政部门都具备网上审批、信息统计、资金和人员管理、信息查询等多种功能，可以实现低保工作从申请、受理、核准、审批全程信息化和网络化。还要兼顾医疗救助、廉租住房、临时救助等社会救助制度，以及与低保相衔接的保险、就业、住房等政策，从而实现了资源信息在政府各部门间的充分共享。

再次，建立多种管理机制联动平台。社会救助的业务种类繁多，具体而言，包括基础数据管理、审批流程管理、医疗救助登记审批管理、临时救助登记审批管理、扶持互助登记审批管理、教育救助登记审批管理、临时救助登记审批管理、自动生成各种资金发放记录、各种资金发放统计分析、统一报表打印、基于工作流引擎的审批流程自定义管理、提供外网接口用于救助相关信息发布及公示等模块内容。依托信息化建设契机，建立多种管理机制联动平台是提高行政效率、更好地服务困难群众的必然选择。针对农村救济管理，则是建立在农村"五保"户供养制度和农村居民低生活保障救助制度之上，并结合农村扶贫（民政扶贫、国家开发扶贫）、灾害性社会救助（紧急援助、生产自救）、疾病性社会救助（农村合作医疗保险、大病援助）、互助性社会救助（社会帮扶、社会捐赠）、司法援助等多种救助方式的综合管理机制。

最后，应加强社会救助信息化工作人员的培训力度。社会救助信息化建设需要工作人员对新技术的熟练操作，只有工作人员的综合素质提高了，社会救助才能早日实现信息化。2013年民政部指导各地出台按照保障对象数量等因素配备相应工作人员的办法和措施，天津、山西、内蒙古、辽宁、吉林、黑龙江、上海、江苏、安徽、江西、山东、河南、湖北、湖南、广东、广西、海南、重庆、贵州、云南、陕西、甘肃、宁夏、新疆24个省份出台了量化配备基层社会救助工作人员的具体办法和措施。同时民政部指导各地明确工作经费安排和补助办法，河北、山西、内蒙古、吉林、江西、湖北、广东、海南、陕西、甘肃、青海、宁夏、新疆13个省份及新疆生产建设兵团出台了要求基层按资金一定比例或按照保障对象人数配备工作经费的量化办法。广东按各级财政上年低保金支出的3%安排低保工作经费，省财政2013年安排3540万元补助地方。青海建立了城乡低保绩效考核办法和工作经费奖补机制，通过落实奖补经费充分调动了基层低保工作积极性。内蒙古制定和量化了基层配备工作人员和办公经费的标准。河北、辽宁、吉林、黑龙江、浙江、江西、湖北、湖南、广东、广西、海南、重庆、四川、贵州、云南、陕西、甘肃、青海、新疆19个省份及新疆生产建设兵团安排省级财政专项资金对基层低保工作经费给予补助。基层工作人员业务培训普遍开展，低保信息化建设继续推进。

（三）统一标准，保障安全

标准化是保障社会救助信息化工程建设和系统正常运行的科学管理手段。在各级社会救助以及民政系统信息化建设的过程中，参照全国民政信息系统标准规范体系，按照"五统一"的原则，即统一指标体系、统一文件格式、统一分类编码、统一信息交换格式、统一名词术语，集中力量，规划和编制各省"本地化的民政信息系统业务标准和技术标准"，指导和推动"市民政信息化工程"的建设，为信息库运行提供支持与服务。建立相应的标准贯彻实施机制，为标准的实施提供有效服务。此外，党中央、国务院统一部署设计了信息化的标准规范，具体而言，地方政府开展本地社会救助信息化工作可参考的标准规范主要有：《2006—2020年国家信息化发展战略》《国家电子政务总体框架》《电子政务系统总体设计要求》《电子政务标准化指南（第二版）》。关于政府网站建设、政务公开方面，可参考的标准规范主要有《关于加强政府网站建设和管理工作的意见》《中华人民共和国政府信息公开条例》《关于进一步推行政务公开的意见》《电子政务信息资源目录体系建设及案例》、《民政业务数据共享与交换标准》等。

网络安全同样是信息化建设不容忽视的一大因素。中央网信办、国家质检总局、国家标准委于 2016 年联合印发了《关于加强国家网络安全标准化工作的若干意见》（以下简称《意见》），对加强网络安全标准化工作做出部署。《意见》强调，要建立统一权威的国家标准工作机制，原则上不制定网络安全地方标准。意见明确，全国信息安全标准化技术委员会在国家标准委的领导下，在中央网信办的统筹协调和有关网络安全主管部门的支持下，对网络安全国家标准进行统一技术归口，统一组织申报、送审和报批；探索建立网络安全行业标准联络员机制和会商机制；建立重大工程、重大科技项目标准信息共享机制；建立军民网络安全标准协调机制和联络员机制。

二　省级社会救助信息化实践实例

进入 21 世纪以来，信息技术的快速发展为民政系统信息化建设提供了契机。正如上文所述，中央部委民政系统信息化建设经历了两个阶段的发展演变。而对于省级民政系统而言，在国家信息化初始建设阶段，由于各种标准制定尚未规范，民政信息软件开发不健全，地方民政信息化建设水平进展较为缓慢。直到 2007 年以后，随着"互联网＋"技术的到来，各省民政信息化建设才渐有起色，例如，2013 年湖北启动全省民政综合业务平台建设一期工程，社会救助制度进一步衔接。同年，福建设立了统一的城乡医疗救助基金。广东建立全省城乡低保最低标准制度，分四类地区制订城乡低保标准和补差水平最低标准。青海则开始建立全省统一的医疗救助信息管理系统。

（一）省级纵向社会救助信息化机构

根据国家民政部对各省民政职能划分及机构设置，社会救助分管部门从上到下依次主要分为省民政厅、市民政局、县（区）民政、街道（乡镇）及居委会5级，5级部门共同组成全省民政系统，承担相应的行政职能和开展为民服务工作。省级民政部门信息化建设的主要工作则是承接国家信息化建设意见，规范本省民政信息化建设路径，出台相关政策，实现社会救助纵向5级联动以及与其他相关部门的横向协调。

（二）各省社会救助信息化实践

具体而言，省级社会救助信息化实践主要包含两个方面：

一是为解决城乡低保审批过程中出现的"骗保""错保""人情保"等问题，由民政系统牵头开发建立人口信息核对系统。

其主要目的是综合多部门的数据库，进行救助数据的实时更新和比对。

2009年上海市成立了全国首个为民生政策提供经济状况权威核对信息的支持性政务平台——上海市居民经济状况核对中心。该中心将为廉租房、经济适用房、低保、医疗救助、教育救助、就业援助等社会福利政策的实施提供更明确、科学的依据。随着社会保障制度由补缺型向"适度普惠型"转变，社会保障的项目和涉及群体不断扩容，其中一项重要的基础性工作就是掌握居民家庭真实收入情况，避免虚报瞒报。由于居民收入类型日趋多样，核对难度越来越高，传统的入户察看、邻里访问核对机制面临着严峻的挑战。据测算，上海仅廉租房、经济适用房、最低生活保障、医疗救助和教育救助5个项目，一年核对工作量就涉及123.5万户。经过两年半的试点，上海市民政部门初步构建了经济状况核对新机制，形成了居民经济状况核对系统平台，具备了与全市所有街镇联通的接入能力；完成了与市人保局、市公积金中心、市税务局、市民政局的4条电子比对专线的建设；中心城区86个街镇实现了电子比对和电子审核；《上海市居民经济状况核对暂行办法》作为市政府规章也即将出台，为核对工作提供法律依据。

2014年6月，广西民政厅建成了全区低保核对大数据平台，具备区、市、县三级联网核对功能。该平台先后与自治区高级法院、公安厅、人社厅、工商局、地税局、国税局、农机局、畜牧水产兽医局和保监局、银监局10个部门实现数据共享，与12个市房产部门、14个市公积金管理部门签署了联网协议。在经救助申请人及其家庭成员授权情况下，通过大数据核对查询申请对象的婚姻、户籍、车辆、社会保险、商业保险、住房、银行存款、个体工商户、纳税、公积金和涉农补贴资金等家庭经济状况信息，重点核查救助对象名下的房子、车子、票子，核对结果作为社会救助的审批依据。该平台运行两年来，共接受各市县委托核对 154 万户、404 万人次，核对出 39 万人与个人财产收入申报不相符的疑似对象。经县级民政部门入户核实认定后，有 16 万人不符合申报条件。

2015 年 8 月，甘肃省民政厅与省公安厅决定建立信息共享查询协作机制，在婚姻登记、行政区划、人口基本信息和车辆基本信息等方面实现共享查询，解决申请社会救助中出现的车辆核查难、人户分离等问题，更加准确地掌握申请救助家庭财产状况，杜绝"开豪车吃低保"、重复施保等现象，促进社会救助政策的公平公正。目前，甘肃省民政厅已与 14 个部门建立了信息共享查询协作机制，核对机制建设正有序全面推进。

2017 年，四川省在全省范围内开展信息录入工作。到 11 月底前，省内约 90 万留守儿童的个人信息情况在系统中显示。信息录入工作由基层工作人员负责完成，各乡镇、村（居）委会工作人员统计所在辖区留守儿童的姓名、身份证号码、监护人姓名等家庭情况，以及目前享受了何种国家优惠政策。所有信息将每季度更新一次，保证所有政策落实到位。全国农村留守儿童信息管理系统还将与最低生活保障信息系统、建档立卡贫困户信息系统、残疾人信息管理系统的数据共享。上述负责人表示，这意味着，现在只要输入身份证号码，留守儿童的所有情况都能一目了然，包括是否残疾、所在家庭是否符合低保条件、是否已经享受有关优惠政策等情况。上述系统为留守儿童的生活提供了保障。全国农村留守儿童信息管理系统为开展农村留守儿童数据更新、比对核实、组合查询、定期通报、实时报送等工作提供了可靠的平台支撑和有效的技术保障，对建立翔实完备的农村留守儿童信息台账，推动社会资源的有效对接，实现对留守儿童的精准关爱、精准帮扶、精准保护具有十分重要的意义。

二是实现多部门精准对接，实现社会治理横向联动的"一体化办公"网络体系的建设。2016 年，湖南省率先出台《全省"十三五"民政信息化发展规划》，明确民政信息化的路线图、时间表和任务书，展开了湖南民政信息化"平台型"模式的探索，取得了良好的实践成效。湖南省民政信息化建设重点强调"五个一体化"："一体化标准"，实现业务系统建设标准化、业务工作流程再优化、网络建设规范化；"一体化网络"，搭建四级的网络架构；"一体化平台"，整合所有信息系统，涵盖民政主要业务领域，业务协同，打破"信息孤岛"；"一体化数据"，建设民政大数据中心，全部业务数据从基层采集、省厅汇聚；"一体化服务"，实施"互联网＋民政"，深化网上社会救助便民服务。实现"五个一体化"，重点是全省"一盘棋"实施"三个一"：建好"一张网"——加快网络通。社会救助的业务系统一般都在网上各自处理，导致民政业务系统运转缓慢，大大降低了政府办公的工作效率。在这种情况下，湖南省民政厅加大民政信息化投入力度，建立省、市、县、街道（乡镇）四级互联网联动网络专线，极大地提升了民政系统网络办公的速度，也使得民众网络办公更为快捷；建好"一平台"——加快业务通。为促进民政系统网络办公能力的提升，省民政厅开展了有计划的学习调研活动，先后到北京、上海等民政部门进行参观学习，并进行多轮论证和方案比选，并结合湖南实际，开展"平台型"信息化建设模式的探索实践，即按照上述"五个一体化"的核心架构，把分散的业务系统整合到"互联网＋民政"业务一体化平台，实现"一站式"登录访问、"一界面"办理业务、"一张图"知晓家底。湖南"平台型"模式和一体化设计思路，与省委省政府"互联网＋政务"一体化云平台、民政部"金民工程"一体化设计思路完全吻合，实现纵向横向的全方位互联互通，并在省部开始部署建设一体化平台时已经建成，实现了后发赶超；建好"一中心"——加快数据通。首先，省民政部门对各项业务系统之间的数据进行分析整理，剔除了部分老旧重复的旧有数据，重新规整了可用、可复制的全新数据库。其次，建立多部门数据联动系统，与省属各部门进行数据共享和交换，扩大现有数据库。最后，结合"云计算"技术，对民政数据进行动态监控和深度运算，通过三维图形的方法对民政全过程进行"写真"，通过"一号"（身份证）查询民政服务对象的关联数据，为民政服务对象画一个大数据"肖像"。按行政区划、资金、项目、服务对象等类别，真正实现用数据找人，用数据管钱和项目，推动民政工作用数据说话、用数据创新、用数据防控廉洁风险。

　　也有省份重点打造"一门受理"办公体系，将社会救助业务与其他民生业务集成办理。"一门受理"是指乡镇（街道）层面通过建立统一受理社会救助申请的窗口，对各类社会救助项目进行"一站式"申请和办理（转办）的跨部门、综合性服务模式。具体而言，"一门受理"主要是指乡镇（街道）层面，以社会救助经办机构为依托，通过现有政府办事大厅、综合性服务窗口，建立统一的专门用来接受和办理各类困难人员求助申请的综合性服务平台，如乡镇（街道）社会救助中心、乡镇（街道）政务服务中心等。其受理业务除了民政部门既有的最低生活保障、特困人员供养、受灾人员救助、医疗救助、临时救助等救助项目业务外，还包括教育救助、住房救助、就业救助等社会救助项目，目的在于实现各类社会救助项目的统一和集成管理。以江苏省为例，江苏省在 2014 年 5 月 1 日《社会救助暂行办法》实施之前即完成了全省乡镇（街道）"一门受理"窗口的设置，并在实践的过程中形成了各具特色的"一门受理，协同办理"的基层社会救助服务管理模式，为"一门受理"的推进与优化积累了先进的实践经验。

　　近年来，海南省重点打造"互联网＋社会救助"服务系统。实现困难群众救助资金信息化发放、医疗救助"一站式"结算。一方面，在社会救助"一站式"受理平台打造方面，为建立起涵盖最低生活保障、特困人员供养、临时救助、低收入家庭认定等多项救助业务的综合信息管理平台，海南省大力投入资金进行全省民政系统的网络升级。进一步将社会救助管理与信息技术融合，从而极大地提升了社会救助网络化管理能力。由于困难群体较多，海南省社会救助业务较为繁杂，传统民政手工办理业务具有种种通病，如工作人员数量较少，无法及时处理救助事项，资金的支出手段技术落后，不能有效保障困难群众的切身利益，通过网络化建设，系统自动数据备份和留存，使社会救助业务更加规范，大大降低了"错保""漏保""重复救助""冒领救助金"等现象的发生，也提升了群众对当地社会救助工作的满意度，促进了社会公正的实现。此外，海南省民政厅联合多个部门共同研发了全省上下贯通使用、数据及时更新的社会救助综合信息管理平台，使最低生活保障、特困人员供养等多项救助实现了信息化管理。依托信息平台对救助对象身份认定、救助金计算等各环节作了统一要求，简化了审核、审批程序，不仅提高了行政效率，也方便了困难群众能够第一时间获得救助处理。

另一方面，海南省还实现了低保、特困等救助金的信息化发放。通过将省社会救助信息管理平台和省财政惠民补贴"一卡通"系统实现无缝对接，海南省民政厅每月统一将全省低保、特困等救助金发放台账发送到省财政惠民补贴"一卡通"发放系统，财政部门不再受理民政部门从其他渠道报送的资金发放信息，真正做到了"一门出数据、一门分资金和一门发放资金"。此外，为缓解困难群众的医疗负担，提供便捷的医疗救助服务，海南省民政厅还在全省范围内建立了医疗救助"一站式"即时结算平台。城乡低保对象、特困人员、建档立卡贫困户等重点救助对象在定点医院住院时，可直接享受医疗救助。在国家精准扶贫战略的要求下，作为社会"最后一公里"保障体系，社会救助更需要与最困难群众实现精准对接。为了保障社会救助工作的瞄准精准性，海南省民政厅与14个部门建立横向信息共享联动机制，在全省范围内建立社会救助家庭经济状况多部门快速核查体系。该体系主要包含了一个信息核对平台，并成功对接了人社、卫生、工商、公安等12个单位的数据信息。在家庭资产核对方面，社保、车辆、存款、公积金等20多项资产信息全部纳入核对，全省各市县各项救助业务均可通过省民政厅的信息核对平台统一进行核对。成功获得了社会救助资助的家庭可以允许民政部门通过信息核对平台向其他有关部门发送核对请求，并在极短的时间内完成核对，生成核对报告，从而极大地提升了信息核对的效率。凭借着这一跨部门、多层次的信息核对平台，海南省成功剔除了部分原先不符合低保资格的人员，从而让社会救助瞄准更为准确，救助资金也切实对接到困难群众。据统计，仅2018年上半年，省民政厅共核对申请17.4万人次，预警总条数3.2万条。

为解决目前社会救助信息系统存在的更新不及时、数据不准确等问题，进一步提升社会救助信息化管理水平，2016年，内蒙古自治区专门下发《关于进一步做好社会救助信息系统应用的通知》（以下简称《通知》），要求各地从七个方面着手，把社会救助信息化规范管理作为一项基础性工作抓准抓实：一是保障基础数据的准确性，明确各项社会保障数据录入的精准性，并将其与财政"一卡通"的各项数据进行比对核准。二是定时更新社会救助系统数据库。要按时完成低保、"五保"对象申请、审核、审批、动态调整、调标等业务流程操作，并于每月（"五保"供养为每季度）最后一天前完成数据结转和资金虚拟发放等操作。三是确保系统录入数据的完整性。其中，低保、"五保"、养老等数据项目的必填项都要进行查漏补缺，定时做到维护和更新。四是做好资金管理模块录入更新。内蒙古民政厅规定各民政系统要在 5 个工作日内做好上级拨付救助资金的录入和规整。五是完善电子档案。将低保、"五保"等人员的各项个人数据及时录入系统中，并不定期查漏补缺。六是启用 CA 数字证书登录信息系统。省民政厅要求在民政系统使用 CA（可信任的第三方）数字证书，并通过 CA 单点登录信息系统，确保社会救助信息系统安全稳定运行。七是强化考核考评。将社会救助系统的建设情况作为社会救助分管领导的考核指标进行监督，促进各地社会救助信息化建设的发展。

第三节　县市级社会救助信息化实践

县市级民政系统的作用主要是政策与民众的直接对接。县市级工作人员是社会救助信息化建设的直接操作者。信息化提供的综合统筹多业务的平台使地方包括社会救助在内的民政政务的处理更为集约化和简便化。

一　县市级民政系统在社会救助信息化建设中的作用

从被救助者到村（居）委员会提出申请，村（居）委会处理申请，乡（镇）、街道办及县市民政管理部门审核审批，直到最后救助资金的发放。在整个社会救助的环节中，县市及以下民政系统承担了政策与民众的直接对接工作。在信息化建设过程中，县市民政系统的作用可以分为两个方面。首先，各项民政数据是由基层工作人员负责整理、录入，因此，县市级民政系统信息化建设贴近民众的实际需要，县市级工作人员也是社会救助信息化建设的直接操作者。其次，在各项救助系统的建设过程中，县市级工作人员的及时反馈能够为上级部门调整方针、改进规划提供重要参考，有力地推动了信息化建设的科学性和务实性。

二 县市级民政社会救助系统建设的具体目标

县市级民政社会救助系统的建设一般要实现以下目标：

1. 遵循国家核对标准和民政部要求，与其他横向行政部门的数据平台实现对接

通过国家核对平台数据查询框架，可接入部分数据信息，获取申请人在其他省市的数据，丰富和扩展核对信息，同时将广州市核对系统的统计等数据上传到国家核对平台。

2. 数据在线服务平台的及时升级与改造

根据民政部低收入困难家庭认定指导中心《社会救助申请人家庭经济状况收入核对业务规则》《社会救助申请人家庭经济状况财产业务核对规则》等核对业务规则全面改造原有的数据模型，包括：基本信息、收入信息、财产信息等三大类数据比对模型。

3. 实现对救助业务的模块化管理

实现数据交换模块化管理，数据计算模块化管理，核对报告模块化管理。根据业务需求满足不同的数据交换、数据计算、核对报告出具内容的要求。

4. 在线互动平台实现知识库管理和用户问题维护管理

通过建设知识库提高业务人员获取业务资料的效率、实现业务知识的分享、提高业务人员的业务素质和能力。通过建设问题维护管理模块提供用户问题处理的规范化流程，分析常见问题。

5. 保障数据安全

救助系统需要达到等保测评三级以上标准，救助系统需要不定期进行等保测评。

三 各省份县市级社会救助信息化实践

国务院颁布《社会救助暂行办法》规定了"建立健全政府领导、民政部门牵头、有关部门配合、社会力量参与的社会救助工作协调机制"等一系列体制和机制要求，为民政部门统筹社会救助工作提供了宏观上的法规和政策依据。民政部门的统筹作用在实际工作中得以有效实现，需要建立一个载体。信息化提供了这样一种综合统筹多种业务的平台，也使地方包括社会救助在内的民政政务的处理更为集约化和简便化。近年来，随着跨地区、跨部门的公共事务越来越多，传统的条块分割、碎片化的行政管理体制越来越难以适应现代经济社会发展的实际需求。与此同时，我国正进入信息社会、互联网时代，党的十八届五中全会提出实施网络强国战略，开展"互联网＋"行动计划，发展分享经济。在公共事务的管理方面，以"整体政府"为发展目标，以信息化平台建设为手段的体制改革也开始在各地试行，并取得了不错的效果。综合来看，各县市社会救助的信息化主要是通过两种模式开展。

（一）打造"一门受理"信息平台，促进社会救助信息化建设

南京市通过打造建设"一门受理"平台，加强基层民政系统的信息化建设水平。通过在乡镇（街道）层面建立"一门受理"平台，可以有效地将原来分属于不同社会救助管理部门的最低生活保障、特困人员供养、受灾人员救助、医疗救助、教育救助、住房救助、就业救助、临时救助等各项救助业务集成办理，实现救助窗口与各政府职能部门"一对多"的业务相连，在实践中有利于构建在民政部门统筹下，卫生计生、教育、住房和城乡建设、人力资源和社会保障等相关救助管理部门协同参与的集成化服务管理模式和大救助格局。为克服传统政府管理中因"条块分割"所造成的基层社会救助工作中的部门壁垒和办事效率低下等问题，南京市在"一门受理"平台建设等硬件设置和管理模式上实现了创新，也通过开发统一的乡镇（街道）"一门受理"网络平台软件，实现各类救助和政务服务的联网化办理。首先，将各类社会救助服务与"一门受理"网络平台软件进行纵向上的信息化连接，整合各项业务专网，在乡镇（街道）层面形成一个统一的社会救助信息管理项目，建立一个上联各社会救助管理部门的信息传递与交换系统。其次，再将统一的社会救助管理信息系统与归属于人社、公安、卫生、工商、税务、银行、交运等各项政务服务系统一起与"一门受理"网络平台软件相连，最终形成一个综合性的基层政务管理信息系统，实现所有进驻事项进入一个政务系统网上联动办理，以方便数据的共享和有效利用，以及街道全科窗口统一办公。再次，健全完善申请救

助家庭经济状况核对机制。通过加强公安、人社、工商、房管等部门的数据交换与信息比对，着力搭建跨部门、多层次信息共享。业务协同的申请救助家庭经济状况信息比对平台，实现信息化核对、网络化管理、核对信息资源共享，推进精准、高效、公正救助。最后，在乡镇（街道）"一门受理"网络平台的基础上，搭建社区民生服务信息化系统，将信息系统延伸至社区，从而形成省、市、县（区）、乡镇（街道）、社区五级联网的政务信息化网络管理服务体系，为街道"一门受理"网络平台和政务管理系统提供支持。

北京市东城区着力打造社会救助信息化平台建设，实现社会救助工作由传统型向一体化、智能化的新型社会救助体系的根本转变。具体而言，东城区社会救助信息化平台具有以下几大功能：一是完成信息整合。民政系统依托信息平台，将全区救助工作数据的采集、汇总、查询、统计及分析处理集约化，为被救助者提供包括从申请到注销在内的全程服务，同时提高了行政管理效率，也在一定程度上解决了多部门之间的协调问题。二是提升了资源配置效率。通过搭建信息平台与市捐赠网、低保网等的动态链接，提升了政府和社会在救助业务上的合作水平，从而提高了救助资金的配置效率。在有限资源和有效需求间进行合理配置，实现资源效用的最大化。三是业务审批新制度得以建立。东城区通过信息化平台将各项救助审批程序集约化，构建了新的在线审批系统，并使之与其他各部门之间形成联网，从而使各项救助审批能够快速回复、解决，提升了救助事项的办理效率。四是实现了智能救助。将东城区救助职能部门、救助业务标准量化处理，针对困难群众提出的申请，系统自动进行分析，并将分析结果以推荐救助项目的形式自动提示给困难群众，使申请人在第一时间了解救助政策，有目的性地进行申请，提高救助工作的透明度，维持了社会公正。

随着现代科技的发展，信息化逐步成为管理和公共服务的重要手段。江苏省如皋市从两个方面加强社会救助的信息化建设。首先是构建社会救助信息平台。为了解决传统社会救助业务处理过程中的制度性问题，2015年，如皋市民政系统利用互联网平台，建立了如皋社会救助信息平台管理系统，整合民政、卫生、残联、慈善会、教育、住建、司法、总工会、妇联、团委等社会救助部门以及全市 14 个乡镇（街道）民政办的救助信息，破除了各部门之间的"信息壁垒"。以民政信息系统为统筹，使数据在各个部门之间形成共享机制，从而达到社会救助信息的互联、互通、互动的效果。此外，在信息平台的打造上，网上救助申请、在线咨询解答、社会救助动态、各救助部门相关的救助政策法规、志愿救助、救助公告公示、监督电话以及社会各界的爱心传递展示，这些社会救助信息平台管理系统简单明了的功能板块，极大地方便了救助部门的信息共享和广大人民群众对社会救助平台的了解。不仅如此，该系统还实现了对扶贫全过程、动态化、互证式的管理，增强了社会救助工作的针对性。其次是大力推动移动政务。2016 年 8 月中旬，江苏省如皋市民政局推出民政部网站手机 App 客户端，用户借助该客户端可随时查看最新的民政新闻、在线咨询民政政策。该客户端为公众获取民政信息和服务提供了更加便捷的渠道，已成为该市宣传民政工作、促进政务公开、方便服务群众的重要窗口。

也有县市着重打造纵向的民政信息化体系。湖北省洪湖市推进"四个到位"，全面加强市、镇（乡）、村（居）三级服务能力建设，做到有队伍、有阵地、有资金保障。为此，洪湖市从三个层级提升民政政务的处理水平，首先是提出市政务服务中心要充分发挥业务指导、综合协调、监督检查的作用，加强对镇（乡）、村（居）两级服务平台的审批及服务事项的交办和督办。其次，乡镇区办事处便民服务中心实行"一站式受理"、"一口式办结"的工作机制，民政、教育、卫生、社保、住房、就业、信访、残疾人生活保障以及水、电、气、通信费用交纳等事项均可通办；最后，村（居）便民服务室依托党员群众服务中心发挥综合服务职责，为村（居）民提供证照全程代办、惠民政策咨询、矛盾纠纷调解等相关服务。具体到信息化建设的推动上，洪湖市提出优化"四个流程"服务制度。一是推行"互联网＋政务服务"暨"放管服"制度改革，切实做好"一次办"服务；二是坚持对审批服务事项"应放尽放"的原则，审批权限以授权委托的方式下放到乡镇区办事处审批；三是按照"能进则进"的原则安排业务能力强、素质高的工作人员进驻各政务服务中心（大厅）办理。建立健全首问负责、一次性告知、并联审批、限时办结等制度，实现"一窗式受理、一站式服务"；四是积极推行上门服务、预约服务、自助服务等服务方式，逐步构建实体政务窗口、网上办事大厅、自助终端等多种形式公共服务新模式，为群众提供方便快捷的多样化服务。

（二）打造居民家庭经济状况核对信息平台，促进社会救助的信息化建设

部分县市开展信息化建设的初衷是为了解决信息不对称、不透明所带来的社会不公正问题。其中，包括低保在内的救助核对一直是社会救助工作开展的难点。为此，部分县市以打造居民家庭经济状况核对平台为契机，大力发展了当地民政信息化建设。

广州市着力打造居民家庭经济状况核对信息平台，建立了一套从准入到审核、审批的居民家庭经济状况的核对规则和管理办法，逐步提高社会救助的效率和社会救助的公平性、公正性。通过核对信息系统的建设，广州市居民家庭经济状况核对中心搭建了一个高效的应用信息化平台，不但实现与人社、公安、税务、国土等9个政府部门数据信息交互共享，同时还实现与近30家商业银行、商业保险公司、省福利彩票、市低保低收入系统、市医疗救助系统的对接，使核对信息系统采集的数据内容更为全面，进一步提高了对申请救助家庭及成员的经济状况数据的准确性，为实现社会更为公平、公正、公开救助提供强有力的数据支撑。同时，通过核对系统项目一期、二期、三期的连续性建设的不断完善和优化，使核对信息系统功能得到进一步的完善，使核对业务与核对系统建立较好的匹配性，真实地反映出核对业务的应用情况。同时通过建立在线分析系统，为社会救助和核对业务的相关领导决策提供帮助。

2013年宁波居民家庭经济状况核对信息平台正式投入运行，实现了8个部门12类信息共享，24小时内完成信息自动比对。结合文件的落实开展了"社会救助宣传周"活动，进一步提高了群众对低保等救助工作及相关政策的知晓度。

本章小结

本章分别从国家部委、省级、县市级三个层次，对社会救助信息化建

设的理论依据和实践做法进行了简单介绍。重点分析了中央民政部门、部分省份、县市在信息化建设中的具体过程和操作实例，从而使读者对我国社会救助信息化建设有一个立体的、纵向的把握。

思考题

1. 不同层级民政系统进行信息化建设的差异有哪些？

2. 大数据、新媒体、App 等新技术手段在社会救助中能够发挥什么样的作用？需要注意的问题又有哪些？

扩展阅读

如皋市构建民政信息化管理服务体系

8 月中旬，江苏省如皋市民政局推出民政部网站手机 App 客户端，用户借助该客户端可随时查看最新的民政新闻、在线咨询民政政策。该客户端为公众获取民政信息和服务提供了更加便捷的渠道，已成为该市宣传民政工作、促进政务公开、方便服务群众的重要窗口。截至目前，网站点击率已超过 30 万人次。

随着现代科技的发展，信息化逐步成为管理和公共服务的重要手段。如皋市民政局局长谢万健介绍说，如皋市针对民政服务范围广、服务内容多的实际，不断强化民政信息化建设，让群众更好、更快、更便捷地掌握第一手民政信息，第一时间了解民政工作的最新动态，让人民群众感受到民政工作给他们带来的温暖和贴心服务。

建设社会救助信息平台

部门之间如果存在"信息孤岛"现象，就不能提供及时高效的救助服务。去年，如皋市民政系统就社会救助中存在的弊端，利用互联网平台，建立如皋社会救助信息平台管理系统，整合民政、卫生、残联、慈善会、教育、住建、司法、总工会、妇联、团委等社会救助部门以及全市 14 个乡镇（街道）民政办的救助信息，打破行业之间的政策壁垒，实现各部门之间的救助信息共享，达到救助信息的互联、互通、互动的效果。

网上救助申请、在线咨询解答、社会救助动态、救助政策法规、志愿救助、救助公告公示、监督电话以及社会各界的爱心传递展示，这些社会救助信息平台管理系统简单明了的功能板块，极大地方便了救助部门的信息共享和广大人民群众对社会救助平台的了解。不仅如此，该系统还实现了对扶贫全过程动态化、互证式的管理，增强了社会救助工作的针对性。

打造智慧养老服务平台

近日，家住如皋市磨头镇星港村的 83 岁蔡桂英老人借助手头的呼叫器，及时联系到呼叫中心，申请到了助洁服务。

如皋市积极探索养老模式创新，将"启动居家智慧养老服务工程，构建具有如皋特色的社会化养老服务体系"列入为民办实事工程，融合"互联网＋"全新理念，投入 1000 多万元，推出"居家智慧养老"新模式，依托互联网云计算技术，以呼叫服务为中心、以直属专业服务团队为主体、以优秀加盟服务商为补充、以智能养老终端为辅助，为如皋老年人打造了一所没有围墙的"养老院"，通过政府购买形式，为全市低保中的重残老人、95 岁以上高龄老人、80 周岁以上的农村"五保"和城市"三无"老人、无子女和 90 岁以上的失能重点优抚对象等各类对象提供全方位、全天候、全覆盖的贴心免费服务。目前已提供上门服务 1 万余人次，取得了很好的社会效应。构建综合业务信息平台用数据说话，用数据决策，用数据管理，用数据创新。如皋市民政局运用大数据技术，积极构建综合业务信息平台，推动民政工作转型升级。

如皋市采取"统筹规划、分步实施、层层递进"的策略，经过一年多的努力，覆盖省、市、县、镇、村五级民政部门的基础网络建设在全市 14 个乡镇（街道）、347 个村（社区）、局机关各科室以及 12 个局属单位均畅通，将社会福利、社会组织、行政区划、志愿服务、婚姻登记、儿童福利、双拥工作等 24 项服务信息的大数据"一网打尽"，各种数据统计查询速度大幅度提升，基本实现了基础数据信息化、业务处理网络化、分析决策科学化、业务监管智能化，实现了业务协同与数据共享交换的发展需求。

（参考文献：何益军《如皋市构建民政信息化管理服务体系》，《中国社会报》2016 年 8 月 30 日，第 1 版）

第八章
我国城市社会救助信息化管理典型案例分析

2015年，国务院印发《国务院关于印发2015年推进简政放权放管结合转变政府职能工作方案的通知》，要求建立统一的综合监管平台，推进综合执法。2015年6月，国务院又印发《国务院办公厅关于加快推进"三证合一"登记制度改革的意见》，大力推行"一窗受理、一站式"服务工作机制，将"三证合一"登记制度改革与全程电子化登记管理、政务信息共享平台建设、统一社会信用代码制度建设等工作统筹考虑、协同推进。建立跨部门信息传递与数据共享的保障机制，加大信息化投入，按照统一规范和标准，改造升级各相关业务信息管理系统，实现互联互通、信息共享。

2015年底，国务院印发《促进大数据发展行动纲要》，提出加快政府数据开放共享，推动资源整合，提升治理能力。大力推动政府部门数据共享，稳步推动公共数据资源开放，统筹规划大数据基础设施建设，支持宏观调控科学化，推动政府治理精准化，加快民生服务普惠化。在这种政策背景下，全国各地围绕数据统筹规划，分别开展了相对应的民政系统信息化建设浪潮。其中，不同地域互联网发展存在较大差异，相对应的社会救助信息化建设也有所区别。

本章我们分区域选择了上海、南京、石家庄几个城市，对城市社会救助的信息化管理进行深入解析。一方面，使读者能够更加清晰地了解我国城市社会救助信息化建设的发展趋势；另一方面，也可使读者对中国不同地域的差异化发展现状进行比较。

1. 了解上海、南京、石家庄三地社会救助信息化管理的发展状况。

2. 通过分析三个城市社会救助信息化管理典型案例，找出城市社会救助信息化管理普遍的注意点。

第一节　上海市社会救助信息化案例

上海市社会救助的信息化建设先后经历了三个阶段。首先，以社会保障和市民服务系统为主的分部门信息系统建设阶段，这一阶段的特点是信息资源部门化，数据误差较大，各部门之间信息无法共享，社会救助业务办理依然碎片化，社会救助的信息化建设处于初级阶段。其次，居民经济状况核对系统平台的搭建阶段，这期间主要是对已有的居民数据进行整合，比对社会救助申请者的相关信息，从而在一定程度上解决由于信息缺乏产生的政府治理效率低下的问题。最后，"全市通办"网络服务体系的建立，所谓"全市通办"，指的是政府部门通过优化业务办理流程，打破居民群众办事过程中存在的户籍地或居住地限制，通过建立全市统一的信息交互平台，让居民群众在全市任何一个社区事务受理服务中心均能申请办理事项，实现"就近办事"，从而进一步提升了本市社会救助的信息化建设水平。

一　上海市社会保障和市民服务系统

早在 1996 年，上海市就提出了建设上海信息港的概念，但上海市社会保障和市民服务信息系统从形成决策到建设完成，也先后经历了一些重要发展时刻，才形成了如下发展目标：以数据信息化为基础，建立市级信息交换平台和共享数据库；以流程信息化为手段，转变政府办公方式；以决策信息化为重点，促进政府执政能力建设；以服务信息化为根本目的，发放社会保障卡，提升公众满意度。

（一）上海市社会保障和市民服务系统的发展历程

上海市信息化建设起步较早，1996 年上海市提出了建设上海信息港的概念，用三个三年来滚动发展城市信息化。其中，第一个三年是从 1997 年到 1999 年，主要是信息化的基础设施建设；第二个三年是从 2000 年到 2002 年，这三年是重点突破期，实现了信息化建设从基础设施向应用推进的转化，这一时期内，政务信息化、城市信息化、诚实信用体系、大通关、社会保障与市民信息服务系统全面推进；第三个三年是从 2003 年到 2005 年，重点改善信息化发展的软环境。其中，与民政系统社会救助业务相关的就是上海市社会保障和市民服务信息系统的建设。该系统的初期建设目标是：通过整合与市民办理个人社会事务相关的政府和社会信息系统，形成全市统一和唯一的信息平台和数据库，使上海市社会保障和市民服务信息系统成为保障市民便捷有效地办理个人社会事务的政府计算机服务系统。

上海市社会保障和市民服务信息系统从形成决策到建设完成，先后经历了一些重要发展时刻：1998 年，上海市政府第 15 次常务会议讨论原则同意，用三年时间，在上海市建成"上海市社会保障卡（IC）应用系统"；1999 年，市民保障卡"一卡通"工程被列入市政府实事工程；1999 年 12 月，社会保障卡工程的主体工程建成并开通运行，黄埔、虹口和卢湾三个区内领取养老金、社会救助金、优待抚恤金的人员和失业人员首批领到了社会保障卡；2000 年 12 月，政府各相关职能部门的信息系统扩大了网络覆盖面、完善了数据库，中心城区和浦东新区各街道（乡、镇）的社会保障卡服务站全面投入运行，并向全市部分民政对象发放社会保障卡；2001 年 8 月，《上海市社会保障卡和市民服务信息系统管理办法》和《上海市社会保障卡管理办法》正式施行；2002 年 5 月，上海市依据《上海市社会保障卡管理办法》的要求，16 周岁以上城镇居民社会保障卡申领工作全面启动；2002 年 10 月，"市民信息服务网"开始试运行，12 月在上海市市民信息服务论坛上，由时任市政府副秘书长的杨雄同志点击开通；2003 年 5 月，市信息委员会与市电信公司签订了《关于开发社会保障卡应用功能的合作框架协议》。电信公司承担了该合作应用项目的开发工作。10 月底，完成了通过"家加e"电话终端查询"四金"的开发工作并投入试运行。2003年年底前，通过电信多媒体终端修改个人相关信息，通过社保卡与家庭固定电话号码的绑定持社保卡拨打电话的开发业务，并投入试运行。

（二）上海市社会保障和市民服务系统的建设目标

上海市推动的社会保障和市民服务系统建设主要是为了实现以下几大目标。

1. 以数据信息化为基础，建立市级信息交换平台和共享数据库

市政府在规划建设市民服务信息系统时，从全社会的角度去认识和把握业务数据信息化，具体的做法有以下几点：一是建立技术规范，包括业务分类、数据分项、字段长度等技术规范和格式，为政府各部门今后实现信息资源共享奠定基础；二是业务资料数字化，将业务部门的工作资料尽可能地转换为适用于计算机处理的数据、文字、图像及多媒体信息，使业务内容转换成业务信息流；三是开展数据比对，对各部门资源进行比对，使基本信息基本一致，实现数据的信息化。通过数据的信息化实现部门信息交换和共享，从而打破信息壁垒、解放"信息孤岛"的技术障碍，进而为搭建信息资源共享的流畅渠道和组成整体系统网络的核心枢纽打下基础。进而提高数据交换效率，建成容量在2000万以上人口信息的共享数据库。

2. 以流程信息化为手段，转变政府办公方式

市民服务信息系统的建立使民政相关工作流程信息化，将以人为本的工作流程，以工作标准和软件程序的方式固定下来，使流程所涉及的各部门工作更为高效，减少人为干预和"拍脑袋"的管理行为。流程信息化的过程实质上是流程优化和再造的过程，政府职能转变、工作方式转变的过程。

3. 以决策信息化为重点，促进政府执政能力建设

市民服务信息系统的建成，将在很大程度上为政府提供科学、精准的决策支持。通过对信息化的原始数据进行科学的归纳整理，运用一定的计算模型，从而对管理和决策提供数据支撑。全市数据的集约化，可以使政府全面掌握服务对象的情况，了解市民整体的文化水平、就业趋势、老龄

化程度、贫富分化等，并在数据积累的基础上做出预测，为制定下一步的政策纲要做准备。此外，全市的"大数据"将为政府提供使用人数、人次、内容、峰值、集中度等数量变化规律，了解市民关心的、遇到和存在的问题，发现政府服务工作中的薄弱环节，准确把握工作进程和发展规律，制定相关的政策和法规，从而对全市的社会、经济、政治发展进行必要的行政干预和引导。

4. 以服务信息化为根本目的，发放社会保障卡，提升公众满意度

社会保障卡作为市民进入市民服务信息系统的"电子凭证"，能够将普通市民与数据库和网络连接起来。通过社会保障卡，普通上海市居民的个人权益被转化为具体的要素，实现了以人为本的服务信息化。从而有效地提高了市民的生活质量、改善了政府的管理和服务，增加了市民对政府工作的满意度。

二　上海市居民经济状况核对机制

上海市居民经济状况核对中心作为全国首个为民生政策提供权威经济状况核对信息的支持性政务平台于 2009 年成立。运行以来，民政部门已初步构建了经济状况核对新机制，形成了居民经济状况核对系统平台，取得了明显成就。尝试为经济适用房、廉租住房、医疗和教育救助、最低生活保障、支出性致贫等社会福利政策的实施提供更精准、科学的依据。

（一）上海市居民经济状况核对机制建设的过程

上海市居民经济状况核对机制的建设主要遵循的是"诚信为本、专业操作、信息互通、公开制衡"工作理念，推进"三个一"建设。

打造一个平台："上海市居民经济状况核对系统"已正式上线，这是一个面向上海全市居民经济状况核对的综合信息处理平台，通过信息化手段为核对部门提供详尽的、客观的数据，重点是建立"电子比对专线"，把原本分散在政府各部门的相关信息，进行最大效率的整合和利用。

实施一个办法：2009 年 7 月，《上海市居民经济状况核对办法》经过一年多的起草，作为上海政府规章正式出台，为开展核对工作提供法律依据。

成立一个机构：2009 年 6 月 30 日，"上海市居民经济状况核对中心"正式成立。同时，根据核对办法有关规定，各区县核对机构正在积极组建中。此外，设立了"经济状况核对员"岗位，所有核对人员经培训考核后持证上岗。

目前，上海市居民经济状况核对工作已覆盖至全市廉租住房及经济适用住房试点工作，并取得了一定的进展，经济状况的比对已经延伸至中心城区经济适用住房、城镇最低生活保障、教育救助等项目。2016 年 9 月，上海市民政局印发关于《上海市低收入困难家庭申请专项救助经济状况认定标准（试行）》的通知，进一步推动规范专项救助政策，统筹社会救助体系建设。经济状况核对工作的开展，在确保公共资源公平分配方面取得了一定进展，有效地遏制了"搭便车"现象的发生，促进依法行政，确保公共资金惠及真正困难家庭。

（二）上海市居民经济状况核对的主要做法

一是创新核对方式。在结合传统的入户调查方法的基础上，新一轮的核对机制主要依托"上海市居民经济状况核对系统"，结合各部门的数据资料进行精准比对。

二是采用全新核对原理。根据申请人不同的收入特点，确定不同的核对要素。核对要素分成"基本核对要素"和"补充核对要素"，通过电子比对专线从相关部门获得相应的要素信息，由专业核对机构的数字模拟推算规则，在系统中直接生成该申请人客观、公正的收入财产数额，再与申请人申报的数额或政策规定的数额进行比对得出偏差值。偏差值小于等于零的，出具标准线内的核对报告；大于零的进入重新确认程序，根据重新确认的情况，对于仍大于零的，或主动退出终止核对，或出具标准线外的核对报告并载入不良诚信记录。

三是优化工作流程。将核对系统的申请受理环节纳入街镇社区"一门式"服务范围之中，实行"小金三角"运行模式：前台窗口一口受理、信息录入，相关部门业务审查后，委托民政部门进行经济状况核对。

三 社区政务"全市通办"网络服务体系的构建

上海努力探索、着力推进，不断提升社区政务服务的便民水平。上海在市级层面，也建立了由市分管领导召集、相关政府职能部门和各区县参加的社区事务受理中心标准化建设联席会议，充分发挥其统筹事项、协调事务、落实保障、组织监督的作用。

（一）社区政务"全市通办"的发展历程

上海是全国率先探索推行社区政务服务集中受理的城市。多年来，在市委、市政府领导下，上海努力探索、着力推进，不断提升社区政务服务的便民水平。1998年，原隶属卢湾区的五里桥街道建立了首个"社区政务超市"，开展了在街镇层面"一门承接"多部门政务类服务方面的探索，之后市民政部门积极推动"一门式"社区政务服务模式在全市范围的复制推广。2006年，上海实现了社区事务受理服务中心在全市街镇的全覆盖，初步形成了分布合理的社区政务服务网络。改变了以往政府职能部门的政务服务资源"空间上分散多门，管理上各自为政"的现象，保障居民群众政务事务申请"一门受理"。2009年，为优化政府公共服务供给，提升受理中心为民服务能力，市民政局协同市质监局，制定并发布了全国首个"社区政务服务"地方标准，明确了受理中心服务事项、办事流程、建设规范、标识标牌、管理软件和评估体系的"六个统一"。

2013年，上海在市级层面，建立了由市分管领导召集、相关政府职能部门和各区县参加的社区事务受理中心标准化建设联席会议，充分发挥其统筹事项、协调事务、落实保障、组织监督的作用。联席会议办公室设在市民政局，由市民政局负责牵头统筹和对各受理中心的业务指导。为确保今年3月正式实施社区事务受理"全市通办"，市民政局积极发挥牵头作用，全力推进各项准备工作，研究并制定了"全市通办"实施方案，指导信息平台开发测试，统一了全市受理中心工作时间，协调各相关职能部门做好事项流程改造工作并指导各区做好"全市通办"准备。2018年1月以来，先后组织开展4次市级层面业务培训和1次综合答疑，牵头完成了3次"全市通办"统一演练，全市220个社区事务受理中心约3万多人次参加演练，实现"三个全覆盖"（中心、窗口、人员全覆盖）。与此同时，各区相应成立区级联席会议，相关职能部门确立了分管领导亲自抓、定期专题协商的工作机制。全面推行"三一两全"，即"一头管理、一门办理、一口受理、全年无休和全市通办"。

2014 年以来,按照市领导要求,市民政局与市经信委共同牵头,对分散在全市 200 多个街镇(乡)的"社区事务受理信息系统"进行优化升级,实现"平台上移,服务下沉";2017 年 4 月,升级版受理系统全面投入使用,为后续开展"互联网+政务服务"和"全市通办、一证通办、网上通办"打下基础;2017 年 7 月,全市受理中心统一实施"网上预约",进一步提升了居民群众办事的便捷度。2017 年底,全市社区事务受理服务中心,"一头管理、一门办理、一口受理、全年无休"实现全覆盖。由此,"全市通办"成了最后攻坚的目标。从 2018 年 3 月起,上海全市各街镇(乡)的社区事务受理服务中心全面实施"全市通办"。

(二)社区政务"全市通办"的信息化实现方式

第一,注重"全市通办"信息化的基础设施建设。市政府办公厅针对"全市通办"后跨区数据交换网络要求更高这一情况,对各区社区事务受理服务中心的服务器性能和网络速度加大检查力度,并督促各区建立有效的应急响应机制,积极为"全市通办"提供稳定良好的网络条件。

第二,"全市通办"服务办理标准全市统一,流程更加信息化。首先,"全市通办"可分"直接受理"和"收受分离"两种方式。但无论哪种方式,对前来申请办事的居民群众而言,基本没有什么差别。其次,基于社区事务受理服务中心所受理事项的准入是一个动态过程,"全市通办"的事项清单将相应采取动态化、清单式管理,由市民政局统一向社会公布。最后,为配合开展"全市通办",对本市各街镇社区事务受理服务中心服务时间也进行了调整统一,全年 365 天都为民服务。

经过细致梳理,上海社区事务受理服务中心涉及的 174 个事项中,经努力能够实现"全市通办"的事项,可由 2017 年的 66 项提升至 172 项。其中,161 个事项今年 3 月起将率先实现"全市通办"。而自今年 7 月起,市公安部门管辖的"居住证办理"和"来沪人员信息登记"两大类 11 个事项,也将纳入"全市通办"范围。

由此,上海的居民群众办理社会救助、社会保险、医疗保险、就业促进、计划生育、副食品补贴发放、工会事务、住房保障、社保卡办理、残联事务、档案查询等事项，可选择本市任意一家社区事务受理服务中心就近办理。

第二节　江苏省南京市社会救助信息化案例

南京市电子政务建设的历史较为悠久，在长期社会救助信息化发展的过程中也累积了很多可供其他城市参考的经验。

一　南京市社会救助信息化发展脉络

南京市电子政务的发展大致上也经历了与上海类似的三个阶段。首先是"互联网＋"技术高速发展前的基础设施建设阶段。南京市从 2001 年开始，启动了覆盖市、区县、街道、居委会四级的政务网络建设。市政务内网已连接了所有的市级机关部门和区县，政务外网连接了市级机关、区县、街道和居委会。为收入核对系统，以及后来的"一门受理"平台的应用提供了基础网络条件。2005 年，南京市信息办完成了政务信息资源共享平台的建设，为城乡居民家庭收入核对提供了强大的信息支持。

2007 年以后，伴随着"互联网＋"技术在电子政务中的适配应用，南京市社会救助信息化建设进入基于"互联网＋"技术的信息系统建设阶段。2009 年南京市信息中心构建了以云计算为主，有关基础软件辅助的政务数据中心。进一步优化和提升了信息化系统，为居民收入核对提供了保障手段。与此同时，2010 年南京市被民政部确定为低收入居民家庭收入核对试点单位，采用"以电子政务信息比对为主，个案抽查为辅"的全新审核方式，通过整合相关信息资源，建立了居民经济状况核对信息系统，对社会救助业务开展提供了重要的技术支持。2013 年以来，随着信息化基础设施的全面铺展，以及大数据技术的充分开发和应用，南京市进入以信息化为手段的整体政府建设时期，开始在全市范围内搭建"一门受理"平台。

二　南京市构建低收入居民家庭收入核对系统

南京市社会救助信息化在前期面临着许多问题，但在构建低收入居民家庭收入核对系统后，建立了配套保障政策与组织体系，部门之间信息互通共享，社会救助业务公开透明，工作流程大大简化。

（一）南京市前期社会救助信息化发展面临的问题

1. 被救助群体数量大，核对信息多，工作人员较少

到 2009 年，南京市已逐步构筑起社会救助框架体系，基本实现了从零散补缺型向适度普惠型、从短期被动型向长效主动型、从单一政府型向多元社会型救助的全面转变。然而传统的信息采集与收录方式无法保证数据的准确性，容易导致一般意义上的骗保等行为的发生。此外，信息收录所涉及的救助项目和索救群体不断扩展，需要对家庭财产等救助关键点核对的内容也越来越多。

2. 传统信息处理手段效率低下，数据有效整合手段缺乏

随着城乡居民经济收入来源的多元，住房保障的多样和婚姻状况的多变，传统取证手段已无法适应现代社会救助的发展趋势，无法消除瞒报、少报或不报个人及家庭收入的情况。民政部门传统的以人工为主导的数据收集、处理手段，只能粗略收集被救助者的收入数据，很难获取被救助者的其他财产信息。随着社会信息化和政府电子政务建设的发展，局域网络信息化建设已完全可以满足对居民家庭收入核对的数据需求。但局域网络只供本部门使用，并不共享。社会救助工作人员无法获取所需的整体信息，故对申请对象的欺瞒行为无法认证并提供强有力法律证据，从而进行有效的约束制裁。

（二）南京市构建低收入居民家庭收入核对系统的主要做法

1. 强化领导重视，保障配套政策和组织体系的建立

2010 年 6 月，南京市政府成立了低收入居民家庭收入核对试点工作领导小组，由分管市长担任组长，市发改委、住建委等部门为成员单位。市政府还出台了《低收入居民家庭收入核对暂行办法》，制定了低收入居民家庭收入核对试点工作实施方案，分别确定了核对的范围、工作的流程及各相关部门和人员的职责。

2. 高效利用数据资源，实现部门之间共享，打破信息壁垒

南京市低收入居民家庭收入核对系统的成功运行是多系统融合、数据资源共享的结果。首先，部门内部多种数据库通过互联网比对整合归纳，有效剔除了无效数据。如民政部门对社区管理系统和社会救助系统信息进行融合，做到"三个一律"。即被救助者如果要申请低保或其他救助，一律要先在社区管理系统的人户数据库中补齐基本信息，再进入三级审批流程实施信息核对；救助审批结果，一律要及时到社区管理系统进行比对核实；数据处理的格式和标准，一律要采用上级民政部门对数据处理的技术要求和规范，便于与上级相关信息系统对接。其次，打破部门之间的信息壁垒，实现数据的互通共享。南京市现有政务内网搭载了市住建委、人力资源和社会保障、民政、公安、地税、住房公积金中心等部门之间的数据专线。低收入居民家庭收入核对系统的建立有效链接了各专线系统，使数据在核对系统中得到规整。

3. 以信息化为手段，保障社会救助业务的公开透明化

一是以信息化操作模式为手段，固化业务开展流程。收入核对系统是集社区管理、社会救助、信息核对等多个子系统于一体的综合系统，在系统应用中固化了社区人户数据录入、低保三级审批及核对流程。根据每个岗位的业务范围实施分级培训，减少程序运行中人为干扰因素。二是简化操作系统。核对流程相对较为固化，使各级操作人员在各自的操作权限内工作，操作结束后数据自动流转，最后汇集到市中心节点，所有比较复杂的核对工作都是在市中心节点会同各相关部门协调完成，简化了各级人员的操作流程，提高了办事效率。三是积极引入第三方参与核对系统的建立。成立民办非企业单位的低收入家庭资格认定服务中心，具体承接核对对象信息的汇总、上传、核对、反馈、统计等服务性事务工作。

4. 以服务信息化为手段，简化申请者的申请流程

申请社会救助的家庭，由社区（村委会）协助申请者到街道申报本人收入情况以及家庭实际生活状况，并提供受理申报所需的相关证明材料。由街道（乡镇）向市比对中心提出核对请求，由中心按请求类型分别发往劳动、房产、公积金、公安、地税等相关部门认定，再由中心汇总测算出申请者的家庭收入情况，并将比对认证结果反馈街道（乡镇）。整个流程中，申请者只需要一次申请，不用往返于多级行政部门，从而简化了申请者的申请流程。

核对系统的建立使南京市民政部门能够对各类社会救助和社会保障申报者的收入、财产、支出等数据进行网络对比，实现了市、区、街道三级网上数据传输、核对和反馈，最大限度地减少核定过程中的取证盲区，为各类公共政策提供经济状况核对权威信息，基本实现了社会救助的高效、公开、公正、公平。

三 搭建"一门受理"平台，进一步提升社会救助信息化管理水平

区县级民政系统是南京市"一门受理"平台建设的主体，对区县级"一门受理"平台建设进行分析和探讨，有助于我们更好地理解和把握城市社会救助信息化建设的实践经验。

（一）南京市各区"一门受理"平台建设实践

1. 南京市鼓楼区"一门受理"平台建设实践

南京市鼓楼区地处苏南地区，位于江苏省省会南京市主城西北部，辖13个街道，118个社区。早在2007年，鼓楼区江东街道已建成体系完备、特点鲜明、管理规范的社会救助服务中心，基本形成"一站式受理""一体化推行""一口子上下"的基层社会救助管理模式。2014年5月1日，《社会救助暂行办法》施行以来，南京市鼓楼区在建立和完善街道社会救助服务中心的基础上，探索出了具有鼓楼特色的"一门受理、协同办理"的新路径。

首先，强化组织领导、打造综合平台。鼓楼区在区和街道层面建立了社会救助工作联席会议制度，形成了由分管区领导负总责、区民政局牵头、卫生等27个相关部门配合、慈善等16个社会组织参与的社会救助工作格局，完善了每月一次的政策沟通、办理协商、问题研究、情况通报等多项统筹工作制度，综合指导督促街道开展"一门受理、协同办理"工作。全区在13个街道统一建立了综合型的社会救助服务中心。所有救助项目通过街道社会救助服务中心受理，所有政府职能部门及社会慈善救助款物统一由街道社会救助服务中心发放，各类救助信息在街道中心共享，基本形成了"一站式受理"的管理模式。在岗位建设上，街道社会救助服务

中心主任统一由街道分管副主任担任，民政助理（科长）担任中心副主任，具体负责统筹管理工作。中心工作人员由街道统一招聘、统一考核、统一使用，参照社会工作师待遇，纳入社会救助专职协理员序列进行管理。

其次，强化救助管理、规范运行机制。除了加强"一门受理"平台建设以外，鼓楼区还通过规范化建设的路径，规范了社会救助管理的各项工作，在管理模式上，一方面建立了区联席会议协调和民政管理指导、街道"一门受理"、社区协助办理的三级管理制度，并通过"一门受理"平台将相关部门与社区群众相连接；另一方面采取了收纳整合方式，将原来分散在教育、住建、卫生等十几个部门的"碎片化"救助整合于街道社会救助服务中心集中管理，并通过信息化的方式，将各类救助项目的救助申请统一纳入街道社会救助受理信息系统，从技术层面规范了各项工作的有效运行。社会救助服务中心对窗口轮值负责人、相关职能部门经办专人以及救助项目实施进行了制度化管理。针对人员少，工作量大等情况，鼓楼区加大业务培训力度，对街道社会救助服务中心人员和社区协理员采取了"全科医生"的培养模式。

最后，拓展救助功能、提升整体效益。鼓楼区还通过拓展救助功能、拓展监督渠道以及建立困难群众精神关爱网络、救急难信息网络、社会救助资讯网络等方式，实现了街道"一门受理"窗口功能的向外延伸。

2. 南京市栖霞区尧化街道"一门受理"平台建设探索

2012年年底，南京市已实现所有街镇社会救助服务中心全部挂牌，形成了"前台一门受理、后台统一办理"的模式。随着《社会救助暂行办法》的出台，南京市在总结经验的基础上，结合栖霞区实施街道政务服务中心建设的契机，在尧化街道开展了新一轮基层救助受理模式改革试点。栖霞区尧化街道的做法主要包含以下几个方面。

首先，通过街道政务中心升级"一门受理"平台。2013年8月，尧化街道整体规划建成以社会救助为主要内容的政务服务中心，根据业务量需求开放了5个全科服务窗口。街道政务中心按前台导办、领号引办、柜台通办的银行服务模式，提供民政、劳动、计生、卫生等8个部门的98项政务服务及公共管理事项，并将其整理成标准化、条目式的审核流程，变行政审批为事项审核，推进审批项目、审批人员、审批权限、审批公章"四进驻"，涉及社会救助的所有部门业务均实现窗口"一站式"办理。

其次，通过培养全科社工提高基层工作能力。尧化街道对原先民政、人社、卫生、计生等条线的社工进行整合，在原有科室和社区 100 名工作人员中择优选拔，并采取外地现场学习、培训救助政策理论知识等方式，最终选拔出了 11 名全能型政务服务人员（全科社工），确保每一个人都能办理所有事项，目前 11 名人员均取得社会工作师或相关资质证书。在基层街道层面打破了部门障碍和业务壁垒，提高了救助服务的效率。

再次，通过拓展服务联动提升救助服务成效。一是街道政务服务中心除办理政务业务之外，还接受群众诉求及临时救助，依托街道政务服务系统与各区信息指挥中心的联网派单进行跟踪、反馈，消除救助工作的盲点。二是通过街道政务服务中心与社区网格系统的并网，借助"数字化"居民信息库，查询办事居民基本情况。同时，网格信息的动态化采集也为"救急难"工作提供了信息支撑。三是在社区建立全科政务代理点和咨询点，明确了"街道受理、社区协同"的工作制度，实现了"政社"有效互动。

最后，通过改变服务办结方式提供人性化的服务。街道政务服务中心所提供的 98 项政务服务中，有即办件 60 项，即在街道审批权限范围的，承诺居民半小时内办结；有代办件 38 项，即在街道办理权限之外的事项，在受理之后由中心人员代替居民到相关的上级部门进行材料审批。此外，中心还提供陪同办理和上门办理服务，主要针对特殊人群，由居民提出申请，中心核实后安排工作人员全程陪同或上门办理。这些便民利民服务举措获得了困难群众的一致好评。

（二）南京市"一门受理"建设的主要保障方法

1. 强化制度保障

江苏省政府办公厅转发了省民政厅、省编办、省财政厅、省人力资源和社会保障厅《关于加强基层民政机构建设的若干意见》，并根据国务院《社会救助暂行办法》，迅速于 2014 年 12 月以省政府令形式出台了《江苏省社会救助办法》，从省级层面对社会救助工作的目标、范围、原则、内容以及社会救助管理部门的工作方式，"一门受理、协同办理"社会救助窗口的建设等方面提出了要求。各地在民政部门牵头、有关部门配合、社会力量参与的社会救助集成化管理的理念下，按照"一门受理、协同办理"的工作思路，根据自身实际也制定和出台了相关指导性和规范化制度，如苏州市、镇江市、盐城市等出台了《社会救助服务窗口工作规程》；扬州市制定了《关于做好城乡居民社会救助"一门受理"工作的指导意见》；南京市出台了《关于加强和改进社会救助工作的意见》；等等。为规范"一门受理"窗口建设、厘清各类社会救助办理流程、创新基层社会救助服务提供了制度性保障。

2. 创新工作机制

江苏省针对传统社会救助工作所遇到的，困难群众求助受理部门多、配合差、办理慢等情况，整合分散受理窗口，推动建立综合性社会救助服务中心，设置社会救助"一门受理"窗口；针对工作人员少、任务重等实际情况，推动建立乡镇（街道）人员轮值制度，将工作人员集中到"一门受理"窗口统筹使用；针对救助业务条线多、专业性强、融合度低等情况，推动建立统一招聘、学习培训、定期轮岗制度，按照培养"全科医生"的要求，打造"一专多能"的工作队伍；针对困难群众政策知晓度低、受理周期长、救助资源分散等情况，通过购买服务实行"政社互动""三社联动"，建立从户到人的救助网络和登记备案制度。在此基础上总结出"救助有门、门里有人、人人全能、能解急难"的基层社会救助工作新思路，逐步形成"一门受理、一表登记、一体推行、一口上下"的管理服务工作模式，有效整合了基层分散的救助资源，形成了各项救助制度合力，提升了基层救助能力。

3. 推动各管理部门有效协作

为克服平台建设中遇到的部门间协作困难、区域管理模式差异大等问题，江苏省在实践中采取"自上而下推动，部门共建共赢"举措，通过建立联席会议机制，与人社、住建、卫生、教育、财政等部门加强配合，联合调研，联合督查，共同推进"一门受理"平台建设，指导有条件的地区加快信息化建设，实现部门间信息共享，用技术手段打破壁垒，确保"一门受理"机制落到实处。

4. 加强基层工作人员的能力建设

为了优化基层社会救助管理队伍，避免简单的人员扩充，在基层服务队伍选拔上，江苏省吸取南京市尧化街道实践经验，围绕"一门受理"平台建设，提出了以打造专业化、职业化的基层"全科社工"人才队伍的建设思路。推广统一招聘人员、统一业务培训、统一竞争上岗、提高薪酬待遇的办法，从基层经办人员中选拔"全科社工"，从事包括社会救助、养老服务、就业服务等在内的一系列"一门受理"范围内的业务办理，实现了办事效率和服务水平的明显提高。在人员业务培训上，结合《社会救助暂行办法》政策的实施，江苏省各地加大了学习培训力度，组织民政系统救助管理人员、乡镇街道办理人员和社区相关服务人员开展了形式多样的业务学习培训，为"一门受理"工作落在实处提供了有效保证。

第三节　河北省石家庄市社会救助信息化案例

前面章节我们对经济发展水平相对发达的上海、南京两市的社会救助信息化建设实践进行了简单的描述。接下来，我们选择了中部具有一定代表性的石家庄市作为社会救助信息化建设的案例，分析比较经济发展相对较为落后地区的社会救助发展现状。

一　石家庄市社会救助信息化发展历程

石家庄市虽然是河北省的省会城市，但在电子政务建设方面曾一度滞后。2003年以前，石家庄市除了一些垂直业务系统以外，在市一级，仅仅建设了四大机关内部的互联网络和十几个网站，网络技术的基础设施和基本应用都十分薄弱。在办公领域，四大机关中仅有党委系统具有简易的信息传输网络，人大、政府、政协系统的网络和应用均是空白。在政府上网方面，已有网站普遍功能简易，维护水平也不高。政府网站的建设水平远远落后于沿海发达地区的大中城市。

为了提高市信息化建设水平，提升政府电子政务工作能力。2003年10月，石家庄市委、市政府决定根据（中办发〔2002〕17号）文件中"电子政务网络平台建设具体工作由国务院办公厅牵头"的精神，对原计委信息中心和政府办公厅信息中心进行合并，组建新的市信息中心，这一新的信息中心隶属于政府办公厅，具体负责电子政务网络平台的建设、管理和有关应用建设的组织。为了增强信息中心的协调、管理力度，信息中心主任一职由市政府副秘书长担任。同时，明确了四大机关及市直部门要统一网络、避免重复建设的基本原则，组织制定了总体规划，协调落实了建设资金、建设用房及管理机构整合等重要问题。2003 年 11 月，石家庄市理顺了电子政务的领导体制，并开始实施总体规划。

由于石家庄市电子政务起步较晚，各项信息化建设的基础设施并没有跟上电子政务发展的需要，面临这种现实情况，为了避免由于分散建设而出现的重复投资、建设周期长、互不连通、资源不共享等问题，石家庄市信息中心决定以"网站集群"的方式统一推进政府部门网站建设。聚焦到民政系统的信息化建设过程，网站建设是民政电子政务开展的主要方式，依托民政系统网站的成功开发，石家庄市相继也开展了居民家庭经济状况核对以及"一门受理"平台建设等信息化建设举措。

二　以网站集群建设为手段提升政务信息化水平

"网站集群"模式是石家庄市政务信息化建设的第一步，也是最关键的一步，这种模式的开发建设能够在短时间内实现政府网站建设的快速发展。到 2005 年初，石家庄市政府信息中心和集成商共同开始了网站集群建设，到 2005 年 6 月，全市建立了基于信息发布、居民互动、网上办事等几个主要功能的 50 多个网站，改建了旧有的 11 个部门网站。基本构建了以政府门户网站为主站，辅以部门网站及其应用为基础支撑的网络群。基本网络群的搭建正式拉开了石家庄市"网站集群"建设的帷幕。具体而言，石家庄市开发"网站集群"模式的做法主要包含以下三个方面。

一是明确"网站集群"建设的组织体系，明确制度保障。2006 年 7 月石家庄市政府办公厅出台了《石家庄市政府网站群建设和管理规定》（以下简称"规定"），为网站集群模式的开展提供了基本的政策保障。根据"规定"，石家庄市信息中心是政府网站群建设与管理的领导机构，负责全市政府门户网站"中国石家庄"的规划、建设、运行和管理，并指导、协调、监督各子网站的建设和管理工作。各县（市）、区政府网站建设与管理工作由各县（市）、区政府办公室负责。此外，每年年初，信息中心提出该年度的建设项目方案，报市信息化领导小组或常务副市长研究确定。同时，财政切块安排资金，资金使用按照批准的建设项目由信息中心统筹安排。

二是统一规划网站集群建设标准，明确网站集群建设目标。首先，由市信息中心负责对门户网站群及子网站共享应用的网络提供网络条件、硬件设备、系统软件等技术支持，并统一标准。未建网的政府部门网站，原则上不再独立建站，需要在依托市政府门户网站的软硬件基础上进行建设。市政府网站群的域名管理应遵循的规范主要有：市政府门户网站域名为 sjz. gov. cn，中文实名注册网站为"石家庄"、"中国石家庄"；市政府各部门网站域名为 sjz. gov. cn。同时各子网站要注册本网站的中文实名网站、通用地址，方便民众登录访问。

三是明确网站集群的运行管理原则。按照规定，石家庄市各网站运行管理要遵循"政府主导、制度保障、专业维护"的原则。不断强化政府网站的管理工作，做好网站发展规划、内容保障、组织协调和应用推广等业务。

经过多年的发展建设，到 2010 年，石家庄市成功构建了涵盖全部门的网站集群体系，电子政务网络和平台建设都取得了可喜的成绩。通过对党政机关互联网不断进行升级改造，联通了四大机关、59 个市直部门、19 个县（市）区，共 78 个子网络的网络群。民政系统作为全市网络的重要组成部分，在网站集群的建设过程中，也得到了充分的发展。通过不断的升级改造，石家庄市民政局门户网站目前已经成为民众与政府沟通对接的有效手段。2011 年，石家庄民政局将工作重点放在完善"石家庄市民政局门户网站""石家庄市政府信息公开平台民政局专版"，通过网络平台全面展开政府信息公开工作。一是全面梳理信息。依据《信息公开条例》有关的规定，将现行的政策法规、政务动态等应该主动公开的信息全部纳入公开范围。二是按公开目录及时公开政务信息，经保密审核程序后，按照时限及时进行了信息公开。2012 年，民政局对门户网站"石家庄民政信息网"进行了改版，设置了民政要闻、县市动态、通知公告、政策法规、专题专栏、民政业务、政务公开、局长信箱等栏目，提供政务动态、民政法律法规和相关政策制度、行政效能建设等信息。开设了领导信箱、网上咨询栏目，及时答复群众咨询的问题，实现公众与我局政策业务咨询的实时交流，使政府信息公开更具实效性，切实保障群众的知情权、参与权、表达权和监督权，进一步完善了解民情、反映民意的工作机制。

三　居民家庭经济状况核对与"一门受理"平台建设

依托网站集群，石家庄市在做好政务公开的同时，不断加强网上办事和互动类应用的建设。具体到社会救助业务的开展，民政系统依靠"石家庄市民政局门户网站"公开发布了社会救助的标准、类型，并及时更新各类救助的名单信息。2009年以后，随着"互联网＋"技术的高速发展，在全国社会救助信息核对浪潮的影响下，石家庄市也相继开展了居民家庭经济状况核对、"一门受理"平台建设以及"互联网＋政务服务"体系建设，并取得了一定的成绩。

（一）社会救助申请家庭经济状况核对

2013年，为规范城乡低保对象、低收入家庭以及其他社会救助对象（以下简称"社会救助家庭"）的认定，根据国务院《城市居民最低生活保障条例》（国务院令第271号）、国务院《关于进一步加强和改进最低生活保障工作的意见》（国发〔2012〕45号）、民政部《最低生活保障审核审批办法（试行）》（民发〔2012〕220号）、民政部等11部委制定的《城市低收入家庭认定办法》（民发〔2008〕156号）、建设部等9部委《廉租住房保障办法》（建设部令第162号）、省民政厅《河北省城乡居民最低生活保障家庭经济状况核算与评估办法（试行）》（冀民〔2013〕44号）等有关规定，结合石家庄市实际，市政府出台了《石家庄市社会救助申请家庭经济状况核对和评估办法（试行）》（以下简称"办法"）。办法规定社会救助申请家庭经济状况核对和评估（以下简称"申请家庭经济状况核评"）工作要坚持以下原则：

①政府主导、民政牵头、部门配合、社会参与；

②属地管理、动态管理；

③诚信申报、信息共享；

④依法管理、保护隐私；

⑤经济状况核对评估标准与社会经济发展水平相适应。

此外，"办法"就信息核对的方式进行了说明。各县（市）区政府以及街道、乡镇要依靠三级核对办法对被救助者家庭的经济状况进行核对。首先是系统核对。由县级以上民政部门根据相关数据信息，建立社会救助申请家庭经济状况信息管理系统，县（市）、区民政部门通过信息管理系统，对申请城乡低保、低收入家庭认定或者其他社会救助和已享受城乡低保、其他社会救助，以及已认定为低收入家庭进行核对评估和复核。其次是人工核对。对尚未建立社会救助申请家庭经济状况信息管理系统的，县（市）、区民政部门通过与相关部门采用加密 U 盘、联合会审、制定电子表格名单进行提交和信息比对等方式，对社会救助申请家庭的收入和财产信息进行核对评估。最后是实地核对。由县（市）、区民政部门和乡镇人民政府（街道办事处），采取入户调查、邻里走访、信函取证等方式核对社会救助申请家庭的收入和财产信息进行核对评估。

办法规定由市工业和信息化部门具体负责救助申请家庭经济状况核对和评估平台研发运行的技术性保障工作。

（二）"一门受理"平台建设

2014 年，随着《社会救助暂行办法》的发布，各地相继开展建立"政府领导、民政牵头、部门配合、基层落实、社会参与"的社会救助体系建设。2015 年，石家庄市出台《我市进一步完善社会救助服务机制，一门受理，协同办理》，要求各县（市）区按照"求助有门、受助及时、能解急难"的标准，全面建立"一门受理，协同办理"救助工作机制，建立完善救助工作平台。依托网站集群的网络基础，在乡镇（街道办事处）建立统一受理社会救助申请的"一门式"社会救助服务窗口，并将服务功能延伸到社区（居委会）。

（三）"互联网 + 政务服务"体系建设

2017 年石家庄市政府出台了《石家庄市"互联网 + 政务服务"工作实施方案》，要求在全市范围内运用"互联网"思维，构建"互联网 + 政务服务"体系，提高政务服务质量、效率，最大限度便民利民。"互联网

+政务服务"体系是当前石家庄市政务信息化建设的主要内容，目前体系的建设正稳步推进中。具体而言，石家庄市"互联网+政务服务"体系建设的目标主要涵盖以下几方面。

1. 全面优化改造网站集群，规范政务服务流程

首先，优化网上政务服务流程。适应"互联网+政务服务"工作的要求，借助信息化手段对行政审批、政务服务流程进行优化，简化优化服务事项网上受理、审查、决定等流程，进一步减少申请材料、前置条件和办理环节，大力压缩办理时间。推进办事材料目录化、标准化、电子化，以及网络共享复用，开展在线填报、在线提交和在线审查。其次，推进政务服务事项网上办理。丰富网上办理事项，加快实施与企业和居民密切相关的企业注册登记、年度报告、变更注销、生产经营、资质认定、税费办理、安全生产、教育医疗、户籍户政、社会保障、劳动就业、住房保障等政务服务事项的网上受理、网上办理、网上反馈，逐步实现数据共享、全程在线。最后，创新网上政务服务模式。开展政务服务大数据分析，汇聚政务服务数据，深度挖掘政务服务数据的政用、民用、商用价值，把握和预判公众办事需求，提供智能化、个性化服务，变被动服务为主动服务。依法有序开放网上政务服务资源和数据，提供多样化、创新性的便民服务。积极利用第三方平台，开展预约、查询，材料及证照寄送等服务，畅通服务群众"最后一公里"。

2. 打造全市统一的政务服务平台体系

首先，依托电子政务外网，实现与省级平台的对接与数据交换。市政府部门没有业务系统的，要统一使用市平台；市政府有关部门使用省有关部门业务系统或已开展网上审批的，要做好与省、市平台对接工作。市网上政务服务平台支撑市本级和所辖县（市、区）"互联网+政务服务"工作的开展，各县（市、区）原则上不再单独建设新平台，各级开发区也统一纳入全市网上政务服务平台体系。

其次，推进实体政务大厅与网上服务平台融合发展。适应"互联网+政务服务"发展需要，完善市、县两级政务服务中心设施和功能，进一步提升实体政务大厅服务功能，推进实体大厅与网上平台的深度融合，整合业务系统，统筹服务资源，统一服务标准，逐步实现政务服务事项办理线

上线下无缝衔接、合一通办、功能互补。

再次，推动基层政务服务网点与网上平台无缝对接。学习借鉴肃宁的县、乡、村三级网上便民服务平台建设经验，依托乡（镇、街道）便民服务中心和村（社区）便民服务站，充分利用共享的网上政务服务资源，重点在劳动就业、社会保险、社会救助、扶贫脱贫等领域，开展上门办理、免费代办等，为群众提供便捷的政策咨询和办事服务。加快推进网上政务服务向边远乡镇延伸，逐步实现"互联网＋政务服务"基层全覆盖。

最后，建设全市政务服务数据共享交换平台。按照省统一标准，在建设完善电子证照等基础数据库的基础上，依托电子政务外网、政务信息资源交换共享平台，建设全市政务服务数据共享交换平台体系，支撑跨地域、跨部门的数据共享和交换。到2017年底，初步实现与省级平台及基础数据库和业务数据库的互联互通，全面满足政务服务数据的共享交换需求，为政务协同、信息资源共享、社会化利用和大数据分析提供有力支撑。

3. 加快基础设施建设，夯实政务服务支撑基础

首先，完善网络基础设施。将通信基础设施建设纳入各地城乡规划，实现市区光纤网络全覆盖，推进农村地区行政村光纤通达和升级改造。2018年，石家庄市第四代移动通信（4G）网络全面覆盖城市和乡镇，80%以上的行政村实现光纤到村。其次，加快新型智慧城市建设。综合运用互联网、物联网、云计算和大数据等技术，构建多元普惠的民生信息服务体系，在教育文化、医疗卫生、社会保障等领域，积极发展民生服务智慧应用，向城市居民、农民工及其随迁家属提供更加方便、及时、高效的公共服务。最后，完善政务信息资源共享机制。贯彻落实国家《政务信息资源共享管理暂行办法》、《河北省政务信息资源共享管理规定》和《石家庄市政务信息资源管理规定》等有关文件，推动各级政府、部门之间的跨部门、跨区域、跨层级信息资源共享。推动政府部门信息资源按需共享，将重点领域的政务信息资源率先纳入共享目录工作。按照省"一号申请、一窗受理、一网通办"工作要求，积极推进信息惠民试点工作，为公众提供多渠道、无差别、全业务、全过程的便捷服务。

本章小结

通过本章所选择的三个城市社会救助信息化发展情况可以发现，首先，社会救助业务的信息化建设需要整个大环境的信息化基础支撑。每个城市中，整体电子政务体系的打造，规范并拓展了社会救助业务的信息化建设水平。其次，中国各城市社会救助信息化建设的历程大致相似，在国家有计划的信息建设引导下，一般可归纳为以办公自动化为主的基础网站建设期、以便民和促进政策有效落实为主的数据信息核对系统建设期和全市统一政务服务平台建设期。再次，区域经济发展水平不同，社会救助信息化的建设也存在差异。纵向比较而言，上海市社会救助业务信息化发展水平要优于南京市，石家庄市起步较低，但是也具有一定的后发优势。最后，根据地方城市社会救助实践的发展演变可以判断，社会救助以及政务的信息化，正不断地迈向整体政府、立体化办公的方向前进，部门间协同治理、大救助平台建设是未来信息化发展的趋势。

思考题

1. 上海市社会救助信息化建设经历了哪几个阶段，简述其特点。
2. 简述南京市"一门受理"建设的主要保障方法。
3. 石家庄市网站集群建设的主要做法。
4. 结合案例城市社会救助信息化发展演变，对我国城市社会救助信息化发展趋势提出自己的看法。

扩展阅读

打造全科办理的"一门受理"社会救助服务新模式

基层社会救助"一门受理"存在着窗口业务条线多、转办效率低、服务能力弱等问题，亟须用改革创新的思路作指导，打造"一门受理"平台升级版，真正让困难群众求助有门、受助及时。江苏省南京市民政局在总结前期社会救助服务中心建设经验的基础上，开展了新一轮社会救助受理模式改革试点工作，将原来由民政、人社、卫计、残联等部门负责的公共服务事项进行整合，所有社会救助事项集中在救助服务中心统一办理。

一门受理，提供社会救助全科政务服务。如栖霞区尧化街道梳理了134项服务事项，江宁区东山街道可提供127项"一站式"服务内容，真正实现了社会救助一门受理。经过系统培训和岗位实践，每一名窗口工作人员都成为"全科社工"。"坐诊"与"出诊"相结合，提供代办、陪办、网上办等人性化社会救助服务。

一站办结，推进社会救助审批流程改革。通过分类管理审批事项，科学再造审批流程，完善审批长效机制，将社会救助的审批程序整理成条目流程，减少办事环节，提高办事效率。

一网联办，实现社会救助联网互动。构建"一张网"服务，街（镇）、社区全体工作人员下沉到网络，划分责任田、明确责任人、落实责任事，全面摸排、梳理、收集民生诉求，打通社会救助服务"最后一公里"。通过"一体化"管理，建立街（镇）受理、村（居）协理、小组服务"三位一体"模式，形成纵横贯通的社会救助服务网络。

一套体系，建立社会救助政务服务标准。栖霞区尧化街道制订了管理、业务、服务等215条江苏省地方标准，推行"1+2+X"的培训模式。"1"即制作"全科社工"培训手册口袋书；"2"即内外部培训相结合；"X"即多形式渗透全科理念，探索全科服务的纵向延伸，建立区级全科服务受理中心及社区全科政务代理、咨询点，以标准化的理念规范区、街、社区的联网通办。

（资料来源：江苏省南京市民政局《打造全科办理的"一门受理"社会救助服务新模式》，《中国社会报》2018年2月14日，第3版）

第九章
社会救助信息化的国际实践与启示

西方国家在社会救助领域拥有较长的历史与比较丰富的经验，尤其是在信息化时代到来之后，主要发达国家在信息化建设和发展方面取得了重大的突破，并逐步将信息化手段运用到包括社会救助领域在内的社会工作及相关产业中，取得了比较突出的成绩。这其中，美国、日本以及德国是通过不同角度进行社会救助信息化工作的典型代表。

《《《《《 **学习目标**

1. 了解美、日、德三国在社会救助信息化方面做出的成就。

2. 结合美、日、德三国在社会救助信息化方面的发展情况，对我国社会救助信息化发展提出建议。

第一节　美国社会救助的信息化

在 2010 年以后，美国政府通过信息化手段对需要社会救助的人群进行了统计，并以信息化手段优化了社会救助工作的体系与方法。首先，纽约州、加利福尼亚州和伊利诺伊州等几个经济比较发达的州，通过建立数据库系统，形成了每年统计州内贫困人口信息的工作制度，使政府全面掌握了州内需要社会救助人群的总体情况，有计划地安排每年的救助预算。

美国的社会救助体系起源于混乱之中，存在着资金投入少、公平度不足和效率不高的问题。依托大数据，美国的社会救助工作效率大大提升，为救助对象的重新就业创造了良好条件。

一 美国社会救助的发展状况

美国的现代社会救助体系的建立，源于 1929 年至 1933 年的经济危机，在经济危机期间，美国的社会基本保障体系完全崩溃，造成了非常严重的社会救助问题，进而引发了城市犯罪、一战老兵暴动等恶性事件。罗斯福总统上台以后，致力于基础方面的改革，对国民基本生活的保障问题高度关注。在凯恩斯理论的影响下，1935 年美国开始实施《社会保障法》，由此开始，政府帮助贫困者被认为是政府的当然责任，而贫困者对政府救助福利的享有被视为天赋权利。

进入六十年代以后，美国救助体系开始从单纯的救助和接济向职业辅助、教育辅助等致力于可持续救助的方式转变，将福利视为一种资格而无须承担任何责任的观点受到了批评，不承担义务也就不能享有相应的福利权利。最终导致 1996 年克林顿政府颁布了《个人责任与就业机会协调法》，具体确定了受救助人员的具体权利和义务。在明确了社会救助的主要工作方向后，美国政府进一步加大了鼓励贫困人口就业的相关激励力度，为促进贫困者就业，政府通过政策制度要求企业提升最低工资水平，从 1997 年的每小时 5.15 美元逐步增加到 2015 年的每小时 10.65 美元。此外，美国政府对社会救助人群的贫困救助年限进行了相关规定，比如，"贫困家庭临时救助（TANF）"计划设定了大部分救助对象一生只能获得 5 年的救助金援助。得克萨斯州规定援助期限只有 2 年，许多州规定援助时间不超过 2 年，旨在强调贫困者个人在摆脱自身贫困中的责任，增加个人就业的压力和动力。

二 美国社会救助工作存在的问题及信息技术的应用

虽然在社会救助体系建设和贫困人群的可持续发展方面，美国政府具备一定的优势与经验，但是在具体运作过程中仍然存在着一些问题和不足。首先，政府资金在投入方面存在不足。与其他发达国家相比，美国贫困救助投入总体是偏低的，政府救助策略更加趋向于提高个人脱贫机会，而不是资金帮助。而资金投入的主要方向是对企业提供一定补助，使其能够更多地聘用贫困人员。可一旦资金投入过少，就意味着相关企业只能向贫困人口提供较少工资的基础性工作，无法在实质上推进贫困人口得到全面的社会救助。其次，美国政府在社会救助方面也存在公平度不足和效率不高的问题。对于贫困人群的工作扶助存在一个弊端，就是这些低要求、低薪酬的工作是不会提供健康保险和养老金的，而在社会其他领域的正式工作，养老金与相关保险是重要的福利组成部分，这也就意味着需要社会救助的人群从一开始就比普通的美国公民起点低、待遇低，而即便找到工作以后，低收入情况下重返贫困的概率也很高。

为了解决这些问题，依托大数据，对需要救助的人群进行了各种细分，尤其是针对需要社会救助的人群在工作辅助方面缺乏针对性的问题。相关各州政府的数据库系统记录了该类人群的基本受教育情况，以及曾经的工作履历数据，从而能够有效协助政府将社会救助对象推介给更适合其工作水平与资历的公司，保障其工作的长期稳定和延续性。其次，社会救助扶助机构，逐步引入自动化系统，减少人工工作，使社会救助对象能够自助在电脑系统上查询工作信息和领取救助补助，这大大提高了社会救助工作的效率，使社会救助对象尽快找到工作的概率显著提升。

三　美国社会救助功能在信息化背景下的转变

由于在文化上的特殊性，美国政府一直秉承着社会没有无用之人的观念，使社会救助的主要工作方向不是单纯的救助，而是协助再就业、再教育，推动社会救助对象能够自主脱贫，不再完全依靠社会力量。因此，美国政府的社会救助功能在信息化条件下，越来越向专业的中介机构转化。在拥有较为强大的数据库基础上，社会救助在第一时间就可以实现超越救济，直接奔向工作介绍和培训的阶段，从而使社会救助工作成为推动美国社会经济发展的又一个助推器。而其他国家社会救助更多地依靠财政支出现象，很快将在美国荡然无存。

四 美国社会救助信息化的启示

相对于美国而言，我国在社会救助信息化程度上还存在着不足，但是美国政府在社会救助信息化的建设方向上却给了我们重要的启发。同样拥有较大规模的数据库，我国更多的是在统计社会救助对象的基本情况，根据具体情况核算救助标准。而美国则以社会救助对象的技能作为重要的数据源，并把社会救助对象与企业招聘信息整合起来，使信息化系统成为带动社会救助对象自主就业的有效工具。而这一方向也很符合我国脱贫攻坚战中以自主脱贫为主的路线。

第二节 日本社会救助的信息化

日本利用信息化手段推动社会救助体系的建立，缓解政府的社会救助财政压力。扩大救助系统的数据库范围和更新频率，对于不符合救助条件的人群信息保持每周更新的频率。此外，还规定领取生活保护的人有义务提交本人资产、收入及家庭赡养或抚养状况等书面材料，相关数据也将录入信息系统，成为今后评估是否具备领取低保资格的重要依据。

从日本的信息化社会救助工作的两个主要功能——发挥社会职能进行社会救助和严格控制社会救助领取资格方面可以看出，在人口结构和经济状况存在一定压力的情况下，信息化能够为社会救助工作的有效开展节省更多的资源，提供更多的便利。

一 日本社会救助的发展状况

第二次世界大战结束后，日本存在大量的贫困人口，出于维稳需要以及美国政府的干预，日本公布了旨在为社会救助对象提供基本生活保障的《生活保护法》。经过几十年的发展，日本经济社会的总体水平不断提高，贫困人口的结构也发生了根本变化。为应对这一变化，2013 年 5 月 17 日，日本内阁通过了《生活保护法》修正案，并在 2014 年 4 月开始正式实施。

而随着日本近年来经济发展的放缓，日本在社会救助金领取人员数量上有所增加，而社会救助金的总量却在不断减少。根据日本政府相关部门统计，截至 2018 年 1 月，日本领取生活保护费的人数达到历年来最多，超过 315 万人。日本政府规定，获得生活保护的家庭，成年人每月一般可获得 12 万日元生活补助。日本政府认为，鉴于日本物价不断降低，拟从 2018 年 8 月起往后的 3 年间，在生活保护费总额中削减 740 亿日元，削减比例为 7.3%。日本财务省计划从支付给低保者的"国民生活保护费"中削减 4% 的"生活补助费"，而未来当房租也降低时，还会继续削减一部分的"住宅补助费"。

在社会救助保障制度的其他方面，日本也正在考虑进行相应改革，以削减开支。按照改革计划，除了考虑明年阶段性地将 70 岁至 74 岁公民自己所承担的医疗费用由现在暂行的一成恢复至两成外，后年高收入人群享受护理服务，所缴纳的费用由一成提高至两成。与此同时，财务省还表示，低保者的医疗费用由国家全额支付，正是这种制度的设定，造成"医疗补助费"持续升高。应考虑呼吁低保者减少去医疗机关的次数，以及由其本人负担一部分医疗费。

二　日本社会救助工作存在的问题及信息技术的应用

在社会救助工作不断紧缩的情况下，日本政府开始更多地关注日本社会救助领域的两个突出问题：人口结构变化和社会救助欺诈。

随着社会经济的发展，日本的生育率过低，2017 年日本的生育更替水平降至 1.09%。据统计，目前日本各行政区为 60%，到 2050 年人口会减至目前的一半，甚至有两成地区的人口将减至零。老龄化比重 2017 年已达 28.2%。此外，当前日本 65 岁以上高龄者占总人口的 25%，半世纪后将达 40% 左右。与此同时，青壮年劳动力比例在逐渐下降。"少子老龄化"的人口特征对日本的劳动力供给数量和质量都产生了很大影响，同时也改变着日本的家庭结构。65 岁以上独居老人及老夫妇二人居住的家庭明显激增，2010 年达到 1081 万户，占全部户数的 20%。在生活保护制度中，需要救助的高龄家庭数量大幅增加。

另外，日本骗取低保的案件呈逐年上升的趋势，日本厚生劳动省公布的最新数据显示，2017 年全国骗取低保案件达 62809 件，比 2016 年增加了9341件，涉及金额390亿5372万日元（约合20亿元人民币）。日本社会求助费不正当给付的人数和金额都达到历史最高。日本警方也表明，冒领生活保护金和失业保险金的案件也呈现高发态势。

面对这两个突出问题，日本厚生劳动省通过信息化手段进行了一定的努力，并已经初见成效。首先是利用信息化手段推动社会救助体系的建立，缓解政府的社会救助财政压力。比如，在大阪、横滨等地区，通过信息化系统将高龄救助对象与邻近的企业和相关机构信息系统进行连接，如果独居老人出现健康问题或者意外，在政府救助机构抵达之前，邻近的相关企业或机构就可以提前得到通知，第一时间对救助对象提供帮助，有效缓解了政府层面的救助压力。其次是扩大救助系统的数据库范围和更新频率，对于不符合救助条件的人群信息保持每周更新的频率。对于骗取低保的行为能够在系统保存清晰的记录，而一旦被系统认定为累犯，则根据相关法律的要求，处3年以下有期徒刑，罚款金额从现行的30万日元以下提升至100万日元以下。此外，还规定领取生活保护的人有义务提交本人资产、收入及家庭赡养或抚养状况等书面材料，相关数据也将录入信息系统，成为今后评估是否具备领取低保资格的重要依据。

三 日本社会救助功能在信息化背景下的转变

社会救助信息化在日本社会救助工作中的主要作用是与日本社会救助资金、政策和发展趋势相适应的。由于老龄化等原因，日本在社会救助资金的来源方面将越来越不足，而在支付方面，范围和额度都将逐年扩大。因此建立相关信息系统，主要是在资金与条件有限的环境下，更好地实现社会救助效果，并严格监管社会救助的合法性、合规性。因此从日本社会救助信息化工作的两个主要功能——发挥社会职能进行社会救助和严格控制社会救助领取资格方面可以看出，在人口结构和经济状况存在一定压力的情况下，信息化能够为社会救助工作的有效开展节省更多的资源，提供更多的便利。

四 日本社会救助信息化的启示

对于我国来说，日本社会救助信息化的主要目标同样可以有效地借鉴。一方面，我国面临着老龄化问题，独居老人也将逐年增加，通过信息化网络建设，将独居老人的救助信息与周边能够提供有效救助的机构进行联网，能够将救助效果大大提升，尤其在意外、健康、医疗等方面表现突出。另一方面，我国也不同程度地存在着不具备领取低保资格却吃着低保的现象，建立社会救助信息化系统，能够更为精确地分析社会救助人群的资格，使得有限的资源能够投入到真正需要的领域和群体里去。

第三节 德国社会救助的信息化

德国社会救助的发展一直较为稳定且走在世界前沿。德国社会救助的信息化模式基于其特定地理位置和国际地位而构建，起到了良好的效果，对于我国农民工群体的社会救助具有一定启示。

一 德国社会救助工作存在的问题及信息技术的应用

德国是欧洲经济实力最强的国家，率先进入了后工业化社会，工作方式和生活方式在近几十年来产生了巨大变迁，这终结了传统的长时间全职工作及不间断缴纳社会保险费的标准。工作生涯的片段化及碎片化也导致了养老金核算的碎片化，养老金不断下降严重影响了老年人生活质量。德国自从 20 世纪 90 年代后期以来持续地面向新自由主义的劳动市场改革及养老保险改革，一定程度上导致了贫困比例特别是老年人贫困比例持续上升。面向劳动市场的改革缩减了失业人员领取失业保险的时限及失业保险的金额，特别是增加的高强度、高频率的惩戒措施，强制领取失业金的人员接受工作技能培训及强制其返回工作市场，这些措施得社会贫困比例出现了持续上升的态势。另外，中东地区近年来战事不断升级，数以百万计来自叙利亚、伊拉克等国的难民涌入欧洲，而其中的 40% 左右把最终目的地定在德国。这些外来移民和难民对德国的社会救助体系形成了巨大的冲击，使德国每年的社会救助费用以 10% 以上的速度增长，这在本来就存在老龄化问题的环境下带来了更为严峻的形势。据统计，2017 年德国南部巴伐利亚州社会公共预算的 25% 是用于养老和社会救助领域的，政府的救助费用已经处于较高负荷的程度。

德国在二战后的政治经济情况一致比较稳定，在社会救助领域长期秉承稳定的发展方向，但是从 90 年代后期以来，德国社会的老龄化程度也有所上升，而近年来尤其是中东地区移民、难民的大量涌入，更带来了比较严峻的社会救助形势。

针对养老救助方面，在 20 世纪 90 年代初养老保险制度改革的基础上，1998 年施罗德政府采纳了吕鲁普委员会关于养老保险改革的提案。经过 2001 年和 2004 年两次重点改革后，德国养老保险改革取得了实质性进展，正式构建了经合组织（OECD）建议的三支柱模式。而结合老龄化人群救助和难民救助的问题，从 2013 年开始，德国面向收入较低的老年人及难民群体，建立了以收入调查为基础的最低养老金，最低生活保障金体系，对老年低收入群体放宽了全额领取养老金的资格条件并缩短了最低参保年限，财源主要由地方政府负担。但是地方政府的负债率较高，对于老年贫困人群的救助标准很难达到联邦政府规定的要求。

另外，德国政府对难民身份的劳动者制定了特殊优惠政策。德国外来移民和难民劳动参与率较高，但是由于就业不平等导致其工资收入较低，对此，德国部分州通过建立培训体系，希望帮助外来移民解决语言问题、生活习惯问题，推动其尽快融入德国社会，摆脱受救助对象的身份。但是由于近年来涌入德国的难民数量太多，根本无法精确统计，结果在无法全面覆盖被救助人群的情况下，许多外来移民无法享受到救助政策的帮助，成为德国社会的不稳定因素。

为了解决上述问题，德国也同样求助于建立信息化体系。巴伐利亚州在 2017 年特别针对难民群体建立了数据库体系，收集难民数据，并通过手机 App，实现了对难民人群，尤其是生活条件比较差的难民群体的信息反馈和定位功能。应该说，这一举措是从国家安全和社会稳定的角度来实行，但客观上更准确地掌握难民信息，也使得推进其更好融入德国社会成为可能。其后，萨尔布吕肯、巴登、图林根等州和地区也先后采取相应措施，将难民群体的数据录入系统，使之成为社会救助的对象。一方面，以资源整合的方式，帮助难民尽快克服语言障碍，找到工作，解决基本的生存问题；另一方面，以州为单位，对难民进行分配，某个州负责的难民在德国境内的行为与生活状态由州政府负责。使各地方政府加强了对难民问题的解决力度。

二　德国社会救助功能在信息化背景下的转变

从德国社会救助的实施方式与效果来看，信息化模式除了更好地提高社会救助功能之外，还具备了较强的社会维稳效果和反恐作用。应该说，这与德国近年来社会结构的变化和外来人口增多有很大的关系。但从另一个角度来看，信息化手段由于功能广泛，其多角度、多层面的运用只会对社会稳定与发展起到更好的促进作用。目前，德国社会救助领域的重点工作，就是进一步建立好相关制度和体系，尤其是针对外来移民方面，要将其全面纳入德国的公民信息系统，使得社会救助、工作推介、培训、安全等功能能够整合实现。

三　德国社会救助信息化对我国的启示

对于我国来说，虽然没有德国面临的外来难民过多问题，但是从某种程度上看，我国农民工大量涌入城市所带来的问题，与德国有很大的相似之处。农民工群体大量离开农村，进入城市，由于其学历和素质的问题，许多人只能从事工资较低的工作，生活在城乡接合部，应该说在许多时候也符合社会救助对象的特征。这些群体往往很难被纳入我国的社会保险体系，其信息与情况也很难被政府机构掌握，无形中也会带来一定的社会问题。而如果能够建立起全面的信息化系统，把外来农民工的信息进行录入，通过对学历、工作经历等方面的总结分析，由系统评定其是否需要社会救助，或者适合哪种工作，将会大大提高农民工对城市生活的适应程度，使农民工群体成为城市建设的重要力量。

本章小结

基于文化与历史的原因，美国社会救助工作往往以推动被救助对象再就业，尽快实现自立自主为主要目标。因此在社会救助信息化过程中，也更多关注于如何利用信息化手段提高被救助对象的工作能力、收集职业信息与机会以及相关对接等方面。

日本社会救助工作主要着眼于其老龄化程度越来越高的特点，通过信息化手段加强对老年群体的救助及时性、有效性和社区共建，此外还更多地关注到骗取低保等违规违法行为，并运用信息化手段加以监管和维护。

德国作为欧洲经济实力最强的国家，在欧盟中具有核心地位，而其社会救助工作在近年来化解难民危机的过程中也得到了加强，其信息化社会救助手段更多用于对中东地区外来人口和难民群体的有效管理，从而保证德国社会的稳定与安全。

思考题

1. 美国、日本、德国社会救助信息化在实践应用中的特点分别是什么？

2. 与我国相比较，美国、日本、德国社会救助信息化的共同点和差异是什么？

扩展阅读

就业救助的国际经验与制度思考

就业是民生之本，就业是安国之策。随着我国经济社会转型的深入，社会弱势群体的就业一直是就业问题的难点。城镇就业弱势群体总量逐渐增大，而且构成状况复杂，存在问题多样化，弱势群体的就业困难及其就业救助，已经成为十分引人关注的社会问题。解决好就业弱势群体的就业问题，提升公共就业服务水平，是积极的就业政策的重要内容。

党的十八大报告提出，推动实现更高质量的就业，做好城镇困难人员的就业工作。2014年国务院颁布实施的《社会救助暂行办法》，首次对就业救助进行了专门规定，"国家对最低生活保障家庭中有劳动能力并处于失业状态的成员，通过贷款贴息、社会保险补贴、岗位补贴、培训补贴、费用减免、公益性岗位安置等办法，给予就业救助。"至此，就业救助成为社会救助体系中的一项重要制度安排。然而，无论学术界还是政策界，对就业救助都存在诸多模糊认识，甚至连就业救助的叫法都有分歧，对就业救助的覆盖对象、实施措施、政策目标等问题，也都存在这样或那样的不同理解。在政策实践层面，更是由于就业救助分属人力资源社会保障和民政两个政府主管部门，而出现"自说自话"、各管一块的工作局面。

一　就业救助的政策措施

就业救助的政策措施，尤其是就业救助的具体措施和项目设计，是决定制度实施效果并最终决定制度成败的关键。由于对就业救助概念认识的模糊性，在具体的政策设计层面，我国就业救助政策呈现救助对象分散化、政策目标多元化、救助措施零碎化等特点。在我国已有的政策措施中，既有就业培训、就业服务等方向性的制度设计，也有税费减免、贷款贴息、社会保险补贴、岗位补贴、公益性岗位安置等具体措施。然而，就业救助的政策效果，不仅受制度设计本身的影响，也受到就业能力和就业意愿的影响：从具体的制度设计来看，受岗位数量、职业声望、收入水平、工作稳定性、就业服务质量等诸多因素的影响；从就业能力来看，又受劳动年龄、文化技能、健康状况等诸多因素的影响；从就业意愿来看，则受福利依赖、择业观念、家庭因素等诸多因素的影响。几乎所有的OECD 国家，都实行针对劳动年龄段的个体及其家庭的综合性的家计调查福利项目，这些项目在社会保护体系中扮演重要角色。所有项目的共同点在于，它们都是面向完全没有或只有非常有限的自身以外的资源，并且可以为不符合其他收入替代转移项目的低收入家庭提供一个低效运行的安全网。各个国家的项目置于两个维度上：一是等级，是指针对劳动年龄人口的主要收入支持项目或较低层次津贴。二是范围，是指针对特定人群（尤其是单亲）的广泛安全网或有选择性的项目。在大部分国家中，社会救助为没有其他项目支持者提供低层级、低效运行的津贴形式。这一类别中最大的一类是提供现金或类现金支持（例如，美国食品券，起始于 2008 年的补充营养救助项目—SNAP，即为一种类现金福利）的非分类社会救助；此外，德国、芬兰、爱尔兰和英国的失业救助津贴，由于独立于缴费记录或之前的就业历史而获得，因此可以被划入到广泛的低层级津贴中。法国、英国和美国等国家，还有更进一步的针对单亲的托底性津贴。在少数国家，社会救助是针对大多数劳动年龄人群或个体人群（澳大利亚的青少年个体和澳大利亚、爱尔兰、新西兰的单亲）的主要收入支持项目。此外，在这些第一层级的项目外，澳大利亚和新西兰也采取一些低层级的应急津贴，但这并不普遍。除了大多数国家的一般性社会救助项目和澳大利亚、法国、英国、美国等国家的单亲父母津贴外，澳大利亚、德国、英国、爱尔兰、新西兰等国家，都有针对失业救助的具体项目。总体来看，世界各国的失业救助措施以发放失业救助金为主。就笔者所考察，提供公益性岗位、小额信贷的做法，在上述国家中并无显见。除了失业救助金之外，很多国家还将职业指导和培训服务作为就业救助的配套措施。

二 就业救助的国际经验

(一) 美国的就业救助制度

美国早在 1935 年出台《社会保障法》进而建立社会保障制度之时，便对失业保险政策进行了规定。美国的就业救助与失业保险相关联，由劳动部统一管理。在有些州，只有当被覆盖的失业工人用尽了联邦和州政府社会救助项目赋予的救助权利后，并且参加了培训项目，才能由州政府支付失业救助金。此外，美国还规定了国家或州处在特殊时期时，对失业者的一系列救助政策。例如，失业保险延长救济金（Unemployment Insurance Extended Benefit）、灾难失业救助（Disaster Unemployment Assistance）以及贸易再调整津贴（Trade Readjustment Allowances）。失业保险延长救助是指当一个州处在高失业率情况下，且失业者已超出失业保险的待遇领取期限时，政府为失业者提供的延长性失业救助。救助期限最长为 13 周，救助金额与失业保险待遇相同。一些州还在失业率极高的情况下，自愿为失业者提供 7~20 周不等的延长性救助。灾难失业救助是指当企业雇员或自雇人员由于重大灾害而失业或中断就业的情况下，且其不符合领取失业保险条件时，为其提供的救助。救助期限为 26 周，救助金额不少于发生灾难州平均补助金的 50%。当失业者已超出失业保险待遇的领取期限，且该种失业经劳动部认定为国外进口所致，失业者可申领贸易再调整津贴。需要指出的是，贸易再调整津贴不仅适用于由于国外进口而导致失业的劳动者，而且适用于由于同样原因而工作时间减少的劳动者。该津贴主要用于在职业培训、异地求职以及安排劳动者赴工作岗位充沛地区等方面提供经济支持。20 世纪 60 年代后期，美国的福利机构开始用"从福利到工作（Wel-fare-to-Work）"项目，鼓励越来越多的福利领取者去就业。无论是过去的抚养未成年儿童的家庭救助（AFDC），还是现在的贫困家庭临时救助（TANF），"从福利到工作"项目开始在联邦救助项目中长期扮演重要角色。强制性的"从福利到工作"项目在1996年福利改革后逐步扩张，很多"从福利到工作"项目以"工作福利（Workfare）"的形式，要求公共救助的接受者去工作而不是领取福利津贴。总体来看，美国的就业救助制度更多地被贫困家庭临时救助制度所涵盖。

（二）英国的就业救助制度

20世纪50年代，随着《贝弗里奇报告》（Beveridge Report）的成功实施，英国开始了从选择性福利向制度性福利的过渡，并率先宣布成为福利国家。福利国家的建立有三个基本前提：一是福利国家把工作看成是付酬劳动，并且以充分就业的可能性这种信念为依据；二是福利国家促进了全国统一，福利是一条加强国家与国民之间联系的途径；三是福利国家强调应对生命历程的自然过程中出现的风险。20世纪90年代以来，吉登斯（A. Giddens）提出"第三条道路"理论，社会投资型国家（Social Investment State）逐渐取代了福利国家（Welfare State）概念，而成为流行欧洲甚至全球的社会思潮。受此影响，强调劳动力市场的人力资本投资，强调工作福利，以教育、培训为措施的积极性福利，逐渐成为英国福利国家转向的重要方面。英国就业救助制度的法律依据是1911年的《国民保险法》以及1955年的《求职人员法》。英国的就业救助主要是失业求职救助金（Job Seeker's Allowance），主要针对企业雇员及自雇人员，资金来源为政府。英国的就业救助由就业中心和工作及养老金部（Department for Work and Pensions）管理。获得求职救助金的失业者需满足以下三个条件：第一，失业者须到有关部门登记失业，并签订《失业求职同意书》；第二，不符合申领失业求职津贴的资格；第三，通过家计调查。在待遇水平上，失业求职救助金与年龄挂钩，并考虑失业者的家庭收入、家庭人口结构等因素。2014年4月以后，未婚者每周可领取57.35~72.40英镑。在待遇期限上，失业者在经过3天的等待期后，最多可获得26周的失业求职救助金。此外，英国还设立了求职者过渡金（Job seeker's Transitional Payment）以及单亲家庭救助金（One-parent Family Payment），以帮助失业者走出失业期的生活困境。此外，失业者还可以领取针对全体英国居民的普遍福利金（Universal Credit）。有关普遍福利金上限的规定是，处于劳动年龄（16－65 岁）的单身劳动者 6 或者子女没有在身边生活的单亲父母，每周最多领取 350 英镑；一对夫妇以及子女在身边生活的单亲父母，每周可以领取 500 英镑。

（三）法国的就业救助制度

法国是世界上最早建立失业保险制度的国家。其相关的第一部法律于 1905 年颁布，此后，于 1958 年、1973 年、1984 年、1988 年、2009 年，进行了多次修改和补充。法国就业、社会团结和住房部（Ministry of Employment, Social Cohesion and Housing）管理就业救助工作，由就业中心（Employment Center）发放失业救助金。就业救助主要包括特殊团结津贴（Specific Solidarity Allowance）、临时等待期救助金（Temporary Waiting Period Allowance）、团结临时救助金（Solidarity Transitory Allowance）以及积极团结收入（Active Solidarity Income），其资金全部来自政府。在领取条件上，失业者须满足三个条件：第一，居住在法国的长期失业者；第二，不满足领取失业保险的条件或已经超过失业保险的待遇期限；第三，家计调查。在待遇水平上，失业者所领取的失业救助金额与失业者的家庭结构和家庭收入有关。单身失业者且家庭月收入在 644.40～1127.70 欧元时，可通过申领失业救助金使家庭收入达到 1127.70 欧元；已婚失业者且夫妻二人月收入在 1288.80～1772.10 欧元时，可通过申领失业救助金使家庭收入达到 1772.10 欧元。在待遇期限上，基础待遇期限为 6 个月。当失业者领取 6 个月后仍满足失业救助领取条件时，可继续申领。

（四）德国的就业救助制度

德国目前的失业保险制度主要基于 1927 年的《就业服务和失业保险法》（Employment Service and Unemployment Insurance）、1997 年的《就业促进法》（Employment Promotion）以及 2011 年的《基本失业津贴法》（Basic Unemployment Allowance）。德国的就业救助资金主要来源于联邦和地方政府。在覆盖范围上，就业救助相较失业保险更为宽泛，既包括了求职者，也包括希望寻找更合适工作的受雇者。领取条件主要包括：第一，劳动者年龄在 15 岁至法定退休年龄之间；第二，基本生活需要无法被其他保险或救助金满足；第三，失业者有能力并积极求职；第四，家计调查。

待遇水平视家庭人口结构而定。救助金额为每月 313 欧元、353 欧元、391 欧元，并于每年 7 月调整一次。在待遇期限上并无限制。德国的就业救助由联邦劳动和社会政策部进行全面监督。当地的就业办公室负责招聘、就业指导和福利管理。联邦就业局委员会和 105 个当地授权机构管理就业救助事务。

（资料来源：韩克庆《就业救助的国际经验与制度思考》，《中共中央党校学报》第 20 卷第 5 期，第 75 ~ 81 页）

第十章
大数据时代社会救助信息化的新发展

在我国社会经济不断发展并进入升级转型新阶段的环境下，互联网经济与大数据在社会的各个领域都开始发挥巨大的作用。由于社会救助是我国社会稳定与发展必不可少的保障措施，因此在社会工作中利用好大数据和信息化开展社会救助工作的要求不断提高。当然，由于我国社会救助工作在技术领域、信息领域、资源领域、监管领域仍然存在许多问题，对于如何在大数据时代做好社会救助工作也提出了许多新问题、新挑战。推动大数据时代社会救助的信息化、智能化，更好地实现精准扶贫和社会的公正公平，不仅是社会稳定发展的重要保障，更是全面建成小康社会，推进我国现代化建设均衡稳定发展的重要前提。本章学习目标是对大数据时代社会救助信息化这个专题有基本的了解。重点在于如何构建以人民为中心的社会救助信息化新体系。难点在于如何准确理解大数据视域下的社会救助精准化与人口均衡发展问题。

《《《《《 **学习目标**

1. 了解大数据时代社会救助信息化的发展状况。
2. 了解怎样构建以人民为中心的社会救助信息化新体系。

第一节 大数据时代社会救助信息化
面临的问题与挑战

社会救助本身作为社会工作的重要组成部分，往往能够通过对现代化科技的运用，得到更为深入和科学的开展。不过如果在与现代科技结合的过程中出现不同步、不适合或不到位的情况，那么有可能会给社会工作本身带来较大的问题。我国已经进入大数据时代，而社会救助工作在信息化建设方面仍然存在很大不足。

（一）技术水平仍显落后

大数据时代的主要特征就是信息化环境下的高科技含量，以数据收集、分析、智能分类等内容为特征的科技元素将在社会救助工作的具体过程中发挥出主导作用。我国近年来在互联网技术领域取得了突飞猛进的发展，应该说在许多方面已经具备了世界先进水平。但是从社会救助工作的具体执行层面来看，我国在大数据方面的科技进步并没有很好地运用到社会救助领域。换句话说，社会救助工作还没有能够享受到科技进步的红利，信息化发展的重要成果没有能够在本质上使社会救助工作实现转型升级。

从具体的技术特征上看，首先在社会救助的数据分析领域，尚缺乏具备较高科学性的软硬件体系，社会工作领域的硬件设施无法完全满足高精度分析的要求。评估体系存在不完善的方面，使得许多数据的分析信度和效度缺乏依据。信息化建设的动态性与社会救助工作的传统静态特征尚未能有效结合，具体的工作人员如何利用信息化数据开展具体的扶贫工作，如何检测工作效果，如何收集反馈信息，仍然在不断的探索过程中。

（二）数据收集存在盲点

信息化发挥功效的关键点在于准确和全面的数据资料。而社会救助工作存在较多的主观因素，且在数据收集的过程中会遇到各种困难和不可预见性，贫困人口的相关数据特征是否真实，存在很大的变数。具体来说，目前阶段，我国的贫困人口构成已经主要变为游离群体，大量贫困人群流动性非常大，跨省、跨区流动频繁，难以被社会工作者接触到，不仅给数据信息收集工作带来不便，也不利于其受惠于扶贫项目，抓住脱贫致富的机遇。从社会工作者的自身素质来看，由于部分扶贫工作人员在工作经验和工作认识上存在不足，因此对数据的收集与分析存在不严密、不准确的现象，数据是否真实很难考证。而各级地方政府出于政绩的考虑，在向中央政府汇报本地区贫困人口的数量和特点时，也会有针对性地进行改动，造成贫困人口实际情况与上报情况不符。在这种情况下，国家层面的扶贫资金和扶贫项目有可能并没有用在真正的贫困人群，也不一定会适应贫困人群的实际情况，由数据问题带来的社会救助问题成为贫困人口脱贫致富的关键阻碍。

（三）资源分散难以形成工作合力

社会救助的关键在于工作的针对性和精准性，而我国贫困人口过于分散的特点，也使得脱贫资源在分布上比较分散，不得不以发放小额救助资金实现贫困人群的基本生活保障为主要目标，这给信息化救助带来了较大的难度和工作量。在这一点上，我国政府机构的管理模式应承担主要责任。我国政府普遍适用于垂直管理的结构体制，虽然这种模式有利于提高政府内部的纵向行政效率，但也存在着横向信息封闭性的结构性弊端。政府间缺少长效性的信息沟通机制，使得贫困信息公开和扶贫网络资源共建共享受到阻碍，致使扶贫信息以及经验成果无法转化为脱贫资源。尤其是各个政府机构之间很容易出现踢皮球、推诿敷衍的情况，这将造成本来就举步维艰的社会救助工作更加雪上加霜。另外，大数据模式下的资源收集还没有形成真正的体系，一些关键信息，比如致贫原因、帮扶项目、实施流程以及成效反馈等内容往往都是各自统计，而没能形成因果关系与内在联系，使得贫困工作未能实现整体与个体的结合，客观上给政府机构协同工作带来了困难。

（四）监督缺位易出现安全风险

社会救助信息化在很大程度上能够实现社会救助工作的快速、便捷开展，但是由于互联网经济的快速发展，我国在有关互联网经济和大数据方面的相关法律法规还很不健全，不仅没有单独立法，在如何开展监管，如何定义问责标准方面都没有统一的原则，这造成社会救助工作开展过程中出现很多监管漏洞，尤其是信息化的工作流程，由于缺乏实物证据和流程痕迹，更加容易成为违纪违规现象高发地带。十八大以来，中央全面推进从严治党，在社会工作领域也加强了监督与问责，而从近年来查处的社会工作领域贪污腐败案件来看，贪污挪用扶贫资金、违规批准扶贫项目和利益输送等问题，在我国社会救助工作领域是普遍存在的，这也说明在大数据时代，社会救助工作仍然缺乏足够的监管。

第二节　大数据视域下的社会救助精准化与人口均衡发展

精准化是大数据模式下开展社会救助工作的主要特点与优势，通过精准化的推进，不仅能够对贫困人口的救助更加有效，更能全面推动社会各阶层缩小贫富差距，实现人口的均衡发展。

（一）贫困识别的精准化

传统模式下的精准扶贫主要是以人工收集数据的形式进行信息采集，而后通过量化分析制定同质化的人口识别对策。但是人工数据的滞后性非常明显，尤其是经过层层汇总之后，数据失真现象严重，这也就造成即便人工数据收集做了大量细致的工作，而在贫困人群流动性大、管理难度大的条件下，仍然无法实现贫困人群识别精准化。但是，在大数据环境下，通过信息化精准扶贫，以数字化信息处理技术为基础，识别贫困村基础设施建设、自然资源分布以及贫困人口的生产生活条件，将外部环境与内部状态信息加以数据化处理分析，能够更准确地评定贫困人口的贫困等级。通过一系列智能化工作流程，就能够在短时间内得出相对准确的贫困人口数据。在贫困人口识别相对准确的基础上，社会救助工作也就具备了基本的公平公正前提，扶贫工作的指向性、扶贫资源的投放方向也都有了准确的依据。

（二）贫困分析的精准化

精准识别贫困人口后，大数据信息可以通过融合与对比，分析贫困者的致贫原因，以及社会救助存在的主要难点，从而可以有针对性地以村、户甚至个人为目标，制定扶贫项目、配置扶贫资源。在精准分析的基础上，有效地避免了扶贫工作一把抓的问题，能够推动有限的扶贫资源与扶贫项目更适合贫困人口的自然条件，在扶贫工作中发挥更为有效的作用。

（三）社会救助监管的精准化

大数据时代的社会救助工作，具备了传统社会工作所不具备的动态化特点，能够随着贫困人口数据的不断变化随时更新，使社会救助工作的针对性更强。而在此基础上，也为社会救助工作的有效监管提供了条件。首先，贫困人口需求的动态跟进能够实现。帮扶人员及时对扶贫工作的阶段性成效进行反馈与评估，了解贫困者需求变化，从而有针对性地改变资源配置方向，这就使扶贫资源配置的有效性得到了监管。其次，通过对数据资料的掌握，能够控制贫困人群在数据库中的动态进出，脱贫人口能够尽快出库，新统计的贫困人口能迅速入库。从而有效地避免已经脱贫的人群额外获得扶贫资源，而新统计的贫困人口得不到救助的问题。最后，在大数据条件下，社会救助部门能够对外部环境实现动态掌控，相关部门依据外部政策环境、经济环境的改变做出适当调整，可以寻找更适合当地社会实际情况的救助项目，这样就可以实现扶贫项目与资源的实时监管，使挪用扶贫资金和利益输送的路径被有效地封锁。

（四）推动实现人口结构的均衡性

在社会救助工作精准化的基础上，人口结构均衡发展将更有效地实现。在缺乏大数据基础和信息化工作的情况下，社会工作机构和相关政府部门对于地区人口经济状况的把握程度是不准确的，对于地区间经济差距也缺乏足够的认识，容易造成发达地区过度投入，而贫困地区投入不足的问题。信息化的社会救助工作，有效解决了资源配置不合理的问题，不同地区、不同领域的贫困人群被明确地标记和分析，使得政府所掌握的资源能够更为合理地运用到贫困人群的脱贫致富工作中。通过不断加强对资源分配的调整，贫困人群能够更快地缩小与经济条件较好的人群之间的差距，使得社会整体发展水平日趋集中，人口发展的均衡性最终能够得到实现。在此基础上，我国的经济社会稳定发展也有了基本保障。

第三节　构建以人民为中心的社会救助信息化新体系

信息化作为优化社会救助工作最重要的推动力量，对有效提高人民生活水平有着重要的意义，不过其作用和价值的最大限度发挥，仍然要依靠全方位的体系化建设。通过着眼于人民群众的根本利益，以体系化、立体化的方式全面推动社会救助工作信息化，是我国社会救助工作下一步要开展的主要工作。

（一）社会救助工作要树立信息化意识

不可否认，我国社会救助工作在信息化方面存在不足的根本原因，仍然是各级社会工作者和政府机构没有意识到信息化社会救助工作在大数据时代的巨大价值和发展潜力。社会救助工作者务必要从思想上高度重视信息化建设，积极学习习近平总书记关于网络安全和信息化的重要论述，学习党中央国务院关于信息化战略的相关文件。从信息化角度对社会救助的申请、审核、发放、统计、预算、监测、分析评估等整个过程进行重新审视。

首先，要以全局的观点认识社会救助工作的全面性。在大数据时代，贫困人群的流动性带来的扶贫难题，将在信息化数据收集工作的开展过程中逐步得到解决。各省、区社会工作者可以通过全国统一的数据库，及时跟踪贫困人口的近况，这也就意味着社会工作者要利用好大数据工具，将贫困人口的救助工作跟踪到底，而不能再以流动频繁为理由，对扶贫工作走形式、走过场。

其次，要认识到大数据时代扶贫工作的艰巨性与重要性。在传统社会救助工作模式下，贫困人口未必能够做到全覆盖，会或多或少存在扶贫盲点。即便扶贫工作没有开展到位，也不会体现在具体的工作考核中。但是在大数据时代，救助对象认定准确性和认定效率被大大提高，贫困人口作为真实数据存在，真正脱贫一个，数据库中才会少一个，而只要有贫困人口在数据库中存在，社会救助工作就没有停止之时，无形中给社会救助工作者带来了巨大的工作压力与动力。

最后，要提高大数据时代社会救助工作的安全意识。社会救助信息涉及我国数千万贫困人口，而信息安全既是保护个人隐私安全，也是保护国家信息安全。社会救助工作者要提高安全意识和风险意识，不能仅靠装几个安全设备和安全软件就视为开展了安全工作。要通过增强安全责任感和数据敏感度，有效地保护贫困人群的个人信息安全，避免其成为网络诈骗和网络犯罪的受害者。

（二）以人民利益为核心建立社会救助信息化体系

加强体系建设是实现社会救助信息化优势的重要方式，单层面的信息化只能在某一领域推动扶贫工作的开展，而体系化建设则能够推动社会救助工作全过程、全方位、全领域的开展，真正实现贫困人口快速脱贫、不再返贫。

首先，在具体的工作过程中，要建立信息化工作精准化体系。要突出核对信息系统建设工作，通过信息核对增强信息化工作的准确性，降低数据误差，利用数据分析系统和数据定期检查体系提高数据收集的价值。

其次，要推动地区救助体系的整合，我国的贫困人口主要集中在西部地区，要通过信息化建设推动西部地区的扶贫工作，东部发达地区由于具备较好的软硬件条件，可以通过信息系统整合，将西部地区的贫困人口数据库与东部地区整合，实现一体化扶贫和更有效的资源配置。

第三，要以信息化推进社会救助管理创新，当前在我国东部发达地区的部分社会工作机构已经初步实现了预算执行、保障人数等重要数据的监测以及绩效评价等功能，通过信息化创新实现了扶贫工作的高效开展，与此同时，一些扶贫工作开展较好的地方，政府通过建立更便捷的信息沟通体系，实现了贫困人口与扶贫工作和社会救助人员在互联网上的即时沟通，使得社会救助工作者能够将扶贫工作直接向基层深入，倾听百姓的声音，创造了极为和谐有效的工作局面。

第四，要全面推广信息系统在日常工作中的应用。要下大力气提升日常经办的信息化水平，提高扶贫经办人员的信息系统应用能力，同时简化信息系统的操作，以信息化实现自动化和智能化，最大限度地实现信息系统对人力的替代。

（三）建立完善的社会救助信息化配套体系

信息化作为一种工作模式，在实际工作的开展中仍然需要其他领域的配套建设，以发挥出最佳效能。

第一，网络安全建设，社会救助工作机构要严格按照我国网络安全建设相关法律法规的要求，从制度、人员、系统等各方面全方位地落实互联网安全管理，尤其是要保证贫困人员数据库的安全管理。

第二，要注重信息化社会救助工作的相关制度建设，不仅要涉及信息安全工作制度、工作流程制度，还要着重推出信息化工作的相关监管制度，要运用更为健全的监管体系，使社会救助工作在信息化的模式中具备更高的风险防控能力。

第三，要加强信息化人才团队建设，我国的大数据和互联网科技发展日新月异，为社会救助工作者带来了更高的技术要求。各级扶贫机构和社会救助机构务必要加大对工作人员的信息化培训力度，培养既懂救助业务又熟悉信息技术的双跨人才，使信息化救助工作能够在专业人员的手中全面开展。

第四，要加强信息化基础建设，贫困人口的生活条件很差，在基本的生活保障方面都存在问题，更不用说根本不具备上网的条件，这也就意味着社会救助工作缺乏被救助对象的信息化反馈建设。为解决这一问题，我国仍然需要加强互联网基础设施建设，逐步推进互联网的免费和全覆盖，使贫困人口能够借助于我国经济发展的优势获得社会救助方面更多的帮助。

本章小结

1. 大数据时代社会救助信息化面临的问题与挑战：（1）技术水平仍显落后；（2）数据收集存在盲点；（3）资源分散难以形成工作合力；（4）监督缺位易出现安全风险。

2. 大数据视域下的社会救助精准化与人口均衡发展包含以下四方面内容：（1）贫困识别的精准化；（2）贫困分析的精准化；（3）社会救助监管的精准化；（4）推动实现人口结构的均衡性。

3. 构建以人民为中心的社会救助信息化新体系，需要做到：（1）社会救助工作要树立信息化意识；（2）以人民利益为核心建立社会救助信息化体系；（3）建立完善的社会救助信息化配套体系。

思考题

大数据时代，政府如何更好地将人工智能应用到社会救助中？

用信息化手段保障社会救助体系的诚信与规范

——南京市建设低收入居民家庭收入核对系统的探索

减缓和消除贫困，对困难群体实施社会救助既是经济社会协调发展的前提，更是和谐社会的构建基础。本文拟从南京市建立社会救助体系遇到的诚信和规范问题入手，探索信息化手段所起的作用。

一、社会救助工作存在的困扰

社会救助是一项选择性的社会福利政策，用家庭成员平均收入、平均住房面积等作为基准条件，制定出相应的享受社会救助的标准。如何科学准确核定家庭收入及其资产状况等就成为制定社会救助标准的关键点，也是充分体现社会公平公正的重要条件。目前对这些关键点的认定工作难度较大。主要的困扰包括以下方面。

1. 核对内容多

南京市目前已逐步构筑起社会救助框架体系。基本实现了从零散补缺型向适度普惠型、从短期被动型向长效主动型、从单一政府型向多元社会型救助的全面转变，所涉及的救助项目和索救群体不断扩展，需要对家庭财产等救助关键点核对的内容越来越多。

2. 核对有效手段少

随着城乡居民经济收入来源的多元，住房保障的多样和婚姻状况的多变，传统取证手段已无法适应现代社会救助的发展趋势，无法消除瞒报、少报或不报个人及家庭收入的情况。

3. 核对信息较为分散

随着社会信息化和政府电子政务建设的发展，局域网络信息化建设已完全可以满足对居民家庭收入核对的数据需求。但局域网络只供本部门使用，并不共享。社会救助工作人员无法获取所需的整体信息，故对申请对象的欺瞒行为无法认证并提供强有力的法律证据，从而进行有效的约束和制裁。

4. 核对结果影响广

家庭收入核对结果的真实有效性直接影响社会救助制度的公平、公正，乃至影响到社会信用制度的建设。但目前开宝马吃低保、有多套房吃低保、夫妻分户吃低保等不正常现象较多，广受媒体及社会公众的非议，严重影响政府的形象和公信力。

二、南京市建设收入核对系统的基础条件

1. 列入民政部首批试点城市

2008 年，民政部把上海列为开展低收入资格认定试点城市。采用"以电子政务信息比对为主，个案抽查为辅"的全新审核方式，通过整合相关信息资源，建立居民经济状况核对信息系统，对准确核实居民收入等信息成效显著。2010 年民政部确定了南京等 32 个城市为"低收入居民家庭收入核对试点单位"。

2. 有章可循，多网联合，核对有据

2008 年 10 月，民政部、国家发改委等十一个部门联合颁布了《城市低收入家庭认定办法》，明确提出"各地应当逐步建立城市家庭收入审核信息系统，有效利用公安、人力资源和社会保障、住房城建、金融、工商、税务、住房公积金等政府部门和有关机构的数据，实现信息共享，方便信息比对和核查，建立科学、高效的收入审核信息平台"的要求。

3. 信息化基础条件强大

南京市从 2001 年开始，启动了覆盖市、区县、街道、居委会四级的政务网络建设。目前市政务内网已连接了所有的市级机关部门和区县，政务外网连接了市级机关、区县、街道和居委会。为收入核对系统的应用提供了基础网络条件。2005 年，南京市信息办完成了政务信息资源共享平台的建设，为城乡居民家庭收入核对提供了强大的信息支持。2009 年南京市信息中心构建以云计算为主，有关基础软件辅助的政务数据中心。进一步优化和提升了信息化系统，为居民收入核对提供了保障手段。

三、系统描述和业务流程分析

南京市社会救助通过居民家庭收入核对系统，对各类社会救助和社会保障申报者进行收入、财产、支出等信息的网络比对，实现了市、区、街道三级网上数据传输、核对和反馈，最大限度地减少核定过程中的取证盲区，为各类公共政策提供经济状况核对权威信息，基本实现了社会救助的高效、公开、公正、公平。凡申请享受各类社会救助和社会保障的人员，

全部进入系统进行比对核实。

申报：凡申请享受公共政策救助的家庭，由社区（村委会）协助申请者到街道申报本人收入情况以及家庭实际生活状况，并提供受理申报所需的相关证明材料。

比对：由街道（乡镇）向市比对中心提出核对请求，由中心按请求类型分别发往劳动、房产、公积金、公安、地税等相关部门认定，再由中心汇总测算出申请者的家庭收入情况，并将比对认证结果反馈街道（乡镇）。

四、系统建设主要做法

1. 组织保障、政策配套，合力推进系统建设

2010 年 6 月，市政府成立了低收入居民家庭收入核对试点工作领导小组，由分管市长担任组长，市发改委、住建委等部门为成员单位。市政府还出台了《低收入居民家庭收入核对暂行办法》，制定了低收入居民家庭收入核对试点工作实施方案，分别确定了核对的范围、工作的流程及各相关部门和人员的职责。

2. 整合资源、数据共享，保障系统顺利运行

南京市"低收入居民家庭收入核对系统"的成功运行是多系统融合、数据资源共享的结果。一是部门内部资源融合。如民政部门对社区管理系统和社会救助系统信息进行融合，做到"三个一律"。即，申请低保和其他救助，一律先在社区管理系统的人户数据库中补齐基本信息，再进入三级审批流程实施信息核对；救助审批结果，一律反馈到社区管理系统；一律采用上级民政部门的现有数据和规范标准，便于今后与上级相关信息系统对接。二是部门与部门的业务系统融合。南京市现有政务内网搭载了市住建委、人力资源和社会保障、民政、公安、地税、住房公积金中心等部门之间的数据专线。三是利用外部资源实现多系统融合。核对系统的核心功能由多部门约定联动保障，软硬件设施全部依托南京市信息中心现有基础设施，避免了同质重复建设，节约了投资成本。

3. 科学建设、固化流程，实施规范透明救助

一是固化流程。收入核对系统是集社区管理、社会救助、信息核对等多个子系统于一体的综合系统，在系统应用中借鉴了权力阳光系统的建设经验，固化社区人户数据录入、低保三级审批及核对流程。根据每个岗位

的业务范围实施分级培训，减少程序运行中人为干扰因素。二是简单易用。由于固化了流程，各级操作人员根据自己的操作权限工作，操作结束后数据自动流转，最后汇集到市中心节点，所有比较复杂的核对工作都是在市中心节点会同各相关部门协调完成。三是第三方介入。成立民办非企业单位的低收入家庭资格认定服务中心，具体承接核对对象信息的汇总、上传、核对、反馈、统计等服务性事务工作。

五、收入核对系统取得的成效

2011年4月，核对系统在南京9个区开通运行。依托市政务信息资源交换平台，先期连线公安、住建、人社、地税、公积金和民政等六部门，能准确核查车辆、住房、养老保险、个税、住房公积金等基础信息。到2011年年底，共对9个区新申请低保对象3685户8872人进行核对，查出疑点1482处，否决了240户534人的享受资格，排除率达6.01%。南京市低保人数由2011年初的13.46万人减少到2012年的12.19万人，在去年7月份城乡低保标准大幅度提高的情况下，低保人数不增反降，这充分显示出核查系统的成效。

1. 提升了收入核查的准确性

多年来，南京市低保骗保现象多发且无法认证，在社会和群众中造成极大负面印象。核对系统开通后，通过信息比对的方式核查家庭收入和资产，使拥有车辆、多套房产，隐性收入等信息无所遁形，骗保现象大减。

2. 增强了低保和住房保障的公信力

由于核对系统在低保和住房保障工作中的运用，使南京市低收入家庭收入核查的准确性大为提高，政府的公信力得到很大提升，人民群众的满意度也不断提高。

3. 减轻了基层工作的压力

因传统手段对居民家庭收入等情况无法准确认定，基层部门明知有诈，但苦于拿不出确凿证据，所以感到无助和委屈。核对系统开通后，信息准确，证据有力，骗保遁迹，有效减轻了基层工作人员的压力。

4. 节约了巨额的财政资金

2011年至2012年上半年，南京市全面提高了城乡低保标准，但经核对确认的低保享受对象却净减1万多人，仅此一项全年可节约财政资金

4000 多万元。此外，南京 8 个区县共受理住房保障申请 6570 户，经收入信息核对共否决 1560 户，比采用传统手段多否决 500 多户，如按每户 50 平方米建筑面积，每平方米 5000 元计算，约可节约保障房建设资金 1.15 亿元。

六、对收入核对系统扩展的思考

1. 扩充核对部门

可考虑加强和扩展交通运输、工商管理、残联等部门信息系统，把家庭营运车辆、个体工商户、企业股权、残疾人等相关信息收录到核对处理系统，扩大低收入家庭的信息范围，为收入核对工作提供更细更准确的信息资源。

2. 扩大应用领域

目前收入信息核对主要应用于低保审批，可以尝试推广到城市社会保障和公共福利政策享受的所有范围，完善和全面覆盖享受政策对象的核对认定工作。如低收入住房困难家庭、公共租赁房屋的对象核对认定等。

3. 探索科学应用核对信息的方法

探索科学应用核对数据方法，做到对符合条件的享受对象实行应保尽保，无一遗漏。努力做到所有社会救助和保障工作阳光、诚信、规范，不断提高社会救助公信力，提高政府的形象，提高群众的幸福生活满意度。

（资料来源：顾颖《信息化手段保障社会救助体系的诚信与规范——南京市建设低收入居民家庭收入核对系统的探索》，《改革与开放》2012 年第 23 期）

参考文献

顾颖：《用信息化手段保障社会救助体系的诚信与规范——南京市建设低
　　收入居民家庭收入核对系统的探索》，《改革与开放》2012 第 23 期，
　　第 1～32 页。

何精华、徐晓林：《信息化与公共管理的变革与创新》，《中国行政管理》
　　2002 年第 10 期。

金江军：《互联网时代的新型政府》，中共党史出版社，2017。

金双秋等：《民政信息系统》，北京大学出版社，2008。

李卫东：《有序有力有效地推进社会救助信息化》，《中国民政》2017 年第
　　21 期。

林闽钢：《社会救助理论与政策比较》，人民出版社，2017。

林闽钢、刘喜堂主编《当代中国社会救助制度完善与创新》，人民出版社，
　　2012 年。

刘喜堂：《建国 60 年来我国社会救助发展历程与制度变迁》，《华中师范大
　　学学报》2010 年第 4 期。

汤森：《英国的贫困：关于家庭经济来源和生活标准的调查》，阿伦莱恩和
　　培根图书公司，1979。

唐钧、沙琳、任振兴：《中国城市贫困与反贫困报告》，华夏出版社，2003。

王治坤、林闽钢：《中国社会救助：制度运行与理论探索》，人民出版
　　社，2015。

杨莉、张红星：《基于公共管理角度的社区信息化构建》，《电子科技大学

学报》（社科版），2010 年第 2 期。

姚国章等：《中国电子政务案例》，北京大学出版社，2007。

于水：《论信息化对新公共管理价值取向的双重影响》，《中共南京市委党校学报》2005 年第 4 期。

郑功成：《中国社会保障改革与发展战略》（救助与福利卷），人民出版社，2011。

图书在版编目（CIP）数据

社会救助信息化/沙勇，张振亮，刘璐婵著. -- 北
京：社会科学文献出版社，2019.8（2020.1重印）
（人口与信息社会丛书）
ISBN 978 - 7 - 5201 - 4795 - 8

Ⅰ.①社… Ⅱ.①沙… ②张… ③刘… Ⅲ.①社会救
济 – 信息化 – 研究 – 中国 Ⅳ.①D632.1

中国版本图书馆 CIP 数据核字（2019）第 088877 号

人口与信息社会丛书
社会救助信息化

著 者／沙 勇 张振亮 刘璐婵

出 版 人／谢寿光
责任编辑／胡庆英
文稿编辑／冯婷婷

出 版／社会科学文献出版社·群学出版分社 （010）59366453
地址：北京市北三环中路甲 29 号院华龙大厦 邮编：100029
网址：www.ssap.com.cn
发 行／市场营销中心（010）59367081 59367083
印 装／三河市龙林印务有限公司

规 格／开 本：787mm×1092mm 1/16
印 张：15.5 字 数：246 千字
版 次／2019 年 8 月第 1 版 2020 年 1 月第 2 次印刷
书 号／ISBN 978 - 7 - 5201 - 4795 - 8
定 价／79.00 元